JN096111

教育行政と学校経営

（改訂新版）教育行政と学校経営（'24）

装丁デザイン：牧野剛士
本文デザイン：畑中　猛

s-37

まえがき

『教育行政と学校経営（'24)』は，2012，2016，2020 年度開設の同名称の科目の後継である。今回も科目名を引き継いでいるが，分担協力講師が交替し，内容についても章の構成を含めて大幅な刷新を行った。加えて，法令や制度・政策，各種データに関する記述を最新のものにするよう心掛けた。

前回の本科目はコロナ禍の最初の時期である 2020 年 4 月に開講されたが，印刷教材および放送教材はコロナ禍以前の状況を対象としていた。今回はコロナ禍での混乱やその対応を強いられた教育行政や学校経営の実態と課題を含めて説明を加えている。

コロナ禍は，教育政策や学校経営のありようがこれまで以上に子どもや家庭に直接的な影響を及ぼし，その重要性が従来以上に可視化された機会であったと思われる。端的には，2020 年に官邸主導で急遽（きゅうきょ）行われた全国一斉休校要請が想起されよう。その後の学校再開や感染症対応においても，国・自治体の教育政策，学校経営の方針や在り方が問われ続けた。

その後，2021 年 1 月には，文部科学大臣の諮問機関である中央教育審議会が，「『令和の日本型学校教育』の構築を目指して～全ての子供たちの可能性を引き出す，個別最適な学びと，協働的な学びの実現～」（答申）をとりまとめた。現在，この答申に沿ってさまざまな施策が展開されているが，答申の柱である「個別最適な学び」と「協働的な学び」の一体的実現に向けては，新学習指導要領の全面実施，学校における働き方改革の推進，児童生徒向けの 1 人 1 台端末と高速大容量の通信ネットワークを一体的に整備する GIGA スクール構想といった施策の成否が重要な鍵を握っている。これらはいずれも，教育政策や学校経営の制度や動向と密接に関わるものであり，現代の教育課題・教育改革の内容とそれを実現するための方策を考えるうえで，教育政策・学校経営の仕組みと課題に対する理解を深めることは必要不可欠であると考えられる。

本科目は大学院科目ではあるが，初めて教育行政や学校経営を学ぶ受講生にも配慮して基礎的な知識もできるだけ網羅的に扱っている。一方で，単に受講生が知識を習得するだけでなく，現代的な教育課題に対して教育行政や学校経営には何ができるのか，また何をすべきかを考える機会を得ることも目的としている。前回の「まえがき」でも同様のことを述べているが，教育行政と学校経営を主な対象とすることで，学習者の皆さんに現代日本の教育を深く理解し，鋭く分析するためのレンズ（視点，見方・考え方）を磨いてもらうことが本科目の目的である。このようなねらいをご理解いただき，本科目の学習を進めていただければ幸いである。

最後に，2012年度および2016年度開設科目『教育行政と学校経営』の主任講師を務められた小川正人先生（放送大学・東京大学名誉教授）にこの場を借りて心より御礼を申し上げたい。冒頭に述べたように，本書の内容については改訂のたびに見直しており，最近の理論的・政策的動向を踏まえて随時アップデートされているが，本科目の目的・考え方や基本的性格は小川先生が形作られたものである。

2023（令和５）年10月

村上　祐介

勝野　正章

目次

1　教育行政と学校経営の展開

村上祐介

《目標＆ポイント》 本科目の学習を進めるにあたって，教育行政・学校経営研究の基本的概念や研究課題，第二次世界大戦後の教育行政・学校経営の歴史的経緯について概観し，次章以降の個別のテーマについて考える上で必要な理論や仕組みについて，その概要を学ぶ。

《キーワード》 教育行政，学校経営，教育を受ける権利，戦後教育改革，逆コース改革，学校経営の民主化，学校経営の合理化，四六答申，地方分権，規制緩和，政治主導，NPM（New Public Management）

1．教育行政と学校経営の定義と役割

教育行政と学校経営の学術的な定義は特段定まっているわけではなく，論者や文献によってさまざまである。ここでは，教育行政に関しては一般的には国や地方公共団体（地方自治体）が教育に関して行うさまざまな行政行為を指すものとする。また，学校経営に関しては，学校が教育目的を効果的に達成するために人的・物的・財政・情報的資源などを整備・活用・運営すること（浜田 2018）と定義しておく。

日本では第二次世界大戦後に教育行政学という学問分野が確立したが，その初期に活躍した宗像誠也は，「教育政策とは，権力が支持した教育理念」であり，「教育行政とは，権力の機関が教育政策を現実化すること」（宗像 1954）と述べている。宗像の定義は教育政策を権力の側だけに限定して用いているなどの批判はあるが，よく知られている。

教育行政の主な任務は，教育条件を整備し，誰もが学べる環境を整えることにある。日本国憲法では「すべて国民は，法律の定めるところにより，その能力に応じて，ひとしく教育を受ける権利を有する」（26 条）

とあり，これを実現する条件の整備が教育行政の重要な任務である。換言すれば，教育のインフラストラクチャー（社会的基盤）の整備を通じて，すべての国民に教育を受ける権利を保障することにある。

また，教育は国民個々人の権利であると同時に，市民社会や国家の存立基盤を支える機能も有している。現代社会において，学校教育や社会教育がなくなれば，市民社会や国家の維持にさまざまな困難が生じることが予想される。そうした社会・国家の基盤を支える教育を整備するのも教育行政の任務である。

このことは国民の教育を受ける権利を保障することと常に矛盾するわけではない。一般的には，個々の子どもの特徴を活かしその能力を伸ばすことは，本人と社会・国家の双方にとって望ましいことであろう。しかし，個々人の国民の権利保障と，社会・国家の基盤としての教育という側面は衝突することもある。例えば，経済のグローバル化と国家間の競争が進む中で，国がエリート教育の必要性を認識したとすれば，優秀な子どもに集中的に予算を投入してグローバル競争に勝ち抜けるエリートを養成することは，国家の存続には適うかもしれない。しかし，それ以外の「普通」の人びとの教育を受ける権利は十分に保障されないことになる。また，国にとって都合のよいことばかり教えることは，結果的に個々人の教育を受ける権利を損なうこともある。

教育を受ける権利の保障と経済的な効率性についても同様な側面がある。経済的な効率性や財政運営のみを重視するのであれば，税収や経済活動にプラスの効果がある教育活動のみに税金を支出し，そうでないものは私費負担とする選択もある。しかし，権利保障という観点からみると，特別支援教育や夜間の学校教育など，通常の学校教育に比べて財政支出を多く伴うものであっても公的に運営することが求められる教育活動が存在する。また，教育は必ずしもすべて市場で供給することが効率的であるとは限らない側面がある。

個々人の教育を受ける権利の保障と社会・国家としての教育の必要性をどう両立するか，また教育に投入できる限られた資源をどう確保し，それを適切に配分するかはさまざまな考え方がある。また，教育政策は

（まだ生まれていない世代を含めて）選挙権を持たない世代に大きな影響を及ぼす領域であるため，時の政権の意向，あるいはその時の有権者の政策選好をそのまま反映させればそれで良しとするのか，という点も難しい問題である。

2．教育行政・学校経営研究の課題と類型

教育行政や学校経営の研究は，上記で述べたようなそれぞれの任務をどのように適切に果たすか，という点に関心があるが，研究としての具体的な関心は次の３つに分けられるように思われる（村上・橋野 2020）。これらの類型は，以前のこの授業科目での説明（小川・勝野 2012）や行政学の教科書での説明（村松 2001）とも共通している面がある。

一つ目の関心は，誰が教育を統治しているのか，あるいは統治すべきなのかという，Who governs？の問いである。教育制度は誰がどのように決めているのか，学校での意思決定は実質的に誰が行っているのか，といった問いである。Who governs？は政治学の根本的な問いであるが，教育行政研究としては他の行政分野とその在り方がどのように異なるのか（あるいは異ならないのか）という点にも関心を持つ。また，法律は解釈次第でその作用が大きく変わり得ることを考えると，法解釈学や行政法学的なアプローチも広く言えばここに含まれると考えられる。

二つ目の関心は，法律や制度の存在を前提とした上で，それをどのように効果的・効率的に実現していくのか，という関心である。一つ目の関心と対比して言えば，この問題関心はHow governed？の問いと言える。どのように統治するのか，と言い換えてもよい。学校経営研究は，どのような法制度が望ましいかという問いにも関心を有するが，特に実践に近くなるほど，現在の制度や法令を所与の前提とした上で，学校組織をどのように円滑に運営していくか，という視点が強くなる。そのほかにも教職員の人事・給与や学校財務の研究はHow governed？への関心が比較的強い。

三つ目は，教育の効果に関する関心である。Who governs？及びHow governed？の違いがどのような帰結をもたらすのか，またどのような帰

結が望ましいのか，という問いである。公共政策学では，政策研究を大きく政策内容（knowledge in the process）と政策過程（knowledge of the process）に分けることがあるが（秋吉・伊藤・北山 2020），このうち政策内容の研究では効果に関心を持つことが少なくない。教育政策の評価に関する研究はここに含まれる。ここ最近強まっている「エビデンスに基づいた政策形成」（Evidence-Based Policy Making：EBPM）という考え方も，教育政策がもたらす効果を測定しようとするものである。

研究の類型については，「どうなっているか」（当為論）と「どうあるべきか」（規範論）による分類など，上記のほかにもさまざまな考え方がある。どれがより良い類型化なのかは判断が難しいが，自らの研究がある特定の学問分野の中でどこに位置する研究なのか，どの学問分野の知識体系にいかなる貢献をなし得るのかを考える上で，こうした研究の類型を参考にすることは有用である。

3．第二次世界大戦後の教育行政・学校経営の歴史的展開

本科目は，現代の教育行政や学校経営に主な関心を置いて議論を進めるが，これを理解するにあたっては歴史的な経緯についてもそのあらましを把握しておくことが望ましい。そこで以下では主に第二次世界大戦後から現在に至るまでの教育行政・学校経営の変遷についてその概略を述べる。主な出来事については**表1－1**にまとめている。

（1）戦後改革—教育の民主化と地方分権

戦前の日本では現在と比べて中央集権的な行政であった。教育行政もその例外ではなく，教育は国の事務として位置付けられ，内務省（現在の総務省）から出向した知事（現在の公選知事ではなく，国から任命された官選知事）の影響力が強かった。また，教育行政は内務行政の一部であり，教育行政の専門性・独立性は弱かった。

第二次世界大戦後，それまでの中央集権的な教育行政が軍国主義を招いたとの反省から，教育の民主化と地方分権化が進められた。戦後直後の 1947 年には日本国憲法が施行されると同時に，個人の尊厳を基調と

表１－１　第二次世界大戦後の教育行政・学校経営の主な出来事

1947	日本国憲法施行，教育基本法，学校教育法公布
1948	教育委員会法公布（公選制教育委員会制度の創設）
1949	教育公務員特例法，社会教育法，私立学校法公布
1952	義務教育費国庫負担法公布
1956	地教行法公布（任命制教育委員会制度に改編）
	県費負担教職員制度が開始
1958	義務標準法公布
	学習指導要領改訂（法的拘束力を有することが明記，道徳の導入）
1963	教科書無償措置法公布
1971	給特法公布
	中教審答申「今後における学校教育の総合的な拡充整備のための基本的施策について」
1974	人材確保法公布
	教頭職法制化
1975	私立学校振興助成法公布
1984	臨時教育審議会発足（～87 年）
1999	地方分権一括法公布
2001	文部科学省が発足
2004	国立大学法人化
2006	教育基本法改正
2007	教育三法改正（副校長など法制化）
2010	公立高校授業料無償化
2015	教育委員会制度改革
2023	こども家庭庁の設置

（出典：三省堂『解説教育六法（2018 年版）』を基に筆者作成）

する教育基本法と 6-3-3-4 制の単線型学校制度を定めた学校教育法も制定された。

戦後の教育行政は，(1) 地方分権，(2) 教育行政の一般行政からの独立，(3) 教育の民主化（民衆統制）の三原則を掲げ，1948 年に教育委員会法が制定された。これにより，米国の制度にならった公選制教育委員会制度が創設された。しかし，市町村とは異なる学区を設置単位とする米国とは異なり，日本は自治体の行政委員会制度の一つとして教育委員会が置かれたため，同一の自治体からともに選挙で選出された首長と教育委員会が緊張・対立関係となることもあった。また都道府県では，政権与党と対立した教職員組合が支持する候補者が教育委員に当選することが多く，政治的にもその制度の存廃や在り方は当初から議論となっていた。

学校経営に関してもその民主化が掲げられ，文部省編著の手引き(『小学校経営の手引』『新しい中学校の手引』『新制中学校・新制高等学校　望ましい運営の指針』）などが発行された。そこでは教師や父母の参加と協力に基づく民主的な運営や意思決定の必要性が強調され，教職員会議やPTAの組織化などの重要性が述べられるなど，教育目標や教育課程も含めて地域を核として学校を運営していくことが志向されていた。

(2) 再改革(逆コース改革)から1970年代―制度の集権化・系統化と安定

米ソ対立の中で朝鮮戦争が勃発し，占領政策が転換する1950年代初め頃から，教育行政も徐々に変容することになる。1950年代半ばには教育行政に限らず行政全般において戦後改革の見直しが進められた。知事の公選など自治体全般の仕組みは分権的であり続けたが，教育や福祉，警察など個別の行政分野についてはこの時期集権化が進んだ[1]。

この時期の制度改革は戦前回帰を図る「逆コース」改革であるとの批判が多いが，憲法や地方自治の仕組みは維持されたことや，(戦後改革に続く）この時期の再改革によって教育制度がその後比較的安定したことを重視する見方もある。

教育行政では，教育委員会法を廃止して新たに地教行法（地方教育行政の組織及び運営に関する法律）が制定され，教育委員会は公選から首長による任命制へと変更された。地教行法では国―都道府県―市町村

1　こうした個別行政分野の集権化を行政学・地方自治論では「機能的集権化」ということがある（市川 2012)。

の密接な連携・協力，一般行政と教育行政の調和などが掲げられた。具体的には任命制教育委員会のほか，それまで教育委員会が有していた予算提案権や条例送付権は失われ，教育長は文部大臣または都道府県教育委員会の事前承認が必要（教育長任命承認制）となるなど，集権化が進められた。また，この際に県費負担教職員制度が導入され，教職員の人事権が市町村から都道府県へと移された。

教育行政学では，地教行法は教育委員会制度創設時の理念であった3つの原則―地方分権化，一般行政からの独立，民衆統制―を変質・後退させたとして批判する見解が多い。一方で，地教行法制定時には自治庁（現総務省）や地方六団体（首長・議会の団体）が教育委員会制度の廃止を強く要求する中で制度自体は存続したことを重視し，むしろ戦後改革との連続性を見いだす理解もある。

その後1958年には学習指導要領が改訂され，それまでの「試案」としての性格から，国の教育課程の基準として法的拘束力を持つものとされた。また，この時の改訂では新たな教育課程の領域として「道徳」が創設されたが，戦前の軍国主義を支えたとされる修身科を復活する動きであるとして論議を呼んだ。一方で同年には学級編制の標準や教職員定数を定めた義務標準法や，学校施設への国庫負担が定められ，おおむねこの時期までに現在に至る教育制度の枠組みが構築された。

こうした集権化の是非や教育内容に関する国の関与に対しては，後に教育権論争（参照⇒第5章）と呼ばれる議論が盛んに行われ，「誰が教育内容を決めるべきか」という問いは戦後日本の教育行政・政策において重要な論点となった。

学校経営では，教育行政の集権化・系統化にともない，地域を核とした経営よりも，行政が管理する教育機関としての性格が強まった。そうした管理を効率的に進めるために，校長・教頭への管理職手当の支給や教員の勤務評定が導入された。勤務評定については行政と教職員組合の激しい対立を招いたこともあり，形骸化した自治体も多かったが，戦後改革時と比べてその方向性は変化したと言える。

こうした変化を受けて，1960年代初め頃からは学校経営の在り方を問う研究が盛んになった。端的には，経営学の科学的管理論を学校にも適用することでその能率性・効率性を向上させ，学校経営の合理化を目指すべきとする主張（伊藤和衛など）が現れた。一方で，学校経営の合理化論を批判し，学校経営の民主化の必要性を説く研究動向（宗像誠也など）も有力であった。

合理化論と民主化論の違いは，学校の組織の在り方をめぐる論争にもつながっていった。合理化論の立場からは能率性・効率性の観点から学校組織は重層的でピラミッド的であるのが望ましいとしたのに対して，民主化論は教職員が平等でフラットな単層的な組織（鍋ぶた型組織とも言う）が民主的な学校運営には必要であることを主張した。これは単層重層構造論と呼ばれ，学校経営をめぐる論争として知られている。その後，1960 年代後半には合理化と民主化の統合を目指す学校経営の現代化論（吉本二郎など）も現れた。

教育行政・学校経営にとって一つの画期となったのが 1971 年の中央教育審議会（中教審，詳しくは第 2 章を参照）答申「今後における学校教育の総合的な拡充整備のための基本的施策について」（四六答申と呼ばれる）であった。この答申は明治期の学制，第二次世界大戦後の改革に次ぐ「第三の教育改革」を目指し，幅広く教育制度全般の改革を打ち出すものであった。その多くは実現には至らなかったが，発達段階に応じた学校体系の開発や高等教育機関の種別化など，その後の教育行政の方向性に影響を与えた。学校経営に関しては，「各学校が，校長の指導と責任のもとにいきいきとした教育活動を組織的に展開できるよう，校務を分担する必要な職制を定めて校内管理組織を確立すること」「学校の種類や規模およびそれぞれの職務の性格に応じて，校長を助けて校務を分担する教頭・教務主任・学年主任・教科主任・生徒指導主任などの管理上，指導上の職制を確立しなければならない」と述べられていた。この方針に沿って，この後 1970 年代半ばに教頭職が法制化されるとともに，主任職が省令により法制化されるなど，学校組織の階層化や校内管理体制の構築が進んだ。

(3) 1980～90年代―教育の自由化と地方分権，規制緩和

1980年代に入ると，それまで教育政策の中心的課題であった学校教育の量的整備はほぼ充たされ，質の確保・向上が課題となっていく。同時にこの時期には日本が経済的にも世界のトップクラスに立つ一方で，欧米の近代化に「追いつき追い越す」ことを目標としていたそれまでの社会や行政システムが揺らぎ始めた時期でもある。教育政策においても，国家・国民共有の目標であった追いつき型近代化を達成するための教育制度に代わるシステムづくりが模索されるようになってきた。

1983年に発足した中曽根康弘内閣は「戦後政治の総決算」を掲げ，教育についても，それまでの中教審ではなく首相直属の臨時教育審議会（臨教審）を設置し，「戦後第三の教育改革」の実施を目指した。

臨教審では，教育の自由化論を掲げる中曽根首相のブレーンらと，それに反対する文部省や文教族などが対立した（Schoppa 1991＝2005）。1985～87年にかけて四度にわたり出された臨教審答申では，「個性重視の原則」「生涯学習体系への移行」「国際化・情報化など変化への対応」を理念として，(1) 6年制中等教育学校の創設，(2) 1年間の初任者研修制度を創設，(3)単位制高等学校の制度化，などが提言された。これらの提言については，すぐには実現しなかったものが多いが，1990年代以降の教育政策に大きな影響を与えたとされる。

1990年代には，地方分権改革が進められ，教育行政だけでなく行政全体として規制緩和と地方分権が基軸になっていく。1990年代後半には，通学区域の弾力化が認められるようになり，まもなく学校選択制が一部の自治体で行われるようになった。

1998年には中教審が答申「今後の地方教育行政の在り方について」で，国・都道府県・市町村の役割分担の見直しなど教育行政の地方分権化を提言するとともに，学校の自主性・自律性の拡大などの重要性を訴えた。この答申と翌99年の地方分権一括法によって教育行政における自治体の裁量が拡大し，その後の法改正を受けて各都道府県が独自に少人数学級編制を実施するなど，自治体独自の教育政策の立案・実施が広がった。

学校経営では，規制緩和・分権化の潮流で1990年代に学校の自主性・

自律性の拡大が大きなテーマとなった。1998年の中教審答申では教育委員会と学校との関係の見直し，学校の裁量拡大が掲げられるとともに，学校・家庭・地域の連携・協力を図ることとされた。具体的には，学校管理規則の見直し，学校評議員の設置などが実施に移された。同時に，職員会議を校長の補助機関として位置付けるなど，校長のリーダーシップの強化も提言された。規制緩和・分権化と校長のリーダーシップ強化は，組織の裁量拡大とトップへの権限集中を同時に行う点で，後に述べるNPM的な考え方がすでに採り入れられていたことを示唆している。

（4）2000年代から現在まで―政治主導とNPMの台頭

2000年代に入ると，規制緩和や地方分権が一定程度進展すると同時に，それまでに比べて国・自治体ともに政治主導による教育改革が見られるようになった。

国レベルでは，2001年の省庁再編により文部省と科学技術庁が統合されて新たに文部科学省が発足したが，同時に行われた内閣機能の強化，また1990年代半ばに行われた選挙制度改革（小選挙区比例代表並立制の導入）により，首相や官邸の影響力が強まった。教育政策では，内閣府に置かれた経済財政諮問会議や，首相直属の私的諮問機関などを通じた政治主導が強まるとともに，官邸への出向者が多い財務省，総務省，経済産業省など，他省庁が教育政策に影響を及ぼすようになった。

2006年からの第一次安倍政権では，教育基本法が制定以来約60年ぶりに改正され，個人の尊厳など従来の理念に加えて，公共の精神，国や郷土を愛する心などの理念・目標が追加され，学校教育法の改正を通じて各学校種の目的・目標や具体的な教育内容にも影響が及んだ。

その後，2009年からの民主党政権では公立高校の授業料無償化など教育への公的支出を積極的に行ったが，途中から参議院で少数与党になった（「ねじれ国会」）影響などにより，その他の公約については実現に至らないものが多かった。

2012年からの第二次安倍政権では，政策全般において首相・官邸主導の色が濃くなるなか，教育政策についても政治主導でさまざまな改革が進められた。首相直属の私的諮問機関である教育再生実行会議では，自民党の教育再生実行本部のプランを反映しつつ多くの提言を打ち出し，制度改革の大まかな方向性や枠組みを示した。中教審は教育政策の方向性を定めるというよりも，むしろ教育再生実行会議の提言を受けて詳細な制度設計を行う役割を担うこととなった。こうした政策形成過程を経て，道徳の教科化，教育委員会制度改革，英語教育や大学入試改革などの諸改革が実施に移された。

自治体レベルでは，1990年代末に行われた地方分権改革により国の自治体への関与が縮減され，自治体の裁量が以前よりも大きくなった。もともと首長の権限が強かった自治体ではその影響力がより強まり，首長が主導して少人数学級編制や学力向上施策などの教育改革を行う自治体が現れるようになった。

こうした首長主導の強化は，首長から一定程度独立した教育委員会制度の意義にも疑問を投げかけるものであった。教育委員会制度の見直しについては2000年代はじめから議論があり，第二次安倍政権発足後はその廃止が検討された。しかし，連立与党を担う公明党の反対などにより，2014年の地教行法改正では教育委員会制度を維持しつつ，教育に関する大綱の策定や首長・教育委員会が協議・調整を行う総合教育会議の設置など，首長の教育行政権限を強化する改革が行われた。

2000年代以降の教育行政・学校経営の特徴としては，成果主義や評価の重視が進んだ点も重要である。1990年代までは，予算編成や学習指導要領，義務標準法など，国の基準の設定などを通した事前統制，いわば「入口管理」の側面が重視され，いったん実施に移された政策の評価が問われることは少なかった。しかし2000年代に入ると，政策の成果を数値で設定して（例えば学力テストの点数など），それを評価する成果主義や，学校評価，教員評価などの施策・考え方が普及した。

これは本教材でも後で述べるように，民間企業の経営手法や発想を行政部門に採り入れて行政の効率化を図ろうとするNPM（New Public Management）と呼ばれる考え方に近い。それまでの事前統制に代わって，評価を通じた事後統制，換言すれば「出口管理」を重視する点や，権限を下位組織に移譲しつつも責任を明確化するため，組織内部ではトップに権限を集中させるなどの特徴がある。

国や自治体で策定される教育振興基本計画では成果目標が数値で示されることが多く，また教員評価や学校評価などは2000年代初め以降にほとんどの自治体や公立学校で導入されるなど，近年になりNPM的な考え方が普及した。1990年代後半以降の学校経営改革の基調となっている学校の自律性・自主性の拡大と校長のリーダーシップの確立も，NPMの発想と類似する点が多い。

2020年には，新型コロナウイルスの世界的な流行が拡大した。同年2月，安倍政権は社会的な規制をほぼ行わない状態で学校の全国一斉臨時休業の即時実施を要請した。大多数の自治体はこれを受けてただちに2カ月前後の長期休業を行うことを余儀なくされた。この際の意思決定は文科省というよりは政権中枢，すなわち官邸主導で行われたと言われている。感染症の出現という緊急事態ではあったが，政治主導による決定が学校や家庭，児童生徒，そして社会全体に大きな影響を与えた事例と言えよう。

4．教育行政と学校経営の課題

（1）少子高齢化

現代日本の教育行政にとっての大きな課題の一つは，少子高齢化である。日本は戦後の第1次ベビーブーム時には年間約270万人（1949年生まれ）が生まれていたが，2021年にはその3分の1以下の約81万人まで減少している。同時に高齢化も進展しており，65歳以上の人口比率は1950年には4.9%であったが，2021年には29.1%と大幅に増加している。少子高齢化が教育行政・学校経営に及ぼす影響はさまざま考えられるが，大きな問題としては次の2点が挙げられるように思われる。

一つは，教育の量と質の維持・向上のための予算を投入することが難しくなることである。少子化は主要な社会問題となり世論の関心は高まっているが，高齢化にともなう社会保障支出の増大と財政難により，教育に関する課題に対応するだけの投資は実際には難しくなっている。

日本では社会保障のうち，介護・年金・医療と国債の償還（国の借金の返済）が一般歳出予算の大きな割合を占めており，介護・年金・医療についてはその総額は年数千億円のペースで増大している。こうしたなか，教育を含めた他の政策に予算を振り向ける余裕がなくなってきており，例えば教員の働き方改革のような人員の確保が必要な政策課題でも，新たな予算を獲得するには困難が伴うのが現状である。

もう一つは上記の点と関連するが，有権者が高齢者に偏ってしまうため，子ども向けの公的支出を増やすための社会的・政治的合意を調達することが難しいと考えられる。社会の高齢化にともない次世代に必要な政策課題が先送りされてしまう危険は，いわゆる「シルバー民主主義」として指摘されることがあるが，その中でも教育政策は世論の支持を得にくいとされてきた（中澤 2014）。2010 年代以降は，子ども・子育て支援新制度の施行や３～５歳児の幼児教育・保育の無償化など，風向きがやや変わってきている面もあるが，今後の少子高齢化の進展や増税の難しさを考えると見通しは明るくない。

なお，予算の確保に関して言えば，現在の教育行政・学校経営では，エビデンス（根拠）に基づいた政策形成（EBPM）の重要性が主張されるようになっている。イデオロギーや利害関係者による政治的調整が重視されてきたこれまでの教育政策形成には問題点も多く，客観的なエビデンスに基づいた政策形成と選択が可能なのであればそれが望ましいだろう。一方で，よく言われるように教育は効果が出るまで時間がかかることが多く，実際には施策の効果を正確に測定することは難しい。社会科学ではエビデンスの形成やその現実への応用の背後にさまざまな政治的・社会的事情や思惑が絡みやすく，一見客観的に見えるエビデンスが必ずしも中立的とは限らないことがある。エビデンスを信じすぎるのではなく，それを出した側の意図はどこにあるのかに留意するなど，EBPM がはらむ政治性には十分に注意する必要がある。

（２）政治主導と NPM の影響

政治主導と NPM が進展した 2000 年代前半以降，教師や教育行政の自律性・専門性は低下し，その裁量は以前に比べると小さくなっているように思われる。換言すれば，それまで一定程度是認されてきた教育の自律性・専門性は，政治的統制と市場的統制によって外在的にコントロールされるようになってきている。

教育政策決定における政治主導を支持する論者は，教育の専門性を担う教師や教育行政が閉鎖的・独善的な体質に陥っていることを批判し，「民意」をより重視すべきであると主張する。しかし，教育における「民意」とは何か，という点に関してはさまざまな見解があり，１つの正解があるわけではない。選挙の結果のみを「民意」と捉える最近の傾向に関しては，教育政策に限らずさまざまな意見がある。教育行政の具体的な仕組みとしては，誰が「民意」を代表するのか（首長なのか，教育委員なのか，また個人（独任制）なのか，複数名（合議制）なのか），それは他の分野と同じであるべきかあるいは異なるべきか，といった点が重要な論点である。これは国の教育行政組織の在り方や自治体の教育委員会制度の是非と直結する課題である。また，時に「民意」と考え方が異なる教育の専門性をどの程度尊重すべきなのかも問題となる。

また，先に述べたNPMもその功罪については論争的である。NPM的な手法を支持する立場からは，これらは学校教育の活性化や予算の効率化に有効との主張がある一方，それを批判する側からは，市場原理の導入によって社会経済的に不利な子どもが結果的に切り捨てられるなどの悪影響が生じうるとの見解がある。

NPMは，「小さな政府」を標榜（ひょうぼう）する新自由主義との親和性がしばしば指摘されるが，福祉国家であるスウェーデンでもNPM的な施策が見られ，イギリスでは労働党のブレア政権下でNPMが推進されるなど，必ずしも新自由主義的ではない政権でもNPMが重視されることがある。NPMの理念や原則を検討することは重要ではあるが，併せて個別の行政・経営手法についてその長所と短所を見極めることが求められる。例えば同じ学校評価であっても，自治体によって学校を画一的に管理するために使う場合もあれば，実質的な学校改善に役立つ評価を行っている場合もあるだろう。イデオロギーや理念だけで捉えるのが難しいのが

NPMの特徴と言えるかもしれない。

政治主導とNPMに関しては，両者が結びつきやすい面があることを意識しておくべきである。NPMは成果主義をその特徴とするが，その成果とは長くても数年間程度であり，数十年～数百年の長期的なスパンで成果が測定されることは皆無に近い。政治主導は次の選挙までに成果を挙げて有権者に実績をアピールする必要があり，数年間の成果を問うNPM的な発想は政治主導となじみやすい。政治主導とNPMが教育行政や学校経営に与える影響を考える際には，こうした両者の関係も視野に入れておくことが求められる。

5．本テキストの構成

本テキストは全15章で構成されている。本テキスト（第1章）では，教育行政・学校経営研究の基本的概念や研究課題，第二次世界大戦後の教育行政・学校経営の歴史的経緯など，次章以降の個別のテーマを理解するための基礎的な理論と知識について述べた。

教育行政と学校経営は本来連続的かつ有機的な営みであり，現実に両者は密接な関連を有している。ただし，本テキストでは便宜上，前半は教育行政，後半は学校経営を中心に論述を進める。

第2～8章は教育行政・教育財政を取り上げる。第2～4章は国や自治体の教育行政制度，第5～6章は学校教育に大きな影響を与える教育課程・教科書や教職員給与・人事の仕組みと課題にそれぞれ言及している。第7～8章では，公教育費及び私教育費の現状と課題を述べる。

第9～15章は学校経営やそれに関連するテーマを取り上げる。第9～11章では，現代の学校経営の可能性と課題や，学校組織・文化，学校改革など，学校経営をめぐる現代的課題について考察する。第12～14章では，学校評価，学校財務，教員評価と教員研修といった，学校経営に直接・間接に関わる重要な施策・テーマについて述べる。最後の第15章では，学校経営や学校改革をめぐるこれまでの変化と今後のゆくえを改めて考える。

なお，本テキストは主に学校教育，とりわけ義務教育（小・中学校）

を念頭において議論していることが多いが，必要に応じて高等学校を含めて言及していることもある。また，就学前教育や高等教育（大学など），あるいは社会教育を対象とした記述もある。

研究課題

① 本書で区別した各時期における教育行政・学校経営の特徴をまとめ，それぞれの時期で実施された政策がどのような意義や課題を有していたかについて述べなさい。

② 教育行政・学校経営における政治主導とNPMの強化に関して，その長所と短所を述べなさい。

③ 今後の教育行政と学校経営の課題について，あなたが重要と考える課題を述べなさい。またその課題がなぜ重要で，いかなる解決策や改善策が考えられるかを述べなさい。

参考・引用文献

- 秋吉貴雄・伊藤修一郎・北山俊哉（2020）『公共政策学の基礎（新版）』有斐閣
- 市川喜崇（2012）『日本の中央－地方関係：現代型集権体制の起源と福祉国家』法律文化社
- 小川正人・勝野正章（2012）『教育行政と学校経営』放送大学教育振興会
- 中澤渉（2014）『なぜ日本の公教育費は少ないのか：教育の公的役割を問いなおす』勁草書房
- 浜田博文（2018）「教育経営」日本教育経営学会・北神正行・元兼正浩・本図愛実編『教育経営ハンドブック』学文社
- 宗像誠也（1954）『教育行政学序説』有斐閣
- 村上祐介・橋野晶寛（2020）『教育政策・行政の考え方』有斐閣
- 村松岐夫（2001）『行政学教科書：現代行政の政治分析』有斐閣
- Schoppa, Leonard J.（1991＝2005）Education Reform in Japan : A Case of Immoblist Politics, Routledge（小川正人監訳『日本の教育政策過程：1970－80年代教育改革の政治システム』三省堂）

2　国の教育行政組織と教育政策過程

村上祐介

《目標＆ポイント》 国の教育行政組織の中核である文部科学省の組織・人事と，それ以外の教育行政にかかわる国の組織について概観する。また，国における教育政策形成過程のあらましと近年の変化について述べるとともに，その課題を理論的な視点も交えながら学ぶ[1]。
《キーワード》 文部科学省，中央教育審議会，私的諮問機関，政策過程，族議員，文教族，合意型民主政治，多数決型民主政治

1．国の教育行政組織

（1）文部科学省の組織と人事

文部科学省は文部省（1871年設置）と科学技術庁（1956年設置）が2001年に統合されて設けられた国の教育行政機関である。文部科学省設置法では教育のほか，文化・スポーツ，宗教行政など幅広い分野がその所管として示されている。

その組織（2022年時点）は**図2－1**に示したとおりである。文部科学省の長は文部科学大臣であるが，その下に副大臣（2名），大臣政務官（2名）が設けられ，これらは政務三役と呼ばれている。官僚のトップは事務次官であるが，事務次官級のポストとして他に文部科学審議官（2名）が置かれている。慣例的に事務次官は旧文部省と旧科学技術庁の出身者が交互に務めることが多いが，旧文部省出身者が連続して就任することもある。文部科学審議官はそれぞれから1名ずつが任命されること

1　第1節・第2節は村上（2017），村上・橋野（2020），第3節は村上（2013）を基に加筆修正している。

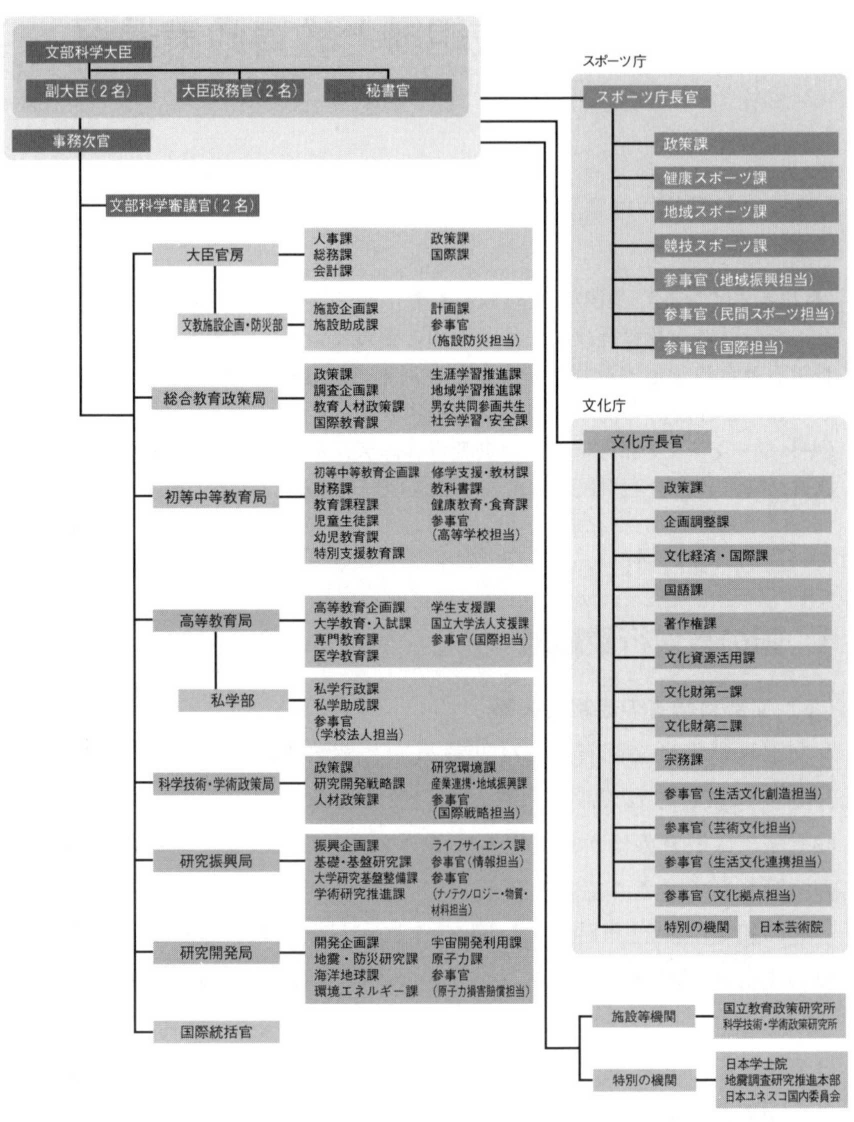

図 2-1　文部科学省の組織図（2022年10月1日現在）

（出典：文部科学省ウェブサイト）

が慣例である。

省内は大臣官房と，それぞれの局・部に分かれる。局・部については官房と対比する意味で，原局とまとめて称されることもある。官房は人事・総務・会計などを担う。原局は総合教育政策局（2018年10月にそれまでの生涯学習政策局を改編して設置された），初等中等教育局など，政策分野ごとに分かれており，自治体や教育機関への助成や指導・助言，基準の設定などの業務を行っている。官房・原局の下にはそれぞれいくつかの課や係が置かれている。

また，文科省の下にあるが業務が特殊なために別の機関を設置している場合があり，これを外局と呼ぶ。文科省は文化庁（1968年設置）とスポーツ庁（2015年設置）の２つの外局を有している。外局の長は長官と呼ばれ，その下に長官官房と部・課（スポーツ庁は課のみ）が置かれている。外局を含めた文科省の定員は約2,150名（2021年現在）である。

中央省庁では大臣の諮問機関として審議会が置かれることが多い。「諮問」とは意見を求めることであり，審議会は大臣の求めに応じて意見を述べる。文科省には中央教育審議会（中教審）が置かれており，制度改革や学習指導要領改訂など重要な課題については中教審に諮問を行い，その意見（「答申」と呼ばれる）をまって政策決定を行うことが多い。

中教審は教育委員会，校長会やPTAの代表などの教育関係者，首長などの地方自治関係者，学識経験者，民間企業の経営者などから約30名が任命される。中教審では教育制度分科会や初等中等教育分科会などの分科会が設置され，さらにその下に部会・委員会が置かれることもある。実質的な議論は分科会や部会・委員会で行われることが少なくない。また，中教審ではなく，調査研究協力者会議など有識者による合議体が政策決定に重要な役割を果たすこともある。中教審，および調査研究協力者会議など各種合議体の委員の任命は事務局が候補者を選定することが多いが，最終的な決定は文科大臣が行うこともある。そのため審議会は政治や官僚の意向にお墨付きを与える「隠れみの」に過ぎないとの批判がある。ただ，中教審内部でも意見が対立したり，政治や官僚の意向とは必ずしも一致しない答申が発表されることもあるため，そうした批判がどの程度正しいのかは検討の余地がある。

（2）文部科学省の人事

文科省の人事は基本的には他省庁と大きく変わらない。採用時にどの試験を受けたかで異動・昇進の在り方が大きく異なる。現在の国家公務員試験は総合職，一般職があり（他に専門職もある），実質的には総合職がキャリア（幹部職員候補），一般職がノンキャリア（キャリア以外の職員）での採用となる。

中央省庁の職員の一般的な昇進モデルを示したのが**図2-2**である。将棋の駒に似ているので「二重の駒形モデル」とも言われる。キャリアは入省して2～3年後には係長となり，10年目前後で課長補佐に昇進する。その後，企画官・室長などの職を経て，早ければ40歳代半ば頃に課長に就任する。課長補佐の頃に3年間ほど都道府県教育委員会事務局に課長として出向することや，海外機関（大使館など）で勤務することもある。その後，審議官，局長を経て，最終的には事務次官や文部科学審議官となるが，課長以上はキャリア全員が昇進できるわけではない。かつては同期入省者が事務次官に就任するまでに退職し，関連団体等に再就職する例（いわゆる「天下り」）も見られたが，最近は国立大学の理事などに現役出向するなどして，定年または定年近くまで在職することが増えている。

ノンキャリアは入省10年目頃で係長となり，その後一部は40歳代半ば頃に課長補佐になる。課長まで昇進することはまれであるが，2020年にはノンキャリア出身者が初等中等教育局長を経て次官級の文部科学審議官に就任して話題となった。2～3年間隔で複数の局を異動していくキャリアと異なり，ノンキャリアは基本的には特定の局で長期間勤務することが多いが，近年は変化もある。キャリアはジェネラリスト的な人事が行われるのに対し，ノンキャリアはスペシャリスト的な人事が意識されているといわれる。文科省のノンキャリアの特徴は，1990年代半ばまでは新卒採用はなく，国立大学職員からの転任人事によって人材

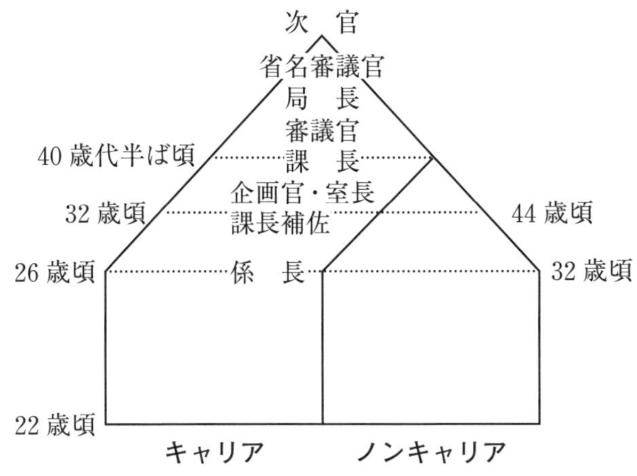

図 2-2　二重の駒形モデル

（出典：稲継裕昭『日本の官僚人事システム』東洋経済新報社，35頁を一部修正）

を確保していたことである。しかし，徐々に転任人事が減少し，一般職試験（かつてのⅡ種試験）による新卒採用が増加している（渡邊 2018）。

（3）文部科学省以外の教育行政組織

国の教育行政は文科省以外にもさまざまな組織が関わっており，特に2000年代に入ると，それら文科省外部の組織が教育政策に大きな影響力を有するようになってきた。近年では，第二次安倍政権で首相の私的諮問機関として官邸に置かれた教育再生実行会議が，教育改革の方針を定める上で大きな役割を果たした。教育再生実行会議の提言の多くは，自民党に置かれた教育再生実行本部による改革プランが基になったといわれる。第二次安倍政権下での中教審は，かつてのように教育政策の方向性を議論するというよりは，教育再生実行会議による提言を受けて，その具体的な制度設計を審議する場という位置付けになった。

こうした首相の私的諮問機関は，1980年代の中曽根康弘内閣で首相直属の臨時教育審議会が設置されて以降，政権が教育改革を行おうとする際に多く用いられるようになった。1990年代後半の小渕恵三政権で設置された教育改革国民会議は，教育基本法改正や社会奉仕活動の義務化などを提言し，基本法改正についてはその後の2006年に実行に移された。

2000年代前半の小泉純一郎政権では，教育分野に限定した私的諮問機関というよりは，首相官邸や内閣官房，また省庁再編（2001年）で新設された内閣府に置かれた経済財政諮問会議などの合議制組織が，教育政策に限らず政策全般に大きな影響力を有するようになった。内閣府や内閣官房には多くの官僚が出向したが，その中核は財務省や総務省，経済産業省といった官庁からの出向者であった。教育政策ではこれらの省庁の影響力が大きくなり，文部科学省は受け身に回らざるをえなかった（小川 2010）。

2006～07年の安倍晋三政権（第一次）では，教育再生会議が置かれ，教育基本法の改正やその後の教育三法（学校教育法，地教行法など）の改正が行われた。その後の福田康夫，麻生太郎政権では教育再生懇談会が置かれたが，政権自体が脆弱なこともありその影響は限定されていた。民主党政権では政務三役が政策形成の中核となったため，教育政策に関しては首相直属の私的諮問機関は置かれなかったが，自民党政権では特に2000年代以降，恒常的に首相直属の私的諮問機関が置かれ，それが教育政策に多大な影響を与えている。

特に2000年代以降に見られる特徴として，文部科学省は教育委員会や学校などの教育関係者に対しては強い姿勢で臨むが，官邸や他省庁に対しては脆弱であることが挙げられる（青木 2021）。また官邸，他省庁，政治家，財界などは，そうした文科省の特質を利用し，文科省を通じた「間接統治」を展開しているとの理解もある（青木 2021）。

2023年には，内閣府の外局としてこども家庭庁が設置され，厚生労働省や内閣府の子ども関連事務の多くが移管された。こども家庭庁には，子ども政策担当の内閣府特命担当大臣が置かれ，300人余りの職員が配置された。一方で，学校教育（幼稚園を含む）は従来通り文科省の所管であり，幼保一元化も見送られた。こども家庭庁は子育て政策などを中心的に扱うことが予想されるが，学校教育など文科省が所管する政策にどの程度影響力を有するかは今後の動向を注視する必要がある。

2. 国の教育政策過程

教育政策に限らず，国の政策は，最終的には法令や予算などの形で決定される。法令は法律とそれ以外の政令・省令などを含む。法律は内閣が法律案を国会に提出する閣法と，国会議員が法律案を作成する議員立法があるが，成立する法案は閣法が 80% 前後を占める。政令・省令（例えば，学校教育法施行令や学校教育法施行規則など）は，内閣や各省庁が法律の枠内で決定することができる。

閣法は内閣（首相と国務大臣で構成）が開く閣議での全会一致による決定を経て法案が国会に提出されるが，自民党政権では，それに先立って党内での事前審査による同意を得ることが以前からの慣行となっている（与党事前審査制）。また，並行して文科省内でも関係者による調整が進められる。

政策が作られるには，まずある特定の問題が解決すべき政策課題であると政策決定者に認識される必要がある。社会には無限の課題があり，どれを解決するかを選択すること自体が政治的・社会的なプロセスである（政治学ではアジェンダ設定と呼ばれる）。何が政策課題になるかは，マスメディアの影響が大きいこともあれば，政治家の発案がきっかけになることもある。

ある問題が解決や改善が必要な政策課題であるとされると，それを解決・改善するための政策案が作られる。自民党内では部会・調査会と呼ばれる組織が置かれており，そこで法案の事前審査が行われる。教育分野では文部科学部会や文教制度調査会がある。部会で全会一致により承認を得た案は，各部会・調査会をとりまとめる総務会・政務調査会で承認され，党としての意思決定が行われる。

同時に，文科省内の各係・課でも検討が行われる。大きな枠組が中教審や私的諮問機関などから示されている場合とそうでない場合があるが，いずれにしても具体的な制度設計は自民党・文科省が並行して相互に連絡を図りつつ詳細を詰めていく。最終的には，自民党では総務会，文科省では文科大臣の承認を経て，併せて連立政権内での調整も図られると，閣議で法律案が決定され，国会に提出される。以上に述べた教育政策形成の仕組みは，**図2－3**のように示される。

一連の政策形成では，特定の政策領域に関心の強い国会議員の役割が大きい。こうした国会議員は族議員と呼ばれ，教育政策に強い議員は一般に文教族と呼ばれる。文教族の他にも，建設族や国防族などさまざまな分野の族議員が存在する。こうした族議員では党内の部会（文科省関連であれば文部科学部会）で中心的な役割を果たすことが多い。

自民党内での事前審査制の仕組みは族議員が強くなる反面，首相や大臣の影響力が相対的に弱くなる傾向があった。しかし，1990年代半ば以降に内閣機能の強化や選挙制度改革が行われると，首相や大臣の力が強まり，族議員の影響力は低下したといわれる。特に2000年代以降は，他の政策と同様に，教育政策においても首相のリーダーシップが強まった。

なお，2009～12年の民主党政権では政策決定の内閣への一元化を掲げ，党内での事前審査は重視されなかった。首相や官邸は教育政策に関してはあまり影響力を持たず，大臣を中心とする各省庁の政務三役の影

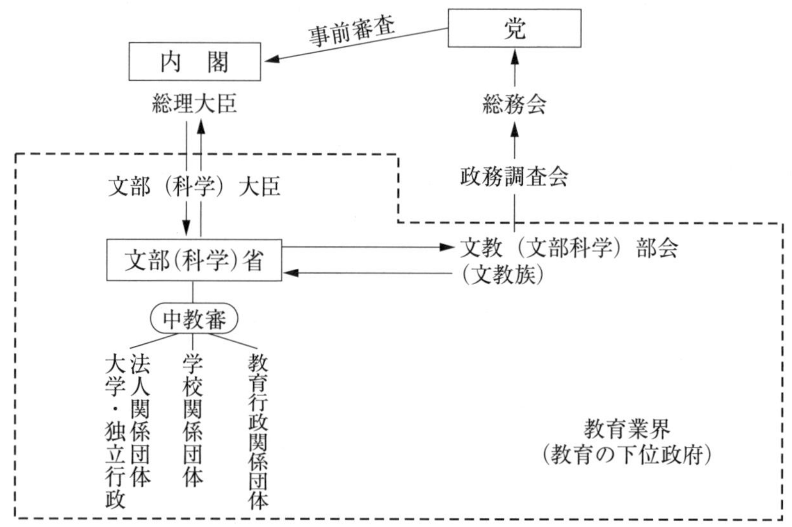

図2－3　自民党政権における教育政策形成過程

（出典：小川（2016），38頁）

響力が大きかったと考えられる。

以上に述べた与党と省庁での政策形成過程は，他の政策分野も大きな違いはないが，2010 年代後半に文科事務次官を務めた前川喜平は，中堅官僚であった 2000 年代はじめに，文科省の政策形成過程の特徴として，(1) 現場ニーズの積み上げに基づく政策形成が主流であること，(2) 政策の継続性を重視すること，(3) 広く国民的なコンセンサスが必要となること，(4) アイデアが公の場に出されてから実際の政策になるまでのプロセスが長いこと，(5) 継続性を重視する一方で，政治部門からの外発的な政策の創発が力をもっていること，を挙げている（前川 2002）。

3．国の教育政策過程の変化とその課題

1990 年代までの国における政策決定は，教育分野に限らず，現在のそれに比べて相対的に権力分立や合意を重視する仕組みになっていた。例えば，中選挙区制は単一の選挙区で自民党から複数の当選者を生み出す仕組みであったため，自民党内部での派閥の均衡と内閣の弱体化を生み出していた。また，自民党による法案の事前審査制の慣行も，総務会・政務調査会での全会一致が原則であったため，内閣のみならず党内の合意を重視する仕組みであった。

しかし，2000 年代以降はそうした政策決定が変容しており，合意重視の特徴は徐々に失われると同時に，それ以前に比べて内閣への執政権集中が志向されるようになっている。

日本における時系列的な変化を観察してもわかるように，同じ議会制民主政治でも，意思決定の際の合意形成の在り方や権力集中の程度には差異が存在する。この点に関して，比較政治学者のアレンド・レイプハルトは，議会制民主主義を多数決型民主政治と合意型民主政治という 2 つの類型に分類したうえで，政府・政党次元（執政制度，政党制，選挙制度）と連邦制次元（中央・地方関係，司法権）の 2 つの次元について，多数決型民主政治と合意型民主政治では**表 2－1** のような特徴と差異があることを指摘した（Lijphart 2012＝2014）。

表 2-1　多数決型民主政治と合意型民主政治

	多数決型民主政治	合意型民主政治
政府・政党次元	単独過半数内閣への執政権の集中	広範な多党連立内閣による執政権の共有
	執政府が圧倒的権力をもつ執政府・議会関係	均衡した執政府・議会関係
	二大政党制	多党制
	多数決型・非比例型選挙制度	比例代表制
連邦制次元	単一・中央集権政府	連邦制・地方分権的政府
	一院制議会への立法権の集中	等しく強力であるが構成が異なる二院制議会への立法権の分割
	相対多数による改正が可能な軟性憲法	特別多数のみによって改正できる硬性憲法
	立法活動に関して議会が最終権限を持つシステム	立法の合憲性に関し最高裁または憲法裁判所の違憲審査に最終権限があるシステム
	政府に依存した中央銀行	政府から独立した中央銀行

(出典：Lijphart（2012），pp. 3－4 を基に筆者作成。訳語は川出・谷口編著（2022）を参照した。)

表 2-1 からは，1990 年代までの政策決定は，合意型民主政治の特徴が色濃かったことがわかる。政党に関しては自民党一党優位ではあったが，内閣への執政権集中というよりは，むしろ自民党内の派閥による連立政権的性格を有していた。かつては閣僚ポストが派閥ごとに割り振られていたことからもそうした実態が指摘できよう。また，衆議院の選挙制度は二大政党への収斂（しゅうれん）を促す小選挙区制（選挙区ごとに 1 名のみ選出）ではなく，中選挙区制（選挙区ごとに 3 ～ 5 名を選出）が採用されていた。これはむしろ多党制をもたらす比例代表制に近い選挙制度であり，それが弱い内閣と派閥による党内政治を生み出していた。

しかし，1990 年代半ばに中選挙区制が小選挙区比例代表並立制に改められると，比例代表の存在によって多党制の要素も若干残ったものの，2009 年には現実に政権交代が起こった。加えて，2000 年代初めの省庁再編と同時に内閣府の設置など内閣機能の強化が行われたことで，それ以前に比べて内閣への執政権集中が進んだ。

もっとも現在でも，地方分権改革の進展や硬性憲法（変更のハードルが高い憲法）の維持など，依然として合意型民主政治の特徴を保持している部分も少なくないが，とりわけ政府・政党の次元では 1990 年代以降，多数決型民主政治への変容を意図した制度改革が行われた。現在では，主に政府・政党の次元（政府内部）に関しては多数決型民主政治が優勢であるが，連邦制の次元（政府外部）については合意型民主政治の特徴が依然として強く，結果としては両方の特徴が混在する統治システムになっている（砂原 2015)。

加えてここ数年の議論は，合意型民主政治に戻るというよりは，むしろ多数決型民主政治へのさらなる移行を図ろうとする動きが強まっている。例えば第二次安倍政権の初期に議論があった憲法 96 条の改正論議は，憲法改正の発議を容易にしようとしていた点で硬性憲法から軟性憲法への変更を図ろうとする主張であるし，参議院の役割や存在意義への疑問は根強い。さらに第二次安倍政権発足後の日銀の金融緩和政策や総裁人事の政治過程は，中央銀行の独立性を弱体化させるものであった。これらはいずれもレイプハルトによる民主政治の類型では多数決型の民主政治を体現しようとするものであるといえる。

以上に述べたように，日本の中央政府における統治システムは，権力の分立や共有を重視する合意型民主政治から，権力の集中を特徴とする多数決型民主政治へと移行が進みつつある。一方で，多数決型民主政治と合意型民主政治のパフォーマンスを比較したとき，レイプハルトは民主政治の質などの点において合意型民主政治が有利であると結論付けている。しかし，これには異論もあるという（川出・谷口編著 2022)。

政策の安定と変化という点から両者を比較するならば，多数決型民主政治は端的にいえば「勝者総取り」の仕組みであり，決定が迅速になる反面，政策転換が急激かつ頻繁に起こる可能性が高まると考えられる。合意的民主政治はその逆で，決定に時間がかかりやすい一方で，政策変化の速度や程度は多数決型に比べて緩慢になりやすい面をもつ。

1990 年代までの国の政策形成過程では，教育政策に限らず多くの政策分野で，どちらかといえば合意型民主政治の仕組みに基づいた政策形成が行われてきたと考えられる。とりわけ法案の事前審査制を軸として自民党・内閣が一体化した政策決定システムはその中核となってきた。これに対しては現状維持的（イモビリズム）に陥りやすいとの指摘や(Schoppa 1991＝2005)，与党と内閣の二元的な政策決定であるとの批判もあるが（西尾 2001)，裏返していえば政策の安定性・継続性は比較的担保しやすい仕組みであったともいえる。

多数決型民主政治への移行は，決定の迅速性や時代に即した政策転換を行ううえでメリットもあり，一概に合意型民主政治に比べて劣っている面ばかりであるとはいえない。しかし，政策の安定性・継続性という点では合意型民主政治に比べてデメリットも大きく，とりわけ教育政策のように安定性・継続性が重視される領域では，政権や首相・大臣が交代するたびに政策転換が急激かつ頻繁に起こることの弊害は決して無視できない。

さらに，2014年に設置された内閣人事局が中央省庁の幹部職員人事を一元管理するようになったことで，省庁幹部の官僚はその専門性を発揮するために一定の政治的中立を保つというよりは，時の政権に奉仕する存在という位置付けがこれまで以上に強まっている。政官関係の視点からは，内閣人事局による幹部人事一元化は政権中枢への権力の集中をより進めるもので，多数決型民主政治への移行の表れともいえる。

日本では国レベルでは教育委員会が置かれておらず，自治体レベルと異なり教育行政の政策決定システムが他の行政領域と異なる（分立する）仕組みにはなっていない。すなわち，他の行政領域と同様に主任の大臣（文教行政の場合は文科大臣）が各省庁の所管する事務をそれぞれ担当することになっている。こうした独任制の大臣の下でも，かつては教育政策の安定性・継続性がある程度担保されていたのは，「勝者総取り」とは異なるメカニズムである合意型民主政治の仕組みによるところが大きかったように思われる。つまり，中央政府レベルにおける教育政策の安定性・継続性は，教育行政独自の分立的な仕組みを設けてそれを明示的に保障するのではなく，合意型民主政治という政策決定システム全体の中での帰結として，一定の安定性・継続性が担保されてきたといえる。

換言すれば，意図せざる帰結ではあったけれども，教育行政制度の外部に教育政策の安定性・継続性の制度的な基盤を置いてきたともいえる。

一方で，多数決型民主政治への移行が図られている 2000 年代以降は，矢継ぎ早な教育改革が連続して行われ，衆参ねじれの時期を除けば，国レベルにおける教育政策の安定性・継続性は低下している。今後，多数決型民主政治的な統治システムへの移行がより進展すれば，こうした傾向がいっそう強まることが予測される。

もちろん教育に限らず統治システム全体を考えたときに，迅速な決定や適切なタイミングでの政策転換を重視するのであれば，多数決型民主政治に基づいた仕組みを採用することは一つの選択肢として考えられる。ただし，そのような選択を採るのであれば，教育政策のように安定性・継続性が要求される政策領域では，多数決型民主政治の弊害を一定程度緩和して政策の安定性・継続性を担保するような制度的な仕組みや，他の政策領域とは異なる教育行政独自の分立的な制度が構想されるべきとの考え方もありうる。具体的には，警察を管理する国家公安委員会のように，国務大臣を委員長とする行政委員会（中央教育委員会）を設置することなどが考えられる。

また，教育行政における政治的中立性の確保という観点からは，内閣人事局による幹部人事管理や政治家と官僚の接触の在り方など，これまでの政官関係も検討される必要がある。この点は他の行政分野でも共通する課題であるが，多数決型民主政治によるデメリットがどの程度許容されるかは行政分野によっても異なるため，教育行政に限らず，行政分野によって異なる仕組みや運用を行うことも検討されてよいであろう。

研究課題

① 1990 年代までの自民党政権，2000 年代以降の自民党政権，民主党政権における教育政策形成過程の特徴を比較し，それぞれの長所・短所についてまとめなさい。

② 教育政策形成における多数決型民主政治と合意型民主政治の長所，短所をそれぞれあげなさい。

③ 教育政策形成における政治家と官僚の関係についてどうあるべきか，自分の考えを述べなさい。

参考・引用文献

- Lijphart, Arend. (2012＝2014) *Patterns of Democracy : Government Forms and Performance in Thirty-Six countries, second edition*, Yale University press.（粕谷祐子監訳，菊池啓一訳『民主主義対民主主義：多数決型とコンセンサス型の 36 カ国比較研究（原著第 2 版）』勁草書房）
- 青木栄一編著（2019）『文部科学省の解剖』東信堂
- 青木栄一（2021）『文部科学省』中央公論新社
- 稲継裕昭（1996）『日本の官僚人事システム』東洋経済新報社
- 小川正人（2010）『教育改革のゆくえ：国から地方へ』筑摩書房
- 小川正人（2016）「国の教育行政機関と教育政策過程」『改訂版　教育行政と学校経営』放送大学教育振興会
- 川出良枝・谷口将紀編著（2022）『政治学　第 2 版』東京大学出版会
- Schoppa, Leonard J. (1991＝2005) *Education Reform in Japan : A Case of Immobiist Politics*, Routledge（小川正人監訳『日本の教育政策過程：1970-80 年代教育改革の政治システム』三省堂）
- 砂原庸介（2015）『民主主義の条件』東洋経済新報社
- 西尾勝（2001）『行政学』有斐閣
- 前川喜平（2002）「文部省の政策形成過程」城山英明・細野助博編『続中央省庁の政策形成過程：その持続と変容』中央大学出版部
- 村上祐介（2013）「政権交代による政策変容と教育政策決定システムの課題」『日本教育行政学会年報』(39)
- 村上祐介（2017）「教育行政」河野和清編著『現代教育の制度と行政（改訂版）』福村出版
- 村上祐介・橋野晶寛（2020）『教育政策・行政の考え方』有斐閣
- 文部科学省の組織図（令和 4 年 10 月 1 日現在），文部科学省ウェブサイト https://www.mext.go.jp/b_menu/soshiki2/04.htm（最終閲覧日：2023 年 2 月 1 日）
- 渡邊恵子（2018）『国立大学職員の人事システム：管理職への昇進と能力開発』東信堂

3　教育行財政における国と自治体の関係

村上祐介

《目標＆ポイント》 教育行財政における国，都道府県，市町村の役割分担は重層的で複雑であるが，具体的にどのような仕組みになっているのかを学ぶ。また，教育行財政における国-自治体関係の特徴や課題についても考える。
《キーワード》 県費負担教職員制度，義務教育費国庫負担金，自治事務，法定受託事務，機関委任事務，地方分権改革，政府間関係，指導・助言，分離，融合

1．国・都道府県・市町村の役割分担

（1）国・都道府県・市町村の権限と役割

第二次世界大戦後の日本では，教育はその多くが自治体の仕事とされており，現在はそのほとんどが後で述べる自治事務と呼ばれる類型に属している。戦前は教育については国の仕事とされ，国が任命した官選知事（多くは内務省（現在の総務省）の官僚）が地方での教育を取り仕切っていた。戦後の教育改革に際しては，そうした中央集権的・官僚的な教育行政を排すとともに教育の地方分権化が強調され，教育は自治体の事務となった。

日本国憲法では教育を受ける権利が保障されており，その実現にあたっては自治体だけでなく国も責任を負っている。また，教育の機会均等を達成するうえでは，全国どこでも一定の水準の教育が受けられる必要がある。そのため，実際には国，都道府県，市町村が教育に関する業務を分担している。

一般的には，市町村は小・中学校の設置・管理や社会教育，教職員の服務監督などを担当している。学校の施設・設備に関しては，国・都道

府県の補助はあるが，その整備は学校の設置者である市町村が責任を負うことになっている（設置者負担主義)。都道府県は，公立小・中学校の教職員給与の一部を負担すると同時に，その人事を行う権限を有する。これを県費負担教職員制度という（詳しくは後述)。また，広域的に行う仕事（高校や特別支援学校の設置・管理など）も都道府県が担っている。国は一定の質の教育を保障するための基準・標準の設定（学習指導要領，学校設置基準，標準法など)や，学校の運営に必要な費用の負担・補助（公立小・中学校等の教職員給与，国立大学の運営費，私学助成など）を行っている。**表 3－1** では，学校教育における国・都道府県・市町村の役割分担のあらましを示している。

国・都道府県・市町村の役割は基本的には上記のように分担されているが，後述するように，実際には重層的で複雑な仕組みになっている。

表３-１　学校教育における国・都道府県・市町村の役割分担

国の主な役割	都道府県の主な役割	市町村の主な役割
◆学校制度等に関する基本的な制度の枠組みの制定 （例） ・「学校教育法」等による学校教育制度の制定 ・「地方教育行政の組織及び運営に関する法律」による地方教育行政制度の制定 ◆全国的な基準の設定 （例） ・小中学校等の学校の設置基準（編成，施設整備等）の設定 ・学校指導要領等の教育課程の基準の設定 ・教科書検定の実施 ・教員免許取得のための所要資格の設定 ・学級編成と教職員定数の標準の設定 ◆地方公共団体における教育条件整備に対する支援 （例） ・市町村立小・中学校等の教職員の給与費と施設整備に要する経費の一部を国庫負担 ・教科書の無償給与 ◆教育事業の適正な実施のための支援措置 （例） ・教育内容や学校運営に関する指導，助言，援助	◆広域的な処理を必要とする教育事業の実施及び学校等の設置管理 （例） ・市町村立小・中学校等の教職員の任命 ・都道府県立高等学校等の設置管理及び経費の負担 ◆市町村における教育条件整備に対する支援 （例） ・市町村立小・中学校等の教職員の給与費の負担 ◆市町村における教育事業の適正な実施のための支援措置 （例） ・教育内容や学校運営に関する指導，助言，援助 都道府県立学校 ・教育の実施	◆学校等の設置管理 （例） ・市町村立小･中学校等の設置管理及び経費の負担 ・市町村立小･中学校等の教職員の服務監督 市町村立学校 ・教育の実施

（出典：2019 年度埼玉県総合教育会議資料）

（２）教育行財政における国―自治体関係の特徴

行政学・地方自治論では，国と自治体の関係について，集権と分権だけでなく，融合と分離という軸で分類をすることがある。ここでは，戦後の地方制度改革を分析するために，行政史を専門とする天川晃が提示した融合と分離の概念を紹介する（天川 1986）。

＜集権・分権＞の軸は，地方の意思決定を誰が行うかによる。＜集権＞とは地方に関する意思決定を中央政府が行うことである。この場合，地域の住民とその代表機関に許容する自律的（ないし自主的）な意思決定の範囲を狭く限定しようとする。<分権>とは，逆に地域住民とその代表機関の自律的意思決定の範囲を拡大することを指す。

天川はこうした伝統的な<集権・分権>の概念に加えて，<分離・融合>という概念も日本の政府間関係において重要であることを指摘した。<分離>とは，地方団体の区域内のことであっても中央政府の機能は中央政府の機関が独自に分担することをいう。すなわち，国は自らの事務は出先機関を設けてこれを処理する。税務署や社会保険事務所などがその例である。一方，<融合>は，逆に中央政府の機能であっても地方団体の区域内であれば地方団体がその固有の行政機能とあわせてこれを分担することを指す。教育行政は国の出先機関がまったく存在しないため，<融合>であるといえる。

こうした<分離・融合>概念を導入することで，天川は戦後の地方制度改革において中央政府内部でも内務省と他の省庁では政策選好がまったく異なっていたことや，同じ自治体であっても府県と市町村では改革の方向性が同じではなかったことを明らかにした（天川 1986）。

日本の国—自治体関係を論じる際には，集権か分権かが問題にされることが多いが，日本の特徴はむしろ融合型の地方自治制度を採っている点にある。一部の分野については国の出先機関を設けているが，多くの事務は都道府県や市町村が総合行政機関として事務を処理している。例えば旅券（パスポート）の発行や国政選挙など，明らかに国の事務に属するものであっても，法定受託という形式により自治体がその事務を行っているのである。英米では国と自治体の役割を明確に分ける分離型が主流で，国の出先機関を設けて事務を処理することが多い日本とは対照的である。

このように日本における国—自治体関係は融合的な仕組みであるが，このことは国と自治体の役割分担が複雑で重複する傾向をもたらすことが指摘できる。例えば道路や河川の管理は国や自治体の両方が行っているし，同じ地域で都道府県立と市町村立の施設（例えば体育館や図書館など）が存在することも少なくない。こうした現象はしばしば二重行政として批判されるが，災害時のバックアップ機能などメリットもある。

また，分離型と異なり，国と自治体の役割が明確でない面があるため，責任の所在が不明確になることがある反面，新しい行政サービスや施策を自治体がいち早く採り入れやすいという特徴もある。

教育行政に関しても，融合的な政府間関係がその特徴であることが指摘されている（青木 2023）。国・都道府県・市町村は相互に権限や役割の分担を図りながら教育行政を行っているが，教育行政における特徴としては，以下の 3 点が挙げられる。

第一に，国・都道府県・市町村の関係は，とりわけ複雑かつ重層的な面が強いことである。教育は地域に根ざした学校教育が望まれる一方，教育の機会均等の観点からある程度全国で一律の水準を保つことも要請されており，そのために国も財源の保障（義務教育費国庫負担金など）や基準の設定（学習指導要領など）を通じて一定の責任を果たすことが求められる。学校教育は，国全体としてある程度一律の行政サービス（ナショナル・スタンダード）を提供することと，自治体が実情に応じて自律的に判断できる裁量の両方を満たすことが求められており，複雑な政府間関係は，これらの要素を同時に追求するうえで重要な役割を果たしてきたと考えられる（青木 2023）。

また，教育は対人サービスの比重が大きいゆえに現場に近い市町村がなるべく多くのことを決定できることが望ましいが，サービスの規模が大きく多くの財源が必要なため，市町村単独では負担が難しく，おのずと国や都道府県による補助や負担が必要となる。そのような理由から，例えば小・中学校の多くは市町村立でありながら，そこで働く教職員の人事は都道府県が行い，給与は国と都道府県が分担して負担するといった複雑な仕組みが多く存在している。

第二に，教育行政は国が自治体に（または都道府県が市町村に）指導という形式での関与を行うことが特徴である。地方自治法では，国が自治体に技術的な助言や勧告ができることが定められており，これは行政分野を問わずそうなっていることから，一般ルールということがある。ただし，教育行政ではそれに加えて，地方教育行政の組織及び運営に関する法律（地教行法）で指導や助言を行うことができるとされている。

こうした教育行政に限って設けられている規定を「特例」的規定，あるいは特別法的性質ということがある。こうした規定が存在する理由としては，非権力的な指導・助言による行政が教育行政の特徴であると考えられてきたからである。是正要求・指示などの権力的な手段ではない，指導を用いた国から自治体への関与の在り方は指導行政とも呼ばれる。

以上に述べた教育行政の国・都道府県・市町村の関係の在り方は，学校教育の質を一定に保つうえで重要な機能を果たしていると考えられる。しかしその反面で，責任の所在が不明確になりがちなことや，自治体が独自に工夫できる裁量が小さくなるといった難点もある。また，指導行政によって，自治体が国に対して受け身になる「指示待ち」体質を招いているとの批判もある。

第三に，第二の点と関連して，教育行政は文部科学省—都道府県教育委員会—市町村教育委員会—学校のラインによる上意下達の縦割り集権的な教育行政が実施されているとの理解が多い（新藤 2013）。また，学術的のみならず，社会的にもそうした認識は広く共有されているように思われる。

その理由としては，一つには首長から一定程度独立した教育委員会制度の存在によって，自治体の首長・議会による民主的な統制が弱くなり，文部科学省や都道府県教育委員会による縦割り行政の影響力がかえって強まっていることが指摘される。もう一つは，指導助言規定のような教育行政の「特例」的規定によって，他の行政分野とは異なる縦割り集権的な実態を生み出していると考えられているためである。

こうした現状認識については，教育行政制度の改革が行われる際にしばしば問題点として語られる。しかし，制度だけでなく実態としても教育行政の縦割り性・集権性が他の分野に比べて強いかは，実は確たる経験的証拠があるわけではない。印象論的な理解を超えた体系的な検証を行うことが求められる。

学校の管理を担う教育委員会と学校との関係についても簡単にふれておく（村上 2017）。教育委員会は学校の設置・管理に関して人的・物的あるいは運営に関する幅広い権限を有している。例えば教職員の服務監督や教育財産の管理，学期の設定，教科書の決定や副教材の届け出・承認などである。他方で校長にも一定の権限があり，教育課程の編成や児童・生徒の卒業認定などは校長が決定する。

教育委員会と学校との関係に関しては，各教育委員会で学校管理規則を定めることになっている（規則は条例と異なり，地方議会での議決は必要ない)。学校管理規則では施設，設備，組織編制，教育課程，教材の取り扱いなど，教育機関の管理運営に関する基本的事項が規定されている。

2. 県費負担教職員制度

国・都道府県・市町村の関係において教育行政に独特であり，かつ，教育水準の確保に極めて重要な仕組みが県費負担教職員制度である。端的には，市町村立が大半を占める公立小・中学校の教職員の給与負担と人事を都道府県が行う仕組みである。その全体像は**図 3 - 1** に示している。

公立小・中学校の大半は市町村立であり，そこで働く教職員は身分上，市町村の職員である。先に述べた設置者負担主義の原則からは，市町村が給与を負担することになるが，一般の行政職公務員と異なり，義務教育等の教職員については設置者負担の原則の例外として，その給与については都道府県が負担することになっている（市町村立学校職員給与負担法)。さらに，そのうち 1/3 については，国が義務教育費国庫負担金として費用を負担する（義務教育費国庫負担法)。

地方公務員は 2022 年現在で約 280 万人であるが，そのうち教育部門が約 106 万人を占めている。その多くが公立小・中学校等の教職員であり，市町村がその給与を全額支出することは負担が重い。そうした理由から，給与水準の確保と一定水準の教職員の確保，及び教育水準の維持向上を図るために，都道府県が給与（の一部）を負担することになっている。

都道府県は給与負担と合わせて，公立小・中学校等の教職員の人事を行う。広く市町村を超えて人事を行うことにより，教職員の適正配置と

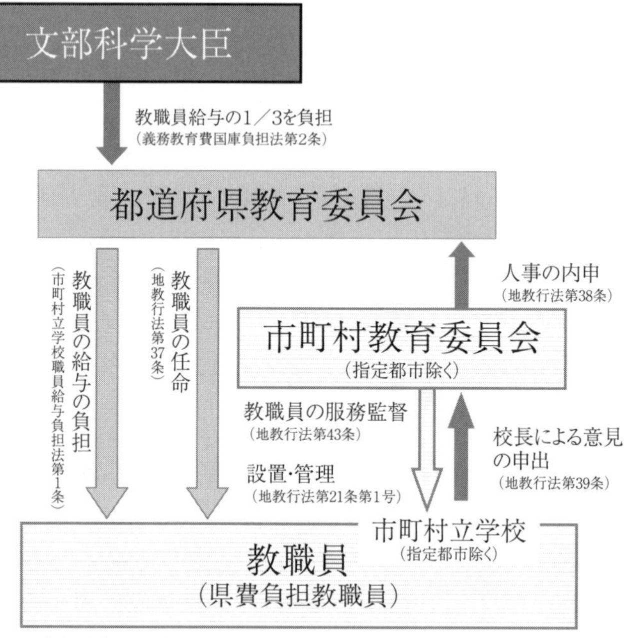

注：地教行法…地方教育行政の組織及び運営に関する法律

指定都市は，教職員の任命，給与負担，服務監督および学校の設置・管理を一元的に行い，教職員給与費の 1/3 を国が負担。

出典：文部科学省ウェブサイトより

http://www.mext.go.jp/a_menu/shotou/kyuyo/__icsFiles/afieldfile/2017/09/14/1394392_01.pdf（最終閲覧日：2023 年 5 月 25 日）

図 3－1　県費負担教職員制度の概要

（出典：文部科学省ウェブサイト）

人事交流を図ることが目的である。ただし，人事に関しては，まず校長が市町村教育委員会に意見の申出を行い，市町村教育委員会はそれを踏まえて人事の内申を都道府県教育委員会に行うことが手続き上定められている。また，2007 年度からは，同一市町村内の転任は市町村教育委員会の内申を踏まえて都道府県教育委員会が行うこととなっている。また，教職員の任免は都道府県教育委員会が行うが，その服務監督は市町村教育委員会の役割となっている。なお，教職員の研修についても任免と同様に都道府県教育委員会や政令指定都市が行うが，例外として中核市に関しては自ら行うこととなっている。

都道府県による給与負担は 1940 年の義務教育費国庫負担法（第二次世界大戦後の 1950 年に一度廃止された後，1953 年に再度「復活」しているので，旧法と呼ばれる）以降，戦後の短期間を除き続いている。加えて，1956 年の地教行法制定の際に人事権も都道府県に移され，現在に至っている。

政令指定都市については独自に給与を負担するとともに，教職員人事も自らが行っている。2016 年度までは給与負担は都道府県が行っていたが，人事権と給与負担を一致させるため，2017 年度から政令指定都市が自ら給与を負担することになった。

県費負担教職員制度は，給与の安定的な確保や市町村を超えた広域人事によって，教職員の量・質の水準をある程度一定に保つ役割を果たしている。一方で，設置者である市町村が小・中学校の教職員の人事を自ら行うことができないため，特に中核市などの大規模自治体からは人事権の移譲を求める声も少なくない。反面，中核市や一般市まで人事権を移譲した場合，町村などの小規模自治体では，教職員の確保や学校間の異動が難しくなる可能性がある。また，小規模自治体は財政的に給与負担が困難であるため，町村や域内での教育水準の維持に重きを置く都道府県は現行制度の維持を求める意見が多い。結果的に，一長一短あるが現行の県費負担教職員制度が 60 年以上にわたり維持されている。

市町村立学校の給与・人事を都道府県が行う県費負担教職員制度は，一般の公務員の仕組みからみて変則的である。例えば米国では学区間で人事や給与の調整をほとんど行わないため，富裕学区と貧困学区との教育格差は非常に大きい。それに比べると，日本は集権的な仕組みであるがゆえに，相対的には初等中等教育の格差は抑制されている面がある。県費負担教職員制度は一見地味であり，またわかりにくい仕組みであるが，日本の義務教育にとって根幹的な仕組みである。少子高齢化や過疎化の進行といった環境変化を踏まえて，今後この制度をどのように考えるかは，日本の義務教育にとって極めて重要な課題であるといえる。

3．教育の地方分権化と今後の課題

(1) (第1次) 地方分権改革から現在までの動向

1990年代頃までは，日本では教育行政に限らず国（中央省庁）の影響力が強く，自治体の裁量が小さい中央集権的な行政であるとの批判が現在よりも強かった。1990年代前半に成立した細川護熙(もりひろ)内閣は，自民党が結成された1955年以来で初めての非自民政権であったことで知られているが，同時に知事出身者が初めて首相に就任した事例である。細川内閣以降，地方分権の機運が高まり，1999年には地方分権一括法が制定された。この後も制度改革が行われていることから，この改革は第1次地方分権改革（または単に「地方分権改革」）と呼ばれている。

第1次地方分権改革以前は，国の仕事を自治体に下請けさせる「機関委任事務」が教育以外の事務も合わせると500以上存在しており，これが中央集権的な行政を招いているとの批判が多かった。そこで第1次地方分権改革では機関委任事務を廃止して，「法定受託事務」と「自治事務」に再編成することで，国と自治体の関係を対等・平等とし，国から自治体への関与を縮減しようとした[1]。

教育行政では，例えば学級編制（1クラスの人数）の基準設定などが機関委任事務であったが，機関委任事務の数自体は少なかった。また，その多くは自治事務となり，法定受託事務は私立学校の設置，認可などにとどまった。

教育分野にとっては，機関委任事務の廃止と同時に，教育分野のみに設けられていた「特例的」規定の多くが，国から自治体の関与の在り方を見直すなかで廃止・変更されたこともあわせて重要である。

例えば，自治体の教育行政の要といえる教育長の人事については，1956

1　自治事務については，地方公共団体の処理する事務のうち，法定受託事務を除いたもので，国の自治体への関与は助言・勧告，是正勧告・要求などにとどまる。法令受託事務とは，「国が本来果たすべき役割に係る事務であって，国においてその適正な処理を特に確保する必要があるもの」として，是正の指示，代執行など，自治事務に比べると国の強い関与が認められている。

年の地教行法で，都道府県教育長は文部大臣の，市町村教育長は都道府県教育委員会の承認が事前に必要であることが定められていた（教育長任命承認制）。当時，自治体の人事で制度的に国が関与できるのは教育長のみであったため，集権的な仕組みであるとして地方分権一括法で廃止された[2]。

また，かつて地教行法では国が自治体に指導・助言を「行うものとする」とされており，指導などが義務付けられていたが，これを「行うことができる」と改めた。第1次地方分権改革を主導した地方分権推進委員会は，指導は他の行政分野とは異なる強い関与であるとして指導助言規定の廃止と地方自治法への一般ルール化（技術的な助言・勧告）を求めた。しかし，文部省は教育行政にとって非権力的な行政作用である指導行政は必要であると主張し，指導助言規定自体は残された。このほかにも，教育行政に限って認められていたいくつかの「特例的」規定が見直された。ただし，教育委員会制度や義務教育費国庫負担金制度など，教育行政にかかわる根幹的な仕組みについては現在も存続している。

第1次分権改革では，機関委任事務の廃止などが中心で，税財源の見直しなど財政面は棚上げされたが，その後の小泉純一郎政権（2001～06年）における三位一体改革では，義務教育費国庫負担金制度の存廃が焦点となった。結果的に国の負担金の一部が都道府県に移されることになり，国の負担率は2分の1から3分の1に引き下げられた。

その後，2006年頃に高校における世界史未履修やいじめ自殺事件などでの教育委員会の対応が問題となり，自治体に問題が生じた際の国の責任の果たし方が課題となった。それを受けて2007年に地教行法が改められ，国が教育委員会に対して是正の要求を行う際に，文科大臣が具体的な措置内容を明示できることとした。また，2014年には，実際に生徒等の生命，身体に被害が生じた場合だけでなく，その恐れがある場合にも，文科大臣は教育委員会に是正の指示が行えるものとした。これ

2　任命承認制が制定された経緯は実はよくわかっていない。教育長に関しては，戦後直後は免許状制度が設けられたが1950年代前半に廃止されたため，この代替措置として任命承認制が置かれたのではないかと推測される。

らは教育行政に限って関与の際の詳細なルールを規定したものであるため，中央集権的な教育行政への逆行であるとの批判もありうる。

(2) 教育の地方分権化による変化

教育分野では機関委任事務が少なかったこともあり，第1次地方分権改革による教育行政への影響は少ないと当初予想されていた。しかし現実には，改革後に無視できない変化が生じたと考えられる。第一に，自治体が独自に立案・実施する教育政策が増えたことである。例えば自治体独自の少人数学級編制は2000年代初めから普及し，すべての都道府県で国の標準を下回る学級編制が少なくとも一部の学年で実施されている(青木 2013)。また,学校選択制や自治体独自のカリキュラムなど,1990年代以前と比べると自治体の独自施策が大幅に増加している。第二に，分権改革の頃から自治体の首長（知事・市町村長）の教育政策への影響力が強くなり，首長主導の教育改革が見られるようになった。特に少人数学級編制など,予算が必要な政策については,予算権を持つ首長のリーダーシップが重要となった。また1990年代以前の保守対革新のイデオロギー対立が弱まり，首長が教育政策に関与することへの批判が少なくなった。そのため，政治家にとって教育政策を前面に打ち出すことが選挙の際に有利に働くようになってきたと考えられる(村上 2011)。上記の2点に関しては,自治体への調査研究等でも一定の変化は観察されるが,それをどう理解するかについては議論がある。2000年代以降，教育行政においても地方分権が一定程度進んだとの見解は少なくないと思われるが，地方分権改革やその後の改革による教育行政へのインパクトはほとんどなく，従来とそれほど大きく変わらない，あるいは全国学力テストや成果主義の普及などを通じて国の影響力がむしろ強まったとの見方もある。

(3) 教育の地方分権化とその課題

教育分野では一般的には，現場に近い自治体が教育政策に関して多くの裁量を持つことが望ましいとされ，その限りにおいて地方分権化はメリットがあると思われるが，一方でいくつかの課題も指摘できる。

第一に，分権化は多くの場合，格差が生じることが避けられず，教育行政においても自治体間の格差が広がっていることである。もっとも政策や行政とは関係なく，少子高齢化にともなう都市と地方の格差拡大といった社会的変化の影響もあるが，分権は必然的に自治体の取り組みによる差が生じることを意味している。

例えば経済的に困難な家庭に対して義務教育に必要な費用の一部を支援する就学援助（詳細⇒第 8 章）は，三位一体改革によって国の補助対象から外れ市町村の一般財源で行うことになったが，国の補助金が廃止されて以降，市町村間の格差が拡大していることがわかっている。分権化は自治体の創意工夫を生み出す一方でこうした問題も含んでおり，分権化により生じる自治体間の格差をどの程度許容するかが問われることになる。

第二に，第一の点とも関連するが，教育政策・行政における首長・議会の影響力が大きくなっていることである。このことは，首長・議会の取り組み次第で教育政策の可能性がさまざまに広がることを意味しているが（阿内 2021），反面で自治体による違いが大きくなりうることも意味している。また，強首長制と呼ばれる日本の地方自治の仕組みの中で自治体政治の影響が大きくなることは，教育行政の政治的中立性や安定性・継続性をどう確保するかという点とも関わってくる問題である。

第三に，都道府県と市町村の関係である。本章では国と自治体の関係を主に取り上げたが，教育行政では都道府県と市町村の権限をどのように分担するかが，とりわけ県費負担教職員制度の在り方と関連して課題となっている。また，学級編制に関しては，2012 年度以降は市町村が基準を設定できることになっているが，市町村独自の学級編制を行うのは財政的な負担が大きく，実際には都道府県の基準に沿っている市町村がほとんどであるなど，権限の所在と実態が必ずしも一致していないことがある。地方自治制度全体としても，都道府県と市町村の関係は過疎化や人口減少とも関連して今後の課題となっており，教育分野もその例外ではない。とりわけ，小規模自治体の学校教育をどのように支援するかは，都道府県教育委員会の出先機関である教育事務所の在り方とも関連して重要な政策課題となってきている（本多・川上編著 2022）。一方で，大・中規模自治体では学校でのいじめや事件・事故対応で問題が生じることがあり，国や都道府県がそうした事態にどう関わるかも課題である。

国と自治体の関係と同等あるいはそれ以上に，都道府県と市町村の関係や役割分担をどのようにしていくのかは，教育水準の維持・向上を考えるうえで特に今後重要なポイントになってくると思われる。

研究課題

① 県費負担教職員制度の目的・意義と，この制度に対してどのような評価があるのかを述べなさい。

② 教育行財政における国・都道府県・市町村の関係が融合的であることのメリットとデメリットについて述べなさい。

③ 教育行政の地方分権化に対してあなたの考えを述べなさい。

参考・引用文献

- 阿内春生（2021）『教育政策決定における地方議会の役割—市町村の教員任用を中心として』早稲田大学出版部
- 青木栄一（2013）『地方分権と教育行政：少人数学級編制の政策過程』勁草書房
- 青木栄一（2023）「教育行政の政府間関係」青木栄一・川上泰彦編著『改訂版　教育の行政・政治・経営』放送大学教育振興会
- 天川晃（1986）「変革の構想—道州制論の文脈」大森彌・佐藤誠三郎・高木鉦作・天川晃・飽戸弘・寄本勝美・村松岐夫編『日本の地方政府』東京大学出版会
- 新藤宗幸（2013）『教育委員会：何が問題か』岩波書店
- 本多正人・川上泰彦編著／小川正人・植竹丘・櫻井直輝著（2022）『地方教育行政とその空間—分権改革期における教育事務所と教員人事行政の再編』学事出版
- 村上祐介（2011）『教育行政の政治学：教育委員会制度の改革と実態に関する実証的研究』木鐸社
- 村上祐介（2017）「教育行政」河野和清編著『現代教育の制度と行政（改訂版）』福村出版

4　教育行政の独立性・中立性・専門性

村上祐介

《目標＆ポイント》 地方自治体に設置されている教育委員会制度にみられるように，教育行政は一定の独立性を有している。その理由としては，中立性・専門性の確保が挙げられることが多い。教育行政の独立性・中立性・専門性が必要か否かについてはさまざまな議論があるが，それぞれの見解の背景について検討する。併せて，他の行政分野と比べたときに，教育行政の独立性・中立性・専門性にはどのような特徴や留意点があるかを考える[1]。

《キーワード》 独立性，中立性，専門性，教育委員会制度，首長，教育行政職員，専門的教育職員，指導主事

1．教育行政の独立性

（1）教育行政の独立性とは何か

現行の制度では地方教育行政は政治からの独立や政治的中立性が一定程度必要と考えられており，その具体的な仕組みとして自治体の首長から独立した教育委員会制度が設けられている。一方で，国レベルでは独任制の文部科学大臣が教育行政の責任者となっており，多くの場合は国会議員が文科大臣を務めている。この点は他省庁と変わりなく，国レベルでは政治からの独立や政治的中立性の確保は地方レベルに比べると考慮されていないといえる[2]。

1　第1節は村上・橋野（2020），第2節は村上（2018）を基に加筆修正している。

2　ただし，文科大臣の諮問機関として中央教育審議会（中教審）が置かれており，教育政策決定にあたってはその審議を尊重する慣行がある。その点において政治的中立性に多少の配慮はなされているとも考えられる。一方で，中教審の答申には法的拘束力はなく，社会的に注目を集めるような課題などでは答申の内容が現実に反映されないこともある。

教育行政の文脈で独立性が言及される際には，行政組織の制度的独立性を念頭に置いて議論されることが多い。この場合の独立性とは，「行政組織に対する政治的統制の困難さ／容易さ」（池田 2022）と考えることができよう[3]。

一方で，行政の組織や活動が独立であるべき理由は，政治や党派からの独立だけとは限らない。村上（2013）は，「何（誰）からの独立か」によって，(1) 政治・党派性からの独立，(2) 活動の相手方からの独立，(3) 政府内の他部局からの独立，の 3 種類に分類している（重複はありうる)。「活動の相手方」とは，国民や事業者など，政府内他部局以外の主体も含んでいる。教育分野以外の例であるが，例えば証券取引等監視委員会は市場監視や金融商品取引業者等に対する検査等を行うため，活動の相手方である事業者からの独立が求められる。

このように，独立性とは政治・党派からの独立の他にもいくつかの側面がある。村上（2013）では行政の独立性を（1）財政的資源，（2）法的権限，（3）人的資源・組織，（4）情報といった行政資源に関する他への「非依存性」と捉える枠組みを提示しており，こうした枠組みにのっとれば，独立性とは「行政組織に対する政治的統制の困難さ／容易さ」よりも広い概念であるといえる。ただし本章では，主に教育委員会制度を中心に行政組織の制度的独立性を念頭に置いて論じる。

以下では，教育行政の独立性を担保する中核的な仕組みである教育委員会制度についてその変遷や議論をまとめ，その後に教育行政の独立性をめぐる論点を提示する。

3　行政組織の制度的独立性と類似する概念として，行政学者の西尾勝が提示した統合と分立がある（西尾 1990)。一つの政府の中で，担当機関が一元的である場合を統合，多元的である場合を分立と呼ぶ。分立の場合に行政組織の制度的独立性は高くなると考えられるが，分立的であっても担当機関の権限や人事の在り方などによっては当該機関への政治的統制が容易になることもある。

（2）教育委員会制度の変遷と改革

①教育委員会制度の経緯

教育委員会制度は米国で生まれた仕組みである。専門家（教師）ではない一般の住民が教育委員となって教育委員会を組織し，地域のコミュニティを基盤として草の根の民主主義によって学校を運営する仕組みである。ただし，一般市民だけでは専門的な教育行政運営は難しいことから，教育委員会が教育行政の専門家である教育長を任命し，日常の実務は教育長及び教育長が統括する事務局に委ねられる。教育委員会による民衆統制（レイマン・コントロールまたはポピュラー・コントロール）と教育長の専門的指導性（プロフェッショナル・リーダーシップ）の抑制均衡（チェック・アンド・バランス）によって教育行政の立案・実施を行うことがその理念とされている。

日本は第二次世界大戦前には教育委員会は置かれておらず，内務省を頂点として知事（当時は公選ではなく国による任命）や市町村の学務課の影響力が強く，教育行政の独立性は弱かった。戦後，軍国主義を支えた戦前の集権的な教育への反省から，教育の地方分権と民主化を進めるために，米国の行政委員会の仕組みが日本に直輸入された。1948年に教育委員会法が制定され，①教育の地方分権化，②教育行政の一般行政からの独立，③民衆統制，を目的とした公選制教育委員会が設置された。公選制教育委員会は首長から独立し，条例案や予算案の原案を首長に送付する権限を持っていたが，米国のように学区を市町村から独立させ，課税権などを付与するには至らなかったため，米国の教育委員会に比べると首長や他部局からの独立性は弱い制度となった。

当初，教育委員は選挙で選ばれたが，教職員組合の支持を受けた教育委員が多く当選したのを保守政権が問題視したことなどから，1956年には教育委員会法に代わり地教行法が成立し，教育委員は公選制から首長による任命制に改められた（任命制教育委員会）。また，このときに教育委員会が条例や予算の原案を作成する権限もなくなった。当時，旧自治庁（現在の総務省）や地方六団体（全国知事会など）は教育委員会制度の廃止を強く求めていたが，教育委員会制度自体はその理念を後退・変質させつつも存続した。①首長からの一定の独立性，②合議制，③民衆統制，という制度的な特性は今日まで維持されている。現在は，①政治的中立性の確保，②安定性・継続性の確保，③地域住民の意向の反映，が教育委員会制度の意義とされている。加えて，地方自治制度における執行機関多元主義を具現化した仕組みとしても，教育委員会は重要である。

このように教育委員会は，①首長から独立することで中立公正で安定的・継続的な教育行政運営を確保しやすい，②首長の強い権限の下で一元的に政策決定や行政運営が行われるより，政策決定と行政運営を可能な限り多元化していくほうが，参加民主主義，住民自治の観点から好ましい，③現行の地方自治制度は首長に権限が集中する強首長制を採っているため，行政の中立的な運営や住民の直接参加による行政の民主化が望ましい分野（教育，警察など）では，首長から独立した行政委員会を設けることで，首長への過度の権限集中を一定程度緩和できる（執行機関多元主義），といった長所がある（小川 2010）。

一方で，①独任制の首長は責任所在が明確なのに対し，合議制かつ非常勤の教育委員会では責任の所在が不明確である，②政治の介入が限定されることで，教育現場が保護者・住民のニーズから乖離（かいり）しがちであり，地域住民の意向を十分に反映していない。また，教育委員の一部や事務局職員の多くは教育関係者やそのOBが占め，閉鎖的，かつ，教育関係者の意向に沿った教育行政を行う傾向がある，③教育委員会自体は事務局の提出する案を追認するだけで実質的な意思決定を行っていない。また，非常勤の教育委員では迅速な意思決定を行うことも難しい，といった短所も指摘される（小川 2010)。2014年に地教行法が改正され教育委員会制度改革が行われた背景としては，こうした批判があった。

②教育委員会制度の改革

1960〜70年代頃からは教育委員の名誉職化などが指摘されるようになり，教育委員会制度の活性化が課題となった。同時に，公選制への復活を主張する見解も少なくなかった[4]。

1990年代末頃から地方分権が進展して首長の影響力が強まると，教育委員会制度それ自体の存廃を問う声が再び強まった。2000年代に入ると，全国知事会や全国市長会などは教育委員会制度の見直しを求めるようになった。民主党政権は制度の見直しが掲げたが実現には至らなかった。

2011〜12年にかけて起きた大津市や大阪市で起きたいじめ自殺事件や体罰事件では，教育長と事務局が適切な対応を取らず，非常勤の教育委員には情報が十分に伝わらなかったため，教育行政の責任が不明確であるとして強い批判が起こった。これが直接の発端となり，第二次安倍政権は教育委員会制度の見直しに着手した。見直しの過程では教育委員会制度の廃止と首長への教育行政権限の一元化が有力な選択肢となったが，自民党の一部や公明党が政治的中立性への懸念などから，制度の廃止に強く反対した。また2013年12月の中教審答申では，教育委員会制度の廃止と存続の両論を併記する異例の答申となるなど，関係者の見解は大きく割れた。最終的には与党協議の結果，教育委員会制度は維持するが首長の権限を強める現行の制度に改めることとなり，2014年に地方教育行政法が改正（2015年度から施行）された。

2014年度までの制度については**図4-1**に，現在の教育委員会の仕組みについては**図4-2**に示した。教育委員は非常勤の一般市民であるため，日常は常勤の教育長と事務局が実務を取り仕切る。多くの場合はこの事務局までを含めて（広義の）教育委員会と呼ぶことが多い。これに対し，教育長と教育委員（原則4名）の計5名からなる会議（合議体）だけを指して（狭義の）教育委員会と呼ぶこともある。

2014年度までの仕組みと現在の仕組みの違いは大きく以下の3点が挙げられる。

4　東京都中野区では1970〜90年代にかけて，住民の投票の意見を尊重して教育委員の任命を行う準公選と呼ばれる取り組みが行われた。

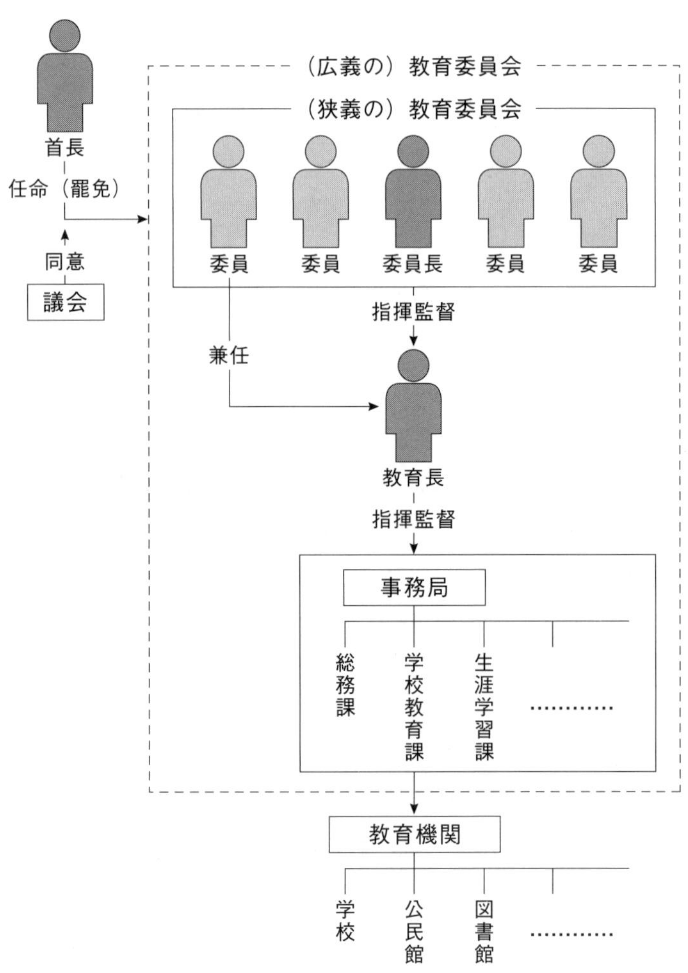

図 4－1　2014 年度までの教育委員会制度

（出典：村上（2017），70 頁）

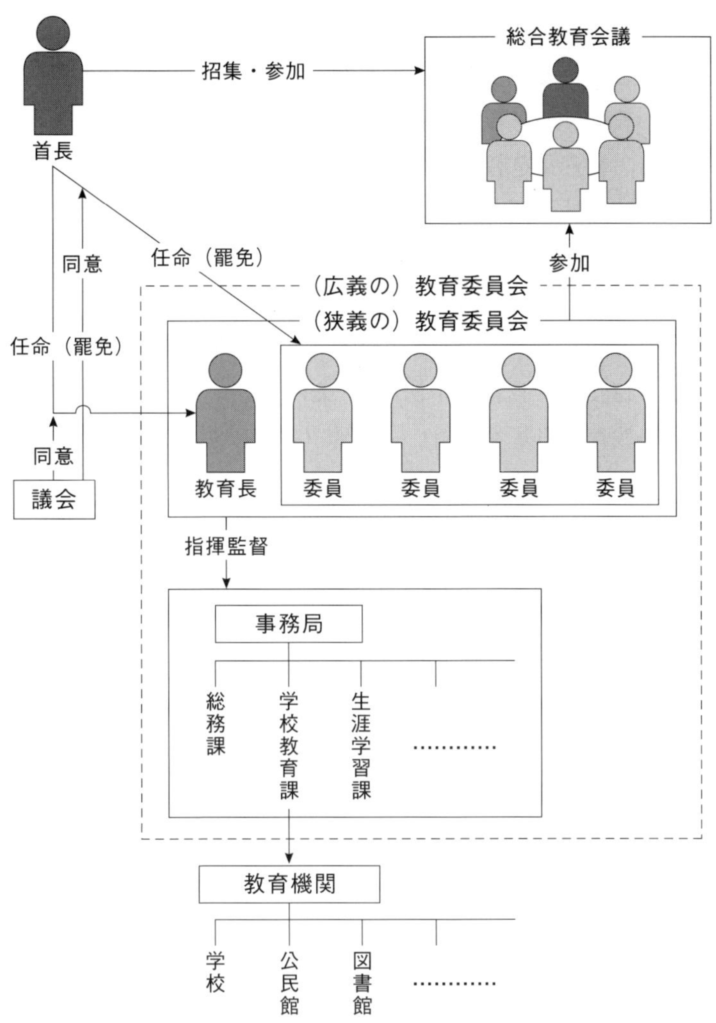

図４－２　2015 年度からの教育委員会制度

（出典：村上（2017），71 頁）

①従来は教育委員会の代表として教育委員の中から（教育長とは別に）教育委員長を選んでいたが，教育委員長は非常勤であるために，実質的には常勤の教育長の影響力が強かった。新制度では教育委員長と教育長を一本化し，教育長を教育委員会の代表者とした。

また，教育長は首長が議会の同意を得て直接任命することとしたうえで，首長が在任中一度は教育長を選任できるようにするため，教育長の任期を4年から3年に短縮した。

②教育行政の基本的方針である大綱を定める権限を教育委員会から首長に移した。首長は，教育基本法第17条に規定する基本的な方針（具体的には国の教育振興基本計画）を参酌（参考にすること）して，大綱を策定することとした。

③教育行政の大綱や教育の条件整備などに関して，首長と教育委員会（教育長・教育委員）を構成員として協議・調整を行う総合教育会議を新設した。総合教育会議は首長が招集し，大綱の策定，重点施策，緊急の場合の措置について首長と教育委員会が協議・調整を行う。調整された事項については，構成員は調整の結果を尊重しなければならないとした。

新制度は教育委員会制度の存廃をめぐる議論の中で存続派・廃止派双方の妥協により成立した仕組みであるため，複雑な面があることは否めない。また，一般市民の教育委員が教育行政専門職である（とされる）教育長を指揮監督するのではなく，教育長が教育委員会の代表者となるなど，当初の教育委員会制度の理念とは異なる面がある。いわば日本型の教育委員会制度ともいうべき仕組みになっている。以前の制度に比べると，教育委員会制度は維持されたが首長の権限は従来よりも強くなっており，独立性はかろうじて保持されてはいるが，その程度は以前よりも弱くなっているといえる。

2014年の地教行法改正についての評価は様々である（村上編著 2014）。第一に，教育委員会が決定権を有する執行機関として残ったことを評価し，常勤の教育長が責任者となることで，教育行政の責任の明確化と教育行政の政治的中立性・安定性・継続性の両立が図られたとの見方がある。今次の制度改革を比較的肯定的に捉える見解である。第二に，首長が大綱を策定し，さらに総合教育会議が設置されることで，首長の関与が過度に強まり，教育委員会がこれまで以上に形骸化するとの批判がある。この立場からは，教育行政の独立性は弱すぎると考える。第三に，首長に教育行政の権限を一元化すべきとの立場からは，引き続き教育委員会が最終的な意思決定を行うこととした今回の改革は不十分という評価もみられる。教育行政の独立性は不要との立場である。

③教育行政の独立性をめぐる論点

戦後改革では行政の民主化や官僚行政を排除するために教育行政の独立が必要とされた。その後は主に政治・党派性からの中立性や不偏性の確保が重視されるようになった。

自治体レベルでは教育委員会制度の在り方がその焦点となってきた。教育委員会制度は1956年，2014年の2度にわたり大きな制度改革が行われたが，いずれも制度の存廃が争点となり，結果的には教育行政の一定の独立性は必要であるとして，首長の権限を強めつつも制度は存続した。とはいえ現在も，教育行政が一定程度独立していることで民意の反映が不十分である，学校でのいじめや事件・事故の対応を教育行政が適切に行えていないとの批判は根強い。一方で，首長に教育行政権限を一元化した際への教育行政の政治的中立性・安定性・継続性の確保に懸念が残ることも否めない。

国レベルでは教育行政は制度的に独立しておらず，与党政治家が文科大臣を務めることがほとんどである。政治・党派性からの中立性という意味での制度的独立性は弱い。加えて，近年の政治主導・官邸主導の強化により，国レベルでの教育行政の政治的中立性・安定性・継続性は低下している。その弊害を重視するのであれば，自治体レベルと同様に，政権から一定程度独立した合議制組織を設けるなど，独立性を強化する選択肢も考えられる。

行政組織の制度的独立性を保つうえで具体的にどのような制度的特徴

を有することが重要なのか，という点も制度設計にあたっては問題となる。近年では，合議制か独任制かよりも，構成員の任免の在り方がより重要であることを実証分析から明らかにしている研究もある（池田 2022）。こうした研究も参考にしつつ，教育行政の独立性を保つ（または保たない）必要があるとすれば，どのような制度設計が求められるのかを検討していく必要があろう。

2．教育行政の中立性

（1）教育の中立性とその是非

教育行政には政治的中立性が求められることは，一部異論はあるが，現時点では必要との理解が比較的共有されていると思われる。ここでは教育行政の中立性の前提と考えられる教育の中立性も含めて，それがなぜ必要と考えられることが多いのかを検討する。

なお，教育の中立性に関しては政治的中立性だけでなく，宗教的中立性も重要である。欧米などでは教会による宗教的な影響から独立した教育を行う場として公立学校が発展した経緯がある。教育基本法では宗教教育の尊重及び国公立学校での宗教的中立性を定めている[5]。ただし，本章は政治と教育行政との関係に焦点があることから，以下では政治的中立性に限定して論じる。

中立性を論じる際に注意すべきは，教育や教育行政に限らず，中立性は多義的に用いられることである。教育の中立性に関していえば，教育の政治からの独立性を指すこともあれば，教員が特定の党派を支持または反対しないことを指す場合もある。中立性の定義は論者によって異なり，極端な場合，自らの政治的立場に沿うものが中立で，そうでないものは中立的でないとすることすらあり得る。教育の中立性は必要であるといっても，その内実は論者や立場により異なることに注意する必要が

5　教育基本法 15 条 1 項では，「宗教に関する寛容の態度，宗教に関する一般的な教養及び宗教の社会生活における地位は，教育上尊重されなければならない」，同 2 項では「国及び地方公共団体が設置する学校は，特定の宗教のための宗教教育その他宗教的活動をしてはならない」としている。

ある。本章では教育の中立性を「学校教育が多元的な政治主体に対して不偏不党の立場を維持すること」（市川 2012）と考える。

教育の中立性が求められる理由はさまざまあり得るが，市川（2012）では次の2点を挙げている。一つは，学校が特定のイデオロギーを注入するのは，子どもや保護者の権利を侵害する恐れが高いことである。公教育は学習者の「学ぶ自由」の尊重が前提となっており，学習者の基本的人権の尊重や，民主主義政治における社会構成員の精神的基盤を育てるために，教育の中立性が必要とされる（中島 1998）。もう一つは，学校が特定の政治的イデオロギーを注入するのは，諸政党による政権交代を前提とするリベラル・デモクラシーの原則を危うくすることがある。リベラル・デモクラシーは各政党が他の政党の存在を前提として，政権の獲得を目的に競争することが想定されている。こうした民主主義政治が公正に行われるためには，学校が児童・生徒に対して特定の党派を利する教育を行わないことが求められる。

学校が児童生徒に特定のイデオロギーを注入することや，特定の党派を利する教育を行うことは，教育の中立性を侵す例としてわかりやすい。一方で，政治家や行政などが授業や講演などの教育実践を問題視することが中立性に疑義をもたらす場合もある。

著名な事例として，東京都立七生養護学校（現七生特別支援学校）での事件が挙げられる。知的障害を持つ子どもが通う同校では，「こころとからだの学習」と呼ばれる性教育を積極的に行っていたが，これを問題視した都議会議員らが2003年に議会で質問を行うとともに学校を訪問してこれを糾弾した。都教育委員会はこれを受けて指導を行い，教材の使用を中止させ，校長らの関係者を処分した。しかしその後，処分の取消と損害賠償を求めて裁判が起こされた結果，当該議員たちの行為は政治的介入により教育の自主性をゆがめる危険性があり，教育基本法で禁じられた「不当な支配」に当たるとして，都教育委員会・当該議員が敗訴した。教員の間では評価されていた取り組みを政治が問題視し介入した事例である。

これ以外でも，授業や講演など学校での具体的な実践に対する政治や行政の介入は時折報じられることがある。もちろん，当該の教育実践が中立性の点で問題を含んでいる可能性はあるが，それとは別に，政治家自身や政治家をトップとする行政官庁が教育実践に異議を唱えることには次の2点の問題やリスクがある。一つは七生養護学校の例のように，教育基本法の「不当な支配」に当たる可能性がある。もう一つ実践的な問題としては，こうした関与（民間団体等による関与も含まれよう）により，社会的に論争があるテーマを学校教育の場で取り上げることを学校や教育委員会が過度に恐れる可能性がある。このことは，児童・生徒が多様な意見に触れつつ，そうしたテーマを自ら考える機会を奪うことにつながる。また，これが行き過ぎれば，学校では時の政権が認める見解のみを扱い，他は取り上げないといったことにつながりかねない。

ここまでの論述は教育の中立性が必要と考える場合を前提としているが，近年は教育に中立性は必要ないとの見解もあると思われる。例えば民意で選ばれた政治家が教育内容や教員人事を含めて決定すべきとの意見は，本章で用いる意味での教育の中立性は必要ないとの見方に立っているといえる。実際に，2014年の教育委員会制度改革の際に民主党と日本維新の会（いずれも当時）から提出された法案（国会で否決）は，首長が教科書採択や教員人事の決定を含めた幅広い権限を有するという内容であった。

（2）教育及び教育行政の中立性に関する現行の法制度

現行制度における教育及び教育行政の中立性に配慮した仕組みの概要を見ておく。

教育基本法14条1項では,「良識ある公民として必要な政治的教養は，教育上尊重されなければならない」と定めているが，併せて同条2項では「法律に定める学校は，特定の政党を支持し，又はこれに反対するための政治教育その他政治的活動をしてはならない」と定めている。教育基本法では，政治教育それ自体はむしろ奨励されている。しかし，実際には，2項の党派的政治教育の禁止が強調される一方，1項の趣旨は忘却されてきた。

同 16 条では，「教育は，不当な支配に服することなく，この法律及び他の法律の定めるところにより行われるべきものであ」るとされ，不当な支配からの中立を定めている。国会での政府答弁（2006 年 12 月 19 日）によれば，「不当な支配」とは，国民全体の意思を離れて一部の勢力が教育に不当に介入する場合を指す。また，答弁では，教育行政機関が行う行政でも，その運用を誤ることがあれば「不当な支配」に当たる場合があり得るとしている[6]。

その他には，学校の教員に関する規定がある。公職選挙法 136 条の 2 では，（公立学校教員を含む）公務員等がその地位を利用して選挙運動をすることを禁止している。同 137 条では，教育者（公立・私立等を問わず学校長や教員を指す）は，学校の児童，生徒及び学生に対する教育上の地位を利用して選挙運動をすることができないとしている。公立学校教員は地方公務員であるが，その政治的行為に関しては教育公務員特例法で国家公務員の規定（国家公務員法及び人事院規則）が適用されることとされ，勤務地以外でも厳しい制限が課されている。加えて，「義務教育諸学校における教育の政治的中立の確保に関する臨時措置法」では，義務教育諸学校の教員に対し，教員を構成員とする団体（組合等）を利用して党派的政治教育を行うよう教唆・せん動することを禁じている。

教育行政の中立性に関しては，教育委員会制度の存在意義として，地方教育行政における政治的中立性の確保が挙げられている。教育も含め，中立性が求められる分野（選挙管理，警察など）では行政委員会制度が採用されており，一般市民による合議制での決定が行われている。これは政治的な中立性を保つことがその主な目的とされている。個人では価値や思想に偏りがある可能性があり，さらに，政治家の場合は党派性も

6　なお，2006 年の教育基本法改正以前は，旧法 10 条 1 項で「教育は，不当な支配に服することなく，国民全体に対し直接に責任を負って行われるべきものである」，同 10 条 2 項では「教育行政は，この自覚のもとに，教育の目的を遂行するに必要な諸条件の整備確立を目標として行われなければならない」との規定が置かれていた。

有することが多い。中立性が必要とされる分野では，特定個人ではない，多様な主体からなる合議体が意思決定を行うことが望ましいと考えられる。また，地教行法７条２項では，教育長及び教育委員のおおむね半数以上（人数により異なる）が同一の政党に所属できないこととしている。現在の日本ではこの点が問題になることはほとんどないが，教育行政における政治的中立性の確保を意図した規定である。

（３）中立性の類型―「公務の中立性」を手がかりに

前述したとおり，中立性は多義的な概念で，論者によりその意味が異なる。では，教育及び教育行政の中立性はどのように多義的に用いられており，またどのような中立性を有するのが望ましいのだろうか。こうした問いを考えるうえで，行政学，とりわけ人事行政における公務の中立性に関する議論が参考になる（嶋田 2020）。

嶋田（2020）では，議論が錯綜しがちな公務の「中立性」の概念を国会での議論や諸外国の事例から検討し，その類型を整理している。具体的には，行政官に課せられている「中立性」として，(A)「超然」，(B)

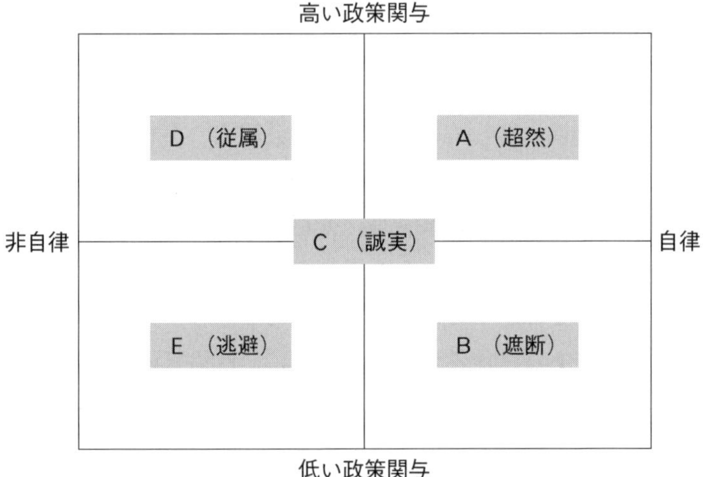

図４－３　公務の「中立性」の類型
（出典：嶋田博子『政治主導下の官僚の中立性―言説の変遷と役割担保の条件』p. 28，慈学社出版）

「政治的影響力の遮断」,（C）「政権への誠実」,（D）「従属性」,（E）「逃避性」という5つの解釈があることを見いだした。これらの類型は政治に対して自律的か従属的か，及び関与の強弱で**図4－3**のように図示できる。

公務の役割としては,（A）「超然」は「公益の判断」,（B）「政治的影響力の遮断」は「価値判断を排除した，法令に基づく平等な執行」,（E）「逃避」は「与えられた仕事の機械的実施」と考えられる。（C）「政権への誠実」と（D）「従属性」はいずれもその役割は「政治に仕える」であるが，前者は政治が求める方向が現実に機能するか専門家として冷静にチェックする補佐役が求められるのに対して，後者は指示の実現に全力で邁進することが期待される。（C）は政治に対して専門的・客観的見地から異論を挟む余地が認められるが,（D）では認められないという違いがあるという（嶋田 2017）。

嶋田による整理は教育や教育行政の中立性を考察するうえでも示唆に富む。この類型は主に企画立案を任務とし，政治との接触・協働が不可欠な幹部公務員を念頭に置いており，執行に携わる公務員は，通常は（B）「政治的影響力の遮断」が想定されることが多い。

教員はまさに執行に携わる第一線職員である。教員も（B）「政治的影響力の遮断」が求められると考えることが可能であるが，学校教育は児童生徒の価値形成に関わるため，価値判断を完全に排除した執行は難しい面がある。また，教師の権限を広く認めるべきとの立場からは（A）「超然」が望ましいとする見方もあり得る。実際の現実は（E）「逃避」，もしくは（D）「従属」であるかもしれないが，それが教員に求められる中立性であるかは疑問が残る。

本来，中立性は，政治的統制から一定の距離を置いて専門性を発揮するための条件である。この点は教員に限らず一般の公務員にも共通する要素がある。もっとも，専門性イコール中立性というわけではなく，専門性が政治的なイデオロギーを有することもあり得る。その点をどう制御するかも中立性を保つうえで重要であるが，過度の制御や統制は現場の萎縮や上意下達的な組織体質を招く危険もあり，難しい問題である。

教育行政官は，とりわけ高位になるほど執行よりも企画立案が主な任務となるため，そこでは他の幹部公務員と同様，政治的中立性だけでなく政治的応答性が求められる場面が多くなる。そのため，(C)「政権への誠実」と(D)「従属」のいずれかになることが多い。(C)は「専門家としての判断に基づき政治に助言すること」，(D)は「選挙の洗礼を経た政治の判断に徹底的に従属すること」（嶋田 2017）といえるが，どちらが教育行政における現実により近いであろうか。判断の材料となる研究蓄積は乏しく，確定的な見解はないが興味深い。

教育行政官に関しては，他の行政分野の幹部公務員と同じような中立性でよいのかも論点である。他の行政分野に比べて教育行政では政治的中立性がより求められるのであれば，行政官に期待される公務の「中立性」も異なってくると考えられる。

教育行政の中立性に関しては，教育委員会制度などの統治制度や行政組織に着目されることが多いが，組織ではなく職員，すなわち教員や教育行政官に求められる中立性についても併せて検討する余地がある。

3．教育行政の専門性

（1）教育行政専門職員とその職務

教育行政の専門性も独立性や中立性と同様，あいまいな概念である。本章でも教育行政の専門性は何かという問いに確たる答えを示す用意はないが，現行の教育行政専門職員とその人事・組織の在り方の検討を通じて，教育行政の専門性に関して，いま何が問題になっているのかを考える。答えを先取りしていえば，（首長や教育委員による外在的な統制ではなく）専門職員自身による自律的・内在的な統制をどのように確保していくかが，教育行政の専門性に関する最大の課題であると思われる。

ここではまず，主な教育行政専門職員について，その職務や専門性の概要を確認する。

①指導主事・社会教育主事

指導主事は，社会教育主事と並んで教育公務員特例法で「専門的教育職員」として位置付けられている。「上司の命を受け，学校における教育課程，学習指導そのほか学校教育に関する専門的事項の指導に関する事務に従事する」（地教行法），教育委員会事務局の職員である。学校管理職を近い将来担う中堅層の教員が務めることが多い。一部，統括指導主事などの職名で校長経験者などのベテランが務めることもある。

指導主事は戦前の視学に代わり戦後教育改革の際に設けられた職で，専門的判断に基づき，教員に対して助言と指導を与える役割が求められた。一方で 1956 年の地教行法により「上司の命を受け」との文言が加えられ，教員への助言等よりも指導行政事務が実態としても多くなってきた。所属組織等によって指導主事の業務は異なり，指導助言活動よりも指導行政事務が多くを占めることは少なくない（老山 1996）。指導主事の理念と実態が乖離しているとの批判も多いが，指導主事の役割を指導行政事務も含めて幅広く捉える見解もある（押田 2008）。

社会教育主事は，「社会教育を行う者に専門的技術的な助言と指導を与える」，「学校が社会教育関係団体，地域住民その他の関係者の協力を得て教育活動を行う場合には，その求めに応じて，必要な助言を行うことができる」（社会教育法）と定められている。教員出身者だけでなく，一般行政職員が務めることも多い。教育委員会事務局には必ず置くことになっているが，市町村での配置は半数弱にとどまるのが現状である。

②教育長

教育委員会制度の理念では，教育長は教育行政の専門性を有する専門職とされる。制度創設当初は免許状制度が採られていたが（校長，指導主事も同様であった），1950 年代前半にこれらの免許制度は廃止された。それ以降も教育長は教育行政の専門職であるべきとされてきたが，任命の仕組みは地教行法では専門性を要しない政治的任用職に限りなく近く，理念と任用の仕組みが必ずしも一致していない。

ただし，実態としては，教育職か行政職のいずれかが教育長に就任するケースが大多数であり，教育行政の経験を積んでいることが多いという意味で一定の専門性が担保されてきた。職務としては，首長との連携・

協力や議会対応，あるいは自治体の幹部職員としての業務など，教育行政の専門職というよりは政治的任用職あるいは組織管理者としての役割が求められることが多い。市町村教育長の専門性の態様を明らかにした研究では，行財政や教育に関する知識だけでなく，経営上の意思決定能力などトップ・マネジメントを行う能力が重要であることが示唆されている（佐々木 2006）。

③文部科学省職員

法制度的上の規定はないが，文部科学省の職員も教育行政の専門職に含められよう。所掌や職位によって業務やその性質が大きく異なるため，中央教育行政の専門性を一意に定めることは難しい。青木（2015）は，地方教育行政は教員免許状保持者であることが教育（行政）の専門性の源泉となる一方で，中央教育行政では地方教育行政を「所管」する存在であること自体が専門性の源泉となっていること，いずれにしても，中央・地方を通じて教育行政の専門性の根拠は脆弱（ぜいじゃく）であると述べている。教員免許や専門的教育職員といった制度的な仕組みがない分，中央教育行政の専門性はよりあいまいな面がある。

④自治体一般行政職員

教育委員会事務局等で勤務する一般行政職員も，教育行政の専門性が求められるようになっている。教育委員会事務局については，多くの自治体では教員出身の職員（教育職）と，一般行政職員（行政職）で構成されている。前者は主に指導主事として，後者は主に首長部局で採用された職員が教育委員会事務局に出向する形を採っている。一般行政職員は，学校への指導・助言や指導行政事務よりも，総務や人事，会計といった管理的な業務のみに従事する傾向が強かった。しかし近年は，教育職出身とは異なる視点から一般行政職員が教育行政に携わることが期待されている（青井 2022）。後に述べるように教育委員会事務局の内部統制を適切に行ううえでも，「教育行政のプロ」としての一般行政職員の育成が必要となっている。

（2）教育行政の専門性をめぐる課題

教育行政の専門性に関しては，指導主事などの専門的教育職員などが実際に置かれ，その必要性については一定の共通理解があるように思われる。一方で，教育行政の専門性の存在がむしろ学校の閉鎖性を強める逆機能をもたらしていると認識され，専門性に対する信頼低下が生じている（青木 2015）ことも事実である。

具体的には，いじめや学校での事件・事故などのトラブルが起こった際に，教育（行政）専門職による閉鎖的な体質が問題視されることがある。教育委員会制度改革の直接のきっかけとなったのは，いじめ自殺や体罰などの事件において，教育委員会事務局が適切な調査・対応を怠ったためであった。こうした類いの事件・事故では，教職員集団による閉鎖性や隠蔽体質が問題視されることがある。教育委員会制度は，一般市民から成る合議体の教育委員会が教育長を統括者とする事務局を指揮監督する仕組みである。事務局をどのように適切に統制するかは，本来は教育委員と教育長・事務局との関係が問われるべきだが，2014 年の教育委員会制度改革では，公選の首長が教育委員会事務局と学校を直接統制することが検討された。

教育行政の独立性に関しては学術的にも実践的にも，誰が教育委員会事務局をその外部から統制すべきなのかへの関心が強く，いわば教育委員会事務局の外在的・民主的統制の在り方が問題となってきた。一方で，教育委員会事務局の内部でその専門性をいかに適切かつ自律的にコントロールするか，という内在的・自律的統制についてはあまり顧みられてこなかった。一方で，2014 年の教育委員会制度改革以降はそうした問題意識も徐々に共有されるようになっている。青井（2022）が京都市を事例として分析した教育委員会事務局プロパーの行政職員育成のシステムは，教育職と行政職との連携・協働を深めることで事務局のガバナンスを高める試みの一つといえる。ただし，そうした事例は一部にとどまっており，教育委員会事務局の内部統制の在り方についてはいまだ課題が多い。

教育行政の専門性それ自体は何かという問いについて，指導主事や行政職員を対象とする研究から共通して見えることがあるとすれば，行政と現場を架橋する役割を果たすことであるといえるかもしれない。教育行政は，教育と行政の両方の論理を理解したうえで，国や自治体の施策・方針を適切に現場に反映できるよう支援する，あるいは教育現場のニーズを施策に反映し学校改善につなげていくことが求められる。指導主事と行政職員は教育職か行政職かという違いはあるが（他には学校事務職員も重要である），行政と現場を円滑につなげられるような知識・スキルが教育行政の専門性の中核といえそうである。例えばエビデンスの利活用といった点も，そうした知識・スキルの一つの要素として捉えることができよう。

研究課題

① 2014 年の教育委員会制度改革では，教育行政の独立性，中立性，専門性についてどのようなことが問われたと考えられるか。2013 年の中央教育審議会答申「今後の地方教育行政の在り方について」を参考に考察しなさい。

② 教員や国・自治体の教育行政職員の中立性について，現状とあるべき姿を論じなさい。

参考・引用文献

- 青井拓司（2022）『教育委員会事務局の組織・人事と教育行政プロパー人事システム―地方教育行政における専門家と総合化の融合に向けて』学校経理研究会
- 青木栄一（2015）「教育行政の専門性と人材育成：信頼低下がもたらす制度改革」『年報行政研究』50 号
- 池田峻（2022）「行政組織の制度的独立性」『年報行政研究』57 号
- 市川昭午（2012）「教育の政治的中立について」『教育と文化』67 号
- 小川正人（2010）『教育改革のゆくえ：国から地方へ』筑摩書房
- 押田貴久（2008）「指導主事の職務に関する研究：指導主事の職務観と小規模教育委員会における職務実態の分析をもとに」『東京大学大学院教育学研究科教育

行政学論叢』27 号
●嶋田博子（2017）「公務の『中立性』はどう理解されてきたか：政策立案における行政官の役割確保に向けた考察」『政策科学』24 巻 4 号
●嶋田博子（2020）『政治主導下の官僚の中立性―言説の変遷と役割担保の条件』慈学社出版
●中島直忠（1998）「教育の政治的中立性に関する比較理念・制度史的研究」『桜美林論集』25 号
●村上裕一（2013）「行政の組織や活動の『独立性』について」『社会技術研究論文』10 号
●村上祐介編著（2014）『教育委員会改革 5 つのポイント：「地方教育行政法」のどこが変わったのか』学事出版
●村上祐介（2017）「教育行政」河野和清編著『現代教育の制度と行政（改訂版）』福村出版
●村上祐介（2018）「教育の中立性をどう考えるのか，どう守るのか」『教職研修』2018 年 8 月号
●村上祐介・橋野晶寛（2020）『教育政策・行政の考え方』有斐閣
●老山由美（1996）「指導行政機能と指導主事の職務に関する一考察」『日本教育行政学会年報』22，59-70.

5 教育課程行政と教科書制度

福嶋尚子

《目標＆ポイント》 学校における教育課程の法的な位置付けと，教育課程の基準として位置付けられている学習指導要領との関係，論点を整理する。併せて，教育課程を具体化した教材である教科書やその他の副教材の仕組みについて概要と論点を説明し，教科書・教材整備制度の特徴や問題を検討する。このことを通じて，教育内容は誰が決定すべきなのか，教育権をめぐる論点を考える。
《キーワード》 教育課程，学習指導要領，カリキュラム・マネジメント，教科書検定，広域採択（共同採択），無償給付，教材整備

1．教育課程行政を規定する制度原理

教育課程行政とは，国や自治体が学校における教育課程（各学校において組織的かつ計画的に組み立てられた教育の内容）の編成や実施などに対して規則や基準を定め，あるいは通知や通達などにより指導・助言を行う作用を指す。これが強大な権限をもって独断的・一方的に行われれば，学校の裁量が失われ，独自性が侵害され，ひいては子どもの受ける教育の多様性が損なわれ，子どもの教育を受ける権利のはく奪につながりうることを，我々は戦前の経験から学んでいる（蘆田 2014）。このように，保護者の信託を受けた教師がその専門性により自律的に自治的に教育内容を決定していくことを尊重する考え方は国民の教育権論と呼ばれ，戦後の教育法学・教育行政学において理論蓄積をしてきた。それは，主権者である国民の代表者である国会により教育内容が決定されるべきとする国家の教育権論に政府・与党が立ち，教育内容の国家による管理，文部行政による規定が正当であると主張して，特に1950年代後半以降，教育課程行政の在り方を中央集権的に組み替えてきたことに対

抗するものだったといえる。

このような対立構造において，国民の教育権論は，中央集権的かつ他律的な教育課程行政の在り方を規定する制度原理を構想してきた。第1の制度原理は，教育の自主性を尊重するため，教育活動の内容・方法などを主とする内的事項についての教育行政作用は高度な専門性に裏付けられた指導助言にとどめる――すなわち，教育行政作用の内外事項区分論である（兼子 1978）。教育の内的事項に関する行政作用は強制に及ぶことなく，最終的には学校の教員の裁量に委ねられる。第2の制度原理は，子どもの思想・良心の自由を保障するため，子どもの個人的な生活・学校外での行動や，思想・価値観に関わる生活指導・徳育などの教育作用については，学校の教員の裁量は制限され，決定権を伴わない指導助言活動にとどまるというものである（市川 1990）。教員免許により専門性を裏付けられた教科指導では，教員は教育内容決定権を有すると解されるものの，科学的真理ではない価値的要素や学校外での生活・行動についてはたとえ教科指導の範囲内であっても教員の裁量は規定されうると解すべきだろう。

このように，教育活動の内容・方法にかかわって，国民の教育権論は，子どもの権利を保障するため，教育課程行政に対して二重の歯止めを準備してきた。しかし近年，こうした制度原理を突き崩すような新しい教育課程行政の在り方が進んでいる。本章では，この2つの制度原理を視点として，教育課程行政の今日的展開を検討していく。

2．国の教育課程行政

（1）教育目的・目標

教育課程行政は，国―都道府県―市区町村という三段構造となっており，各段階の教育行政機関，すなわち文部科学省，都道府県教育委員会，市区町村教育委員会が主な主体となって行われている（佐々木 2016）。しかし，国会において制定される法律に依拠して教育課程行政は行われ（教育行政の法律主義），また，近年では地方議会による条例でも教育課程にかかわる事柄が規定されていることも鑑（かんが）みれば，そのことの良し悪しは別として，教育課程行政は教育行政機関によって独占的に行われているとは言い難い。

こうした観点で問題となるのが，教育基本法や学校教育法上で教育目的・目標が規定されていることである。教育基本法は 1947 年の制定当初よりその第 1 条で教育の目的を規定しており，加えて，2006 年の全面改正で第 2 条に教育の目標条項を，また第 5 条 2 項には義務教育の目的条項を新設した。目的とは，長期的視点に立った際に目指すべき究極の在り方であって，目標とは目的を目指すにあたっての短期的視点で目指すべき具体的・明確な在り方である。また，これらの条項を受け，学校教育法ではさらに，義務教育の目標（第 21 条），小学校の教育目的・目標（第 29 条，第 30 条），中学校の教育目的・目標（第 45 条，第 46 条）など，学校種ごとに規定が整備された。こうした教育目的・目標条項に規定される内容をめぐっては，2006 年の教育基本法の改正時には，特に愛国心条項の制定をめぐって激しく議論が行われた。結局，「愛国心」という言葉は用いられず，「我が国と郷土を愛する」という文言になった。教育法学においては，かねてより法律上に教育目的が規定され教育実践を拘束しうることについて問題視する声があったが，これらの条文は国民にとっては「訓示規定」であるとし，こうした目的・目標条項に沿わない教育活動を行った教師が罰されることはないとの解釈をとってきた（成嶋 2014）。しかしながら，以下で説明する学習指導要領や教科書制度の整備が行われることで，こうした目的・目標条項の実現が強く学校現場に求められる実態がある。

（2）学習指導要領

学校教育法は，先の教育目的・目標に基づき，各学校種の「教育課程に関する事項」を文部科学大臣が定めるとしている（小学校は第 33 条，中学校は第 48 条）。すなわち，ここでは，教育課程そのものを定めるのは各学校であるがゆえに，文部科学大臣が定めるのは，あくまで「教育課程に関する事項」までであるとの前提が存在し，教育行政作用の内外事項区分論が作用しているものともいえる。これに基づき，実際に文部科学大臣が定めているのが，各教科，特別の教科道徳等の教育課程の構成（以下同様に，学校教育法施行規則第 50 条，第 72 条）であり，それらの教育課程の授業時数（学校教育法施行規則第 51 条，第 73 条）であり，別に文部科学大臣の告示する「学習指導要領」である（学校教育法施行規則第 52 条，第 74 条）。

2017 年 3 月に告示された最新の小学校学習指導要領（2020 年施行）では，これらの趣旨を踏まえ，学習指導要領の性格を，「こうした理念〔すなわち教育基本法に掲げられる教育目的・目標〕の実現に向けて必要となる教育課程の基準を大綱的に定めるもの」[1]と説明し，「各学校においては，教育基本法及び学校教育法その他の法令並びにこの章以下に示すところに従い，児童の人間として調和のとれた育成を目指し，児童の心身の発達の段階や特性及び学校や地域の実態を十分考慮して，適切な教育課程を編成するものとし，これらに掲げる目標を達成するよう教育を行うものとする。」とし，教育課程の編成主体が各学校であるとのこれまでの見方を踏襲している[2]。以上の内容は学校種が変わっても同様である。すなわち，各学校は教育基本法や学校教育法，そして学習指導要領の示す方向に従いつつ，各学校の児童生徒の発達段階や地域の特性等を踏まえながら自ら自主的に教育課程を編成していくことが求められている。そこでは，学習指導要領はあくまで「教育課程の基準」（学校教育法施行規則第 52 条，第 74 条）でしかない。

しかしながら実際には，学習指導要領のこの〈抑制的〉な性格付けを超える形で学習指導要領に示される教育内容・方法の実現が学校に対して半ば〈強制的〉に求められていく構造がとられてきた。

1　小学校学習指導要領・前文。

2　小学校学習指導要領・第１章総則・第１小学校教育の基本と教育課程の役割。

（3）教科書検定

こうした〈学習指導要領体制〉ともいうべき構造の重要な一角をなすのが教科書制度である。学校教育法上では「教科用図書」と称される教科書であるが，同法上では定義がない。その代わりに，教科書の発行に関する臨時措置法に，「教科書とは，小学校，中学校，義務教育学校，高等学校，中等教育学校及びこれらに準ずる学校において，教育課程の構成に応じて組織排列された教科の主たる教材として，教授の用に供せられる児童又は生徒用図書であつて，文部科学大臣の検定を経たもの又は文部科学省が著作の名義を有するものをいう」（第 2 条）と定義が示されている。このように，教科書とは「文部科学大臣の検定を経たもの」すなわち文部科学省検定済教科書か，「文部科学省が著作の名義を有するもの」すなわち文部科学省著作教科書の 2 種類を指す。その多くは前者（検定済教科書）である。

民間の発行者（主に教科書会社）が著作あるいは編集を行った図書が，文部科学省に対して申請される（教科用図書検定規則第 4 条）。この申請図書について，教科書調査官による調査を経て教科用図書検定調査審議会が調査審議を行い（学校教育法第 34 条第 5 項，学校教育法施行令 41 条），文部科学大臣が合格・不合格の決定を下す（教科用図書検定規則第 7 条）。

検定に際しては，義務教育諸学校教科用図書検定基準が用いられ，この基準に当てはまる申請図書が検定合格となり，次の教科書採択の過程に移ることとなる。不合格となれば，市場での販売は難しいため，申請者である教科書会社は検定合格に向けて検定基準に当てはまるような申請図書を著作・編集し，修正意見についても基本的にそのまま応じていくことになる。そのため問題となるのが，この検定基準の内容である。

そもそも検定基準においては，教科共通の条件の筆頭に，「⑴ 教育基本法第 1 条の教育の目的及び同法第 2 条に掲げる教育の目標に一致していること。また，同法第 5 条第 2 項の義務教育の目的及び学校教育法第 21 条に掲げる義務教育の目標並びに同法に定める各学校の目的及び教育の目標に一致していること。」が挙げられ，それに続き，「⑵ 学習指導要領の総則や教科の目標に一致していること。」が挙げられており，教育基本法・学校教育法に続いて学習指導要領との一致を申請図書に求めている。さらに細かく，学習指導要領の目標・内容・内容の取扱いを「不足なく取り上げている」のみならず，「不必要なものは取り上げていない」ことも条件として挙げられている。学習指導要領と申請図書との〈完全な一致〉が求められているものといえる。

加えて，2014 年には社会科の教科書の検定基準に，以下の３つの項目が加わった。

表５-１　義務教育諸学校教科用図書検定基準（中学校社会科）に追加された項目

(3)	未確定な時事的事象について断定的に記述していたり，特定の事柄を強調し過ぎていたり，一面的な見解を十分な配慮なく取り上げていたりするところはないこと。
(4)	近現代の歴史的事象のうち，通説的な見解がない数字などの事項について記述する場合には，通説的な見解がないことが明示されているとともに，児童又は生徒が誤解するおそれのある表現がないこと。
(5)	閣議決定その他の方法により示された政府の統一的な見解又は最高裁判所の判例が存在する場合には，それらに基づいた記述がされていること。

（出典：義務教育諸学校教科用図書検定基準［社会科（「地図」を除く。)］
１　選択・扱い及び構成・排列（2014 年１月 17 日文部科学省告示））

教育の内的事項にかかわる教育行政の抑制性の観点から問題となるのは，特に (5) である。もとより，閣議決定された事柄が科学的真理を踏まえていることは保障されておらず，また，「政府の統一的な見解…に基づいた記述」を求めることは，教科書が「政府の教育言論」の「マウスピース」となることを意味する（蟻川 2016）。こうした検定基準の改正については，「民間の教科書の執筆・編集の自由」制約に当たるとの指摘（佐々木 2016）や，教育行政の裁量権の逸脱，濫用に当たる可能性もあるとの指摘（坂田 2016）もある。

道徳の教科化にともない，初めて検定が行われた道徳の教科書についても，教科書会社が検定を通すために調査官らに「忖度（そんたく）」する形で，本文や挿絵など細部にわたり学習指導要領の趣旨に沿うよう申請図書を修正したということが報じられた[3]。このように，教科書検定を経ることで，学習指導要領と〈完全一致〉した検定済教科書のみが学校現場で教師や子どもの手に渡ることになる。

（4）教科書採択

検定に合格した教科書の中から実際に各教室で使用する教科書を決定することを，教科書採択という。この教科書採択権は，公立の小中学校についてはその学校を設置した教育委員会にある（地方教育行政の組織及び運営に関する法律（以下，地教行法）第 21 条）。しかし，採択に当たっては都道府県教育委員会が教科用図書選定審議会を設置するなどして，市町村教育委員会の採択事務について「適切な指導，助言又は援助」を行うこととされている（義務教育諸学校の教科用図書の無償措置に関する法律第 10 条，第 11 条）。加えて，都道府県教育委員会は，単一の市町村または市町村を合わせた区域に「採択地区」を設定することとなり[4]，後者の複数の市町村を合わせた共同採択地区の場合は採択地区審議会を設け，この協議会による協議の結果選ばれた教科書を，当該採択地区内の市町村教育委員会は採択しなければならない（義務教育諸学校の教科用図書の無償措置に関する法律第 12 条，第 13 条），との制約がある。

このような都道府県教育委員会による指導助言や，広域採択制という教科書採択方法は，「適切な採択を確保するため」に採られている措置である。広域採択制を採る採択地区がまだ大半を占めており[5]，そこでは学校設置者の採択権は採択地区協議会の判断に従属するものとされて

3　朝日新聞「パン屋『郷土愛不足』で和菓子屋に　道徳の教科書検定」2017 年 3 月 24 日。この経緯については斉加（2019）が詳しい。

4　後者を広域採択制ともいう。

5　文部科学省の調べでは，2022 年 6 月現在，1 地区は平均約 3 市町村で構成されている（文部科学省「教科書採択の方法」https://www.mext.go.jp/a_menu/shotou/kyoukasho/gaiyou/04060901/1235091.htm　2023 年 2 月 23 日最終閲覧。）

いる。もとより，その教科書を実際に用いる教師が教科書の選定に何らかの影響を及ぼすことのできる職能的自由が確保されることが望ましいことはいうまでもない（ILO/UNESCO「教員の地位に関する勧告」61 項）。であるとするならば，現行制度を前提とするとしても，教師の意見がより届きやすいよう，採択地区は教師にとって身近な単位であり，できるだけ小規模な単位に設定すること，また，現場教師の声が届きやすい学校票方式を実質化していくことが望まれる。そうでなければ，採択地区協議会の協議の下で市町村教育委員会の採択権が形骸化し，地域の実情に即さない教科書採択が行われる蓋然性はなお残されている。

（5）教科書の無償給付

採択された教科書は，設置者を問わず，全ての小中学校・義務教育学校・中等教育学校前期課程等の義務教育諸学校に所属する児童生徒に対して，学校設置者と校長を通じ，国から無償給付・給与される（義務教育諸学校の教科用図書の無償措置に関する法律第 3 条，第 5 条）。これは，「憲法第 26 条に掲げる義務教育無償の精神をより広く実現するものとして」[6]，特に教科書の重要性に鑑みて，授業料の不徴収に続いて実現された公教育の無償性原則（日本国憲法第 26 条）に沿うものであるといえる。

しかしながら，この教科書無償給付制度が，先に見た教科書の広域採択制と同時に導入されたことには，無償給付と引き換えに教科書採択にかかわる教師の職能的自由と児童生徒の思想良心の自由が制約されたものとの疑義をもたざるを得ない。教科書を義務教育諸学校の児童生徒に無償給付するための予算（2022 年度）は約 460 億円にも上る。

他方で，デジタル教科書（学校教育法第 34 条 2 項）の 2024 年度における本格導入が目指されており，2022 年度は「学習者用デジタル教科書普及促進事業」などに 57 億円が予算立てされ，全国の国公私立に通

6　文部科学省 HP「教科書無償給与制度」。https://www.mext.go.jp/a_menu/shotou/kyoukasho/gaiyou/04060901/1235098.htm　2023 年 2 月 26 日最終閲覧。

う小学5年生～中学3年生に対して英語（中学生にはさらにもう1教科）のデジタル教科書が国により無償給与されている。デジタル教科書は紙の教科書と内容は同一と現状はされており，紙からデジタルに変わってもなお，全国津々浦々の授業が，検定済教科書を通じて学習指導要領を実現するものへと平準化されていく仕組みが出来上がっている。なお，2024年度の本格導入以後のデジタル教科書の費用負担（小学生の場合1人当たり1万円ほどとされる）については未定だ。

（6）教科書使用義務

学校教育法は，「小学校においては，文部科学大臣の検定を経た教科用図書又は文部科学省が著作の名義を有する教科用図書を使用しなければならない。」（第34条）と規定しており，基本的に教師には，児童生徒に給与された，あるいは高校段階においては生徒が購入した教科書の内容に即して授業を行う義務があるとされている。これに加えて有効適切なその他の教材（副読本やプリントなど）を用いてもよい（例えば，佐々木 2018）。

いわば〈教科書を教える〉ではなく，〈教科書で教える〉ということだ。検定・採択のプロセスを経て吟味された良質の教材として教科書が有益に用いられることは望ましいところではあるが，市区町村あるいは採択地区ごとに採択された教科書は，当然にその学校の児童生徒の発達段階や市町村より単位の小さな学校・地域の実態に即しているものとは限らないため，あくまでその教科書の使用法は各教師に委ねられている。

（7）副教材（補助教材）

授業において重要なものとして教科書のほかに，資料集やワーク・ドリル・プリントなどの副教材（補助教材）がある。学校教育法は，「教科用図書以外の図書その他の教材で，有益適切なものは，これを使用することができる。」（第34条4項）と規定し，副教材の活用を認めている。ただし，「教育委員会は，学校における教科書以外の教材の使用について，あらかじめ，教育委員会に届け出させ，又は教育委員会の承認を受けさせることとする定を設けるものとする。」（地教行法第 33 条 2 項）とされており，教科書ほど厳密ではないが，副教材についてもその教師の選定権には教育行政機関による縛りがかけられている。

ただし，実際の授業で用いられる副教材は，手作りのプリントから市販の朝顔セットやソーラーカーなどのセット教材に至るまで膨大であり，それら一つ一つすべてを事前に「届け出」あるいは「承認」する仕組みを設けることは現実的ではない。よって，教育委員会は，例えば届け出の必要がある副教材を「（1）教科書又は準教科書と併用する副読本，解説書，参考書又はこれらに類するもの　（2）学習の課程又は休業日に使用する学習帳，夏休帳，冬休帳，又はこれらに類するもの」（千葉市立小学校及び中学校管理規則第 17 条）に限るなどして，その大半を各教師の選択に委ねている。このことは，2015 年発出の文部科学省初等中等教育局長通知「学校における補助教材の適正な取扱いについて」（2015 年 3 月 4 日）でも認められている。すなわち，通知は，地教行法第 33 条 2 項の規定について，「補助教材の使用を全て事前の届出や承認にかからしめようとするものではなく，教育委員会において関与すべきものと判断したものについて，適切な措置をとるべきことを示したものであり，各学校における有益適切な補助教材の効果的使用を抑制することとならないよう，留意すること。」と述べる。以上のことから，副教材の事前の届け出・承認制は「教育委員会において関与すべきもの」と判断されたものについてのみ行われるべきものと解釈できるだろう。

それでは，実際に教育委員会が教師の選定した副教材について承認しないというのはどのような場合だろうか。同通知は，学校において副教材を選定する際に留意すべき事柄として，以下のような点を挙げる。

・教育基本法，学校教育法，学習指導要領等の趣旨に従っていること。
・その使用される学年の児童生徒の心身の発達の段階に即していること。
・多様な見方や考え方のできる事柄，未確定な事柄を取り上げる場合には，特定の事柄を強調し過ぎたり，一面的な見解を十分な配慮なく取り上げたりするなど，特定の見方や考え方に偏った取扱いとならないこと。

・補助教材の購入に関して保護者等に経済的負担が生じる場合は，その負担が過重なものとならないよう留意すること。

翻れば，こうした 4 つの視点から見て著しく配慮の欠ける教材選定がなされているものに限り，教育委員会は承認をしないということがあり得る。しかし，学習指導要領等の趣旨と相違しているか否かを事細かに精査することは，現実的ではないばかりか，教育委員会の裁量権濫用に当たる可能性もある。先の「各学校における有益適切な補助教材の効果的使用を抑制することとならないよう」との通知の趣旨に照らせば，教育委員会への届け出や教育委員会による承認は，基本的には各学校での教材選択の自由を尊重して抑制的に行われるべきものと言える。

(8) 教材

学習指導要領に記載されている教育内容・方法も，それを実現させる物的環境が整わなければ実現できないため，机・椅子や顕微鏡などの設備・教具，すなわち，教室に備え付けられる「教材」に関しても国レベルで制度が整備されている。1952 年には，教職員の給与の半額のみならず，教材の購入費用についてもその「一部」を国庫負担としていた（旧・義務教育費国庫負担法第 3 条）。同法制定と同時に当時の文部省は「教材整備基準」を作成していたが，国庫負担金の支出にかかわってこの教材整備基準は拘束力を持たず，学校では配賦された国庫負担金を使って自由に教材を購入することが可能であった。しかし，1967 年，文部省は学習指導要領に対応する「教材基準」を通達し，これ以降，国庫負担金は同基準の範囲内でしか用いることができないとされ，教師の教材選択の自由が制限されることとなった。加えて，1985 年にこの国庫負担金は一般財源化され，各自治体における教材等購入用の予算措置は減少の一途をたどっている。

このような財政的保障の不十分さにもかかわらず，学習指導要領を実現するために購入すべき教材の基準は，「教材整備指針」（2011 年策定。2019 年一部改訂）という形で現在も示されている。「教材整備指針」は，

「自らの望む教育内容・教育方法を実現するための教材のみをピンポイントで掲げる手法」をとっており，教材の例示の中に，「伝統的な言語文化に関する指導用」掛図など，「時折文科省の推奨する教材が紛れこんでいる」（福嶋 2012：294，302）。

こうした教材整備のための基準は学習指導要領の改訂に対応して発表されてきている。不十分な財政的保障とは裏腹にこの基準を参考に学校の物的環境が整えられていくことで，学習指導要領に示される教育の実現は外枠より固められていくこととなる。

（9）自治体の教育課程行政

自治体レベルにおいて教育課程行政を所管するのは，基本的に教育委員会である。そのことは，地方教育行政の組織及び運営に関する法律の中に教育委員会の職務権限として，以下の3点が示されていることからもわかる。

> 五　教育委員会の所管に属する学校の組織編制，教育課程，学習指導，生徒指導及び職業指導に関すること。
> 六　教科書その他の教材の取扱いに関すること。
> 七　校舎その他の施設及び教具その他の設備の整備に関すること。
> （地方教育行政の組織及び運営に関する法律　第21条）

具体的には，教育委員会による教育課程行政は，地方独自の基準や手引き書の策定，指導主事による教職員を対象とした指導・研修のほか，主に学校管理規則などの教育委員会規則の制定などの手法により進められる。すなわち，地教行法では，「教育委員会は，法令又は条例に違反しない限度において，その所管に属する学校その他の教育機関の施設，設備，組織編制，教育課程，教材の取扱その他学校その他の教育機関の管理運営の基本的事項について，必要な教育委員会規則を定めるものとする。」（第33条）とされており，法令の範囲内ではあるが，教育課程にかかわる事柄についての教育委員会による規則化が認められている。

例えば，文部科学省は学校教育法施行規則にて，各学校で設けるべき教科（小学校の場合，第50条）と各授業時数（同第51条），学年は4月1日から翌年3月31日までであること（同第59条）について規定しているが，授業終始の時刻や災害に伴う臨時休業については校長に（第60条，第63条），また祝日・土日を除く休業日については教育委員会に（同第61条，学校教育法施行令第29条）その決定権を委ねている。これに基づき，教育委員会は長期休業の期間をその地域の気候などの特性に合わせて決定することができる。また，管内の学校に2学期制を導入し，あるいは土曜授業の実施を校長判断で可能とする「振替授業」などの規定を学校管理規則に設けることができる（例えば，千葉市立小学校及び中学校管理規則第19条，第19条の2，第21条，第21条の2）。

先に述べた，副教材の届け出あるいは承認制についても，同様に学校管理規則の中に規定される場合が多い。多くの教育委員会は，「校長は，学年又は学級の児童又は生徒全員の教材として次に掲げる図書を継続的に使用させようとするときは，あらかじめ教育委員会に届け出なければならない。」（千葉市立小学校及び中学校管理規則第17条）というように，比較的拘束力の弱い事前の届け出制を採用している（篠原 2001）。1998年の中央教育審議会答申「今後の地方教育行政の在り方について」の中で，学校管理規則の拘束性の強さが問題視されたことから，最近ではより抑制的な規定の在り方になっているものと言える。しかしながら，現代においてはさまざまなルートで学校の教育課程の編成・実施に影響を与える教育課程行政の新展開が見られる。

3．教育課程行政の新展開

（1）授業のスタンダード化と家庭教育への介入

学力向上の掛け声に押されて盛んになっているものとして，授業や学習規律のスタンダードが挙げられる。授業における指導方法や内容，あるいは子どもが遵守すべき学習規律をスタンダード化し，強い規範性を有しているとされる（勝野 2016）。その規範性の源の一つとしてチェックリストがある。教師がこれに沿った授業を行うことでスタンダードに含まれた価値・内容に準拠した指導の定型化が促進される。澤田俊也（2018）によれば，2017年の秋時点で，教科にかかわらず汎用的な授業スタンダードを作成しているのは30都道府県（63.8%）であって，スタンダードよりも規範性の低い授業づくりに関する指導文書を作成している都道府県も含めれば，44都道府県（93.6%）が何らかの文書を作成していた。授業スタンダードは2012年以降に作成されているものが多く，近年普及している新しい教育課程行政の手法といえる。

例えば，大阪府では2012年に，岡山県は2014年に授業スタンダードを発表している。いずれのスタンダードにおいても，キーワードとされているのは児童生徒の主体性であって，児童生徒の思考を促す発問や，互いの考えの表現や共有を促す活動，授業内容を振り返りまとめる時間の確保などが重視される。また，経験の多少などに関係なくすべての教師が実行できるようにするため，有効とされる方法にやや形式的に収斂（しゅうれん）するのもスタンダードの特徴である。例えば，「子どもが考えている間は，教員は発問や指示，助言等を追加して妨げることなく，じっくり時間を確保する」「黒板の周りから不必要な掲示物を取り除き，黒板に注目しやすいようにする」（大阪府）といった教師側のふるまいから，鉛筆の持ち方，椅子の座り方，授業前の道具の準備，意見の聞き方や話し方の統一（岡山県）などといった児童生徒側のふるまい，すなわち学習規律にかかわるスタンダードもある。

また，こうした学習規律のスタンダード化の流れは，家庭教育のスタンダード化の流れと親和的である。先に見た岡山県では「家庭学習の手引きなどを作成し，家庭学習の目安の時間等を保護者に提示しているか。」「家庭学習強化週間等を設定しているか。」「模範ノートの展示，自主学習ノートの紹介をしているか。」等のチェックリストを提示し，学校側による家庭学習にかかわる指導を促進しようとする。また，千葉県教育委員会による「家庭学習のすすめ」（2015年）は，学校教師向けではなく保護者向けの家庭教育スタンダードを作成した。ここでは，例えば小学校高学年の保護者に対し，保護者による時間管理の必要性，ほめてやる気を引き出すこと・読書や体験活動の重要性が述べられている。

このような自治体レベルのスタンダードの下で，学校が家庭に対して家庭学習の指針やガイドラインを提示する実践も広がっている。こうした家庭教育にかかわるスタンダードの問題点は，各家庭の条件の違いを踏まえず，また一方的に〈あるべき家庭教育〉像を指し示している点にある。発展的な学習は保護者が付き合うことで実現しやすくなるが，毎日の自主学習に付き合える保護者がどれほどいるであろうか。しかし，スタンダードの下では，「学力向上」や「児童生徒の主体性」を旗印に，家庭での自主学習の〈伴奏役〉を務めることを保護者は当然に期待されるのである。

(2)「個別最適な学び」と教育のデジタル化

2017年（小中），18年（高）に告示された新学習指導要領は，「社会に開かれた教育課程」，「主体的・対話的で深い学び」を重視しているとともに，資質・能力の3つの柱（知識・技能，思考力・判断力・表現力等，学びに向かう力・人間性等）に基づいて各教科の目標・内容を整理した。さらに，教育課程を見直し実行していく「カリキュラム・マネジメント」に，各学校の教職員が組織的・計画的に取り組んでいくことを提起した。

この新学習指導要領の方向性を踏まえつつ，中央教育審議会は「『令和の日本型学校教育』の構築を目指して～全ての子供たちの可能性を引き出す，個別最適な学びと，協働的な学びの実現～（答申）（中教審第228号）」(2021年1月26日)を文部科学大臣に提出した。そこでは，「子供一人一人の特性や学習進度，学習到達度等に応じ，指導方法・教材や学習時間等の柔軟な提供・設定を行うことなどの『指導の個別化』」と「教師が子供一人一人に応じた学習活動や学習課題に取り組む機会を提供することで，子供自身が学習が最適となるよう調整する『学習の個性化』」を図る「個別最適な学び」が求められた。さらには，「ICTの活用により，学習履歴（スタディ・ログ）や生徒指導上のデータ，健康診断情報等を蓄積・分析・利活用すること」と子どもが「自ら見通しを立てたり，学習の状況を把握し，新たな学習方法を見いだしたり，自ら学び直しや発展的な学習を行いやすくなったりする等の効果が生まれること」が期待されている。加えて，個別最適な学びが「孤立した学び」に陥らぬよう，「教師と子供の関わり合いや子供同士の関わり合い，自分の感覚や行為を通して理解する実習・実験，地域社会での体験活動，専門家との交流など」を重視する「協働的な学び」が同時に展開されるべきとする。

こうした学びの「個別最適化」の方向は実は，教育再生実行会議の第12次提言「ポストコロナ期における新たな学びの在り方について」(2021年6月3日）や経済財政諮問会議の「経済財政運営と改革の基本方針2021」(骨太の方針2021，2021年6月18日閣議決定）など，首相，内閣・経済産業省らと軌を一にし，これらを実行する路線であった（谷口 2022)。同路線では，Society 5.0，データ駆動型教育，EdTech，STEAM教育，「時間・場所・教材等に制約されない」デジタル教科書，学習ログ（スタディ・ログ)，全国学力調査のCBT（コンピュータを利用した試験方式。Computer-Based Testing）化，教育のビッグデータの利活用などの新しい政策を提起しながら，旧来の教育課程行政，ひいては年限主義や就学義務，学年制度，授業時数，一斉授業などの学校制度そのものを組み替えていくことを目指している。今，教育課程行政も大きく組み替えられようとしている。

4．教育課程行政の在り方と今後

最後に，冒頭で紹介した教育課程行政を規定する2つの制度原理の視点から，今日の教育課程行政の在り方の変容について述べておきたい。

第一に，教育の内的事項に対する教育課程行政の抑制性―すなわち高度に専門的な指導助言行政としての教育課程行政の在り方は，教育の目標条項の教育基本法への規定とそれを具体化する学習指導要領，そしてそれを実現する教科書制度，副教材制度，教材整備制度などの〈学習指導要領体制〉にあって，構造的・実質的にはかなり強制的なものとなっている。すなわち，それは学習指導要領から外れるような教育活動は成り立ちにくいという状況を生んでいる。

第二に，子どもの個人的な生活・学校外での行動や，思想・価値観に対する教師の裁量の抑制性――すなわち，強制的な決定権を伴わない指導助言活動としての指導の在り方は，授業・家庭学習スタンダード施策の下でもはや形骸化している。さらに，「個別最適な学び」や教育のデジタル化の一連の施策によって家庭はもはや学校の〈サテライト〉と化し，学校の掲げる目標に子どもや保護者の学校外の生活を従属させるものとなっている。

以上で見てきたように，特に2000年代前半の学力向上の機運の高まりと，教育基本法改正にともなう教育目標設定以降に進んできた一連の政策は，戦後国民の教育権論が確立してきた教育課程行政の2つの制度原理とは異なる構造を積み上げてきている。さらに「個別最適な学び」と教育のデジタル化は，既存の学校教育の枠組みを大きく組み替えつつ，家庭や個々の子どもの学びに侵食しようとしている。

しかしながら，国家が教育内容を決定するべきとする考えに立つ教育課程行政も，日本国憲法に規定された国民（子ども）の教育を受ける権利を保障する一方策であるならば，子どもの個性や心身の発達の面での多様性を踏まえ，その最大限の発達を支えていくような教育・指導の在り方を促進していくものでなければならないだろう。国家の教育内容決定権は無制約ではあり得ず，国家の教育権の下での教師の教育権も無制限ではあり得ない。このことは，国家の教育権論と国民の教育権論との「いずれをも全面的には採用することができない」とし，国が法律に基づき定める学習指導要領も「大綱的基準にとどめられるべき」とする旭川学力テスト最高裁判決（1976年5月21日）からもいえる。子どもの権利を保障するための教育課程行政の在り方は，このような視点から今後も議論され，注視されていく必要がある。

研究課題

① 各都道府県や市区町村で作成された授業スタンダードを比べ，共通

点や相違点を述べなさい。

② 「個別最適化された学び」政策の今後の展開について調べなさい。

③ 国民の教育権論と国家の教育権論の議論について整理しなさい。

参考・引用文献

- 蟻川恒正（2016）「政府の教育言論」『日本教育法学会年報』第 45 号，21-34 頁
- 市川須美子（1990）「教師の教育権と子どもの人権」成田頼明他編『行政法の諸問題（上）』有斐閣，（再掲：市川（2007）『学校教育裁判と教育法』三省堂，2106-129 頁）
- 蘆田智絵（2014）「教育課程の歴史」鈴木由美子編『教師教育講座第 6 巻　教育課程論』協同出版，23-38 頁
- 勝野正章（2016）「自治体教育政策が教育実践に及ぼす影響―授業スタンダードを事例として」『日本教育政策学会年報』第 23 号，95-103 頁
- 兼子仁（1978）『教育法〔新版〕』有斐閣
- 斉加尚代・毎日放送映像取材班（2019）『教育と愛国　誰が教室を窒息させるのか』岩波書店
- 坂田仰（2016）「教育課程行政と教科書，補助教材」黒川雅子・武井哲郎・坂田仰編『教育課程論』教育開発研究所，129-141 頁
- 佐々木幸寿（2018）「教育課程行政」山田雅彦編『教育課程論〔第二版〕』学文社，28-48 頁
- 澤田俊也（2018）「都道府県による授業スタンダードの作成状況とテキスト内容の検討」『国立教育政策研究所紀要』147 巻，205-221 頁
- 篠原清昭（2001）「教育委員会と学校との関係改善―学校管理規則改正による新しい学校管理の法化」日本教育法学会編『講座現代教育法 3　自治・分権と教育法』三省堂，141-155 頁
- 谷口聡（2022）「成長戦略下における学校教育の情報化政策」『日本教育行政学会年報』47 号，84-104 頁
- 成嶋隆（2014）「教育目的・目標法定の意義と限界」日本教育法学会編『教育法の現代的争点』法律文化社，８-13 頁
- 福嶋尚子（2012）「教材整備に関する基準の展開と問題点」世取山洋介・福祉国家構想研究会編『公教育の無償性を実現する』大月書店，276-302 頁
- 藤本典裕（2009）「教育課程の法と行政」山崎準二編『教育課程　教師教育テキストシリーズ９』学文社，39-53 頁

6　学校教職員の人事・給与システム

村上祐介

《目標＆ポイント》 公立小・中学校の教員の人事・給与システムを中心に，一般公務員との比較も交えつつ，その仕組みの概要と特徴，課題を考える。併せて，教員の定数にかかわる学級編制と教職員配置の仕組みについて学ぶ。近年の主要な教育課題である教員の長時間労働や働き方改革は，教員の人事・給与システムと密接に関連しており，そうした側面からこの問題について検討する。

《キーワード》 教員人事，県費負担教職員制度，学校事務職員，教育行政職，教員給与，義務教育費国庫負担金，人材確保法，教職調整額，給特法，学級編制，教職員配置，超過勤務，働き方改革，変形労働時間制

1．教員人事の仕組みと実態

教員の人事の仕組みは設置者によって異なる。約 100 万人の小・中・高の教員のうち，約 60 万人を占める公立（ほとんどが市町村立）小・中学校の教員は第 3 章でも述べたように，身分は市町村の職員であるが県費負担教職員として位置付けられており，都道府県または政令指定都市が教員の採用，異動，昇進，懲戒等の人事を行う。なお，公立高校は都道府県立が多くを占めており，その場合，当然であるが身分は都道府県の職員である。したがって人事も都道府県が行う。

国立，私立では多くは学校ごと，もしくは法人（国立大学法人，学校法人）ごとに教員を採用している。国立大学附属学校では一部，公立学校との人事交流が行われている場合もあるが，国・私立では公立と異なり人事異動がないことが多く，いったん採用されると同じ学校で定年まで勤めることが少なくない。

以下では，人数が多く制度的にも複雑な公立小・中学校の教員人事を

対象として議論を進める。

(1) 公立小・中学校の教員人事の実態と変化

県費負担教職員制度のあらましは第3章で述べたが，改めて確認しておくと以下のとおりである（文部科学省ウェブサイトより)。

①市（指定都市除く）町村立小・中学校等の教職員は市町村の職員であるが，設置者負担の原則の例外として，その給与については都道府県の負担とし，給与水準の確保と一定水準の教職員の確保を図り，教育水準の維持向上を図る。
②身分は市町村の職員としつつ，都道府県が人事を行うこととし，広く市町村をこえて人事を行うことにより，教職員の適正配置と人事交流を図る。

公立小・中学校教職員の転任については，都道府県または政令指定都市が行うことになっている。ただし，実態としては，自治体の地理的な事情（当該自治体の面積や交通事情，過疎地やへき地，島しょ部などを多く抱えているかなど)や，当該自治体の人事方針・戦略などによって，実際にどのような異動が行われているかが異なる。

川上（2013）によれば，都道府県における公立小・中学校教員の異動に関しては「本庁型」「中間型」「市町村型」の3つのパターンがあるという。「本庁型」は都道府県教育委員会が実質的に人事を決めており，異動の範囲もへき地や島しょ部などを含んで比較的広いことが多い。「中間型」は都道府県教育委員会の出先機関として域内の数カ所に置かれる教育事務所が人事の調整を行っており，その管轄する範囲内である複数の市町村を束ねた範囲で異動が行われることが多い。「市町村型」は市町村教育委員会の裁量が実質的に大きく，異動は狭い範囲になることが少なくない。また，市町村教育委員会同士の調整で人事が決まることもある。このように同じ県費負担教職員制度の下でも，都道府県が置かれた地理的条件や人事戦略によってその運用実態は大きく異なっている

(本多・川上編著 2022)。

一方で近年では，2005 年前後に行われた平成の市町村合併によって市町村の区域がそれまでよりも広域になったことや，2007 年の地教行法改正で同一市町村内の転任は市町村教育委員会の内申を踏まえて行うことになったことから，以前に比べてその異動範囲は狭くなっていることが指摘されている（川上 2015)。このことは都道府県全体の均衡を重視する人事から，市町村や教育事務所単位での部分均衡を重視することにつながっており，分権的な人事が可能になりやすい反面で，全体での調整が難しくなってきていることも意味している。異動の範囲が広いか狭いかは，教員の職務経験の幅や人間関係にも影響を及ぼすため，この点についてはより実証的な検討を行うことが求められる。

(2) 学校事務職員と教育委員会事務局職員

教員だけでなく，学校事務職員や教育委員会事務局職員も教育行政・学校経営を支える教職員として重要な立場にある。これらの人事についても簡単に述べておきたい。

学校事務職員は小・中学校と高校で異なる点が多い。小・中学校は多くの場合，教員と同様に県費負担教職員である。また，各学校で事務職員は１名しか配置されないことが多い。それに対して，高校では複数名が勤務する事務室が置かれ，事務長と数名の事務職員が配置されている。そのため，高校では職務分掌がある程度可能であり，小・中とは業務内容が異なる。

学校事務職員の人事，とりわけ採用については，各都道府県・政令指定都市により大きな違いがある。多くの自治体では小・中学校は学校事務として一般行政職とは別に採用するが，高校は一般行政職が異動で数年間勤務する。この場合，小・中学校事務に関しては高卒や短大卒の区分のみで採用する（大卒は採用しない）ことも少なくない。そのほかには，高校だけでなく小・中学校の学校事務も別区分にせず，一般行政職を配属させる自治体もあれば，小・中事務と高校事務を分けてそれぞれ一般行政職とは別に採用することもある。

学校事務職員に関しては，最近では教員の多忙化を改善するための「チーム学校」の取り組みを担う専門職員として注目される。単に給与の処理や物品の購入だけでなく，校務の効率化など教員の事務的負担の軽減，さらには学校経営への貢献などの役割が期待されている。また，事務の共同実施や，学校事務センターなどを設置して，そこに職員を集約し，事務処理の効率化を図っている自治体もある。

教育委員会事務局職員については，首長部局で採用された一般行政職員と，教員出身の職員（多くは指導主事として教育委員会に配置される）で構成されることが多い。都道府県では先程述べた学校事務職員も教育委員会事務局に多く配置されている。いずれも数年程度教育委員会に勤務した後は，首長部局や学校に戻ることが多いため，教育委員会事務局内部で長く勤務して経験を蓄積する職員は少ないのが実情である。そのため専門性が事務局内部に蓄積されず，結果的に一般行政職員は給与や会計などの管理，指導主事は学校への指導・助言といったような役割分担がなされ，相互の理解が進まないことがある。一方で教育行政職員の専門性を高めることや教育行政に携わりたい志望者を集めることを目的として，首長部局とは別に教育行政職採用を行う都道府県もいくつか見られる。また，採用は首長部局と分けないが，教育委員会事務局に長期間勤務する職員を戦略的に配置し，教育行政職を養成している京都市のような事例もある（青井 2022）。ただし，市町村では事務局の規模がそう大きくないこともあって，こうした教育行政職採用は一部を除きほとんど行われていない。

（3）今後の課題と論点

近年では教員の労働環境の悪化にともない，一部の教科を教えられる教員がいない，あるいは担任がいないなど，教員不足が各地で問題となっている。また，年齢の偏りや，採用人数が時期によって大きく異なることも課題である。40 歳代前後の中堅層の教員が極端に少ない自治体が多く，これらの世代の教員が学校にほとんど配置されていないため，若手教員への指導が十分になされていないとの指摘がある。また，指導主事や学校管理職（校長，副校長・教頭など）のなり手が少なくなっている。

教員の不足や年代別のバランスの問題を改善するために，自治体ではさまざまな工夫を行っている。例えば人数が少ない年齢層の教員を増やすために採用試験の年齢制限を緩和する，社会人や他県の教員経験者が受験しやすいようにするなどである。近年では大学 3 年生から教員採用試験の一部を受験できる自治体も現れている。また，非正規雇用（育休代替など任期付の常勤，非常勤）を用いることで，年度ごとの採用数の多少をなるべく抑えようとすることがあるが，非常勤講師は研修を受けないまま教壇に立つことになるなど，デメリットも小さくない。さらにこのような非正規雇用が多くなると，不安定な身分を敬遠して教職志望者自体が減少してしまう危険がある。

2. 教員給与の仕組みと課題

（1）教員給与の決定

人事と併せて教員の量・質を確保するうえで重要なのが給与である。教員給与に関しては，とりわけ県費負担教職員の給与を負担している都道府県では全体の予算の中でもその比重が大きい。都道府県では教育費の占める割合は予算全体の 20% ほどを占めており，自治体財政全体から見ても教員給与の水準をどう定めるかは非常に重要である。

公立学校の教員給与は，2004 年度からは都道府県の条例で決まることになっている（後述するが，2017 年度からは政令指定都市も独自に条例で決めている）。2003 年度までは，国立学校の教職員に準拠して公立小・中学校の給与が決定されていたが，2004 年度に国立大学が法人化された際に国立大学附属学校の教職員が非公務員化されたため，国立学校の教育職給与表が消滅した。そのため，それ以降は条例で給与を定めることになっている。

公立学校の教員給与については，一般行政職の給与におおむね連動しており，そこに教員独自の要素を加味して決められている。一般行政職については，公務員は労働基本権が制約されているため，その代替措置として自治体に置かれる人事委員会が民間企業の給与を毎年度調査し，その結果に基づき首長に対して勧告を行ったうえで，それを尊重して給与を決めることになっている。したがって，地域の民間企業（企業規模・事業所規模がともに 50 人以上の事業場が対象）の給与動向に基づいて一般公務員の給与水準が定まり，それに基づき教員給与が決定されるという仕組みになっている。なお，国立・私立学校については労働基準法に準拠することになっているため，民間企業と同様に労使交渉によって給与が決められる。

教員給与については一般公務員の給与決定の仕組みと類似しているが，次の 3 点については一般公務員とは異なる独特な仕組みを採っている。

第一に，公立小・中学校等の教職員は，先に述べたように身分は市町村の職員であるにもかかわらず，都道府県と国が給与を負担しており，設置者負担主義の重大な例外となっている。このような仕組みは一般公務員とは全く異なっており，児童生徒の人数に応じて必要な教職員数を確保することが求められる教員ならではの仕組みである。

なお，政令指定都市についてはこれまでも人事権を有しており，教職員の採用や異動は独自に行っていたが，給与は都道府県が負担しており，人事権と給与負担が一致していなかった。しかし 2017 年度からは政令指定都市が給与負担を行うことになり，一定の財源（道府県住民税の 2 %）が都道府県から移譲された。現時点では都道府県と政令指定都市との間で大きな格差は生じていないが，将来的には給与水準や諸手当に差が出てくる可能性もあり，教員採用や質の確保の点で支障が生じないか注視する必要がある。

第二に，教員は一般公務員よりも給与で優遇することが法律で定められている。1974 年に制定された人材確保法（学校教育の水準の維持向上のための義務教育諸学校の教育職員の人材確保に関する特別措置法）では，「学校教育が次代をになう青少年の人間形成の基本をなすものであることにかんがみ，義務教育諸学校の教育職員の給与について特別の措置を定めることにより，すぐれた人材を確保し，もつて学校教育の水準の維持向上に資することを目的」とし，1970年代に給与引き上げが行われた。これに基づき義務教育教員等特別手当が支給されている。また，高校教員もそれに準じて給与が設定されている。ただし，義務教育教員等特別手当は当初基本給の4％程度であったが，徐々にその割合が低下し，現在では1％台になっており，教員の超過勤務の多さを考慮すると給与面での優遇は失われていると言ってよい。

第三に，教員は一般行政職に支払われている時間外勤務手当が支給されておらず，代わりに本俸の4％に相当する教職調整額が一律に支払われている。

教員は以前から時間外勤務手当が支払われないことになっており，代わりに超過勤務を命じないことになっていた。しかし実際には超過勤務が行われていたため，1960年代までに多くの都道府県で時間外勤務手当の支給を求める訴訟が提起されるなど問題が生じていた。そこで文部省は1966年に教員勤務の実態を調査し，その結果を基に，1971年に給特法（公立の義務教育諸学校等の教育職員の給与等に関する特別措置法）を制定した。給特法では，教員の勤務態様の特殊性を踏まえ，教員については，時間外勤務手当を支給しないこととし，代わりに勤務時間の内外を問わず包括的に評価した処遇として，給料月額の4％に相当する教職調整額を支給することになった。また，教員については原則として時間外勤務を命じないこととし，命じる場合は（1)生徒の実習，(2)学校行事，(3)職員会議，(4)非常災害等のやむを得ない場合の4項目（いわゆる超勤4項目）の職務に限定することとした。

教職調整額の4％という数字の根拠は，1966年の教員勤務実態調査で教員の残業がおおよそ月8時間程度であり，それに見合った金額であると説明されている[1]。しかし，後で述べるように現在，教員の超過勤務はその水準を著しく超えており，教職調整額の制度と実態が大きくかけ離れている。また，実際には超勤4項目以外で多くの時間外勤務が生

1　月8時間程度という数字は教材研究等を除いた値であり，当時の正確な勤務実態を反映していないものであるとの指摘もある（高田 1976)。

じているにもかかわらず，制度上ではそれらは教員の自発的意思に基づくものであるとされている。こうした事情から，教職調整額の在り方は中教審に諮問され，学校の働き方改革特別部会において検討がなされたが，2019年の中教審答申「新しい時代の教育に向けた持続可能な学校指導・運営体制の構築のための学校における働き方改革に関する総合的な方策について」では，給特法については当面現状維持が望ましいとされた。

（2）学級編制と教職員配置

教員の人事・給与システムを考える際には，教員の人数をどう決定するか，またそれを各学校にどのように配分するかという教職員配置の仕組みを理解することが欠かせない。

諸外国では，児童生徒の人数に比例して教員給与を含めた教育費を決定する考え方（いわゆる「パーヘッド」）を採ることがあるが，日本では学級数をベースとして教員数を決定する仕組みが採られている。以下，公立小・中学校の教員を対象としてその概要を説明する。

教員の定数は，大きく基礎定数と加配定数からなる。基礎定数は，児童生徒の人数によって学級数が決まり，それによって計算される教員定数である。加配定数は，基礎定数とは別に，少人数指導の実施，いじめや不登校等への対応などの課題解決のために基礎定数とは別に国が都道府県・政令指定都市（以下，「都道府県等」とする）に配分している。全体の約9割が基礎定数，約1割が加配定数である。

基礎定数については，学校ごとに次年度に予想される児童生徒数を基に，各学校の学級数を求める。この際の学級編制の国の標準は，長らく40人であったが，2011年度に小学校1年生のみ35人に引き下げられた。その後，2021年度から5年間をかけて，小学校全学年の標準を35人にすることとなっている。本テキストの執筆時点（2023年）では中学校は全学年40人である。

国の標準（**表6-1**）に基づいて各学校の教員数を計算したのち，それを都道府県等ごとに積算した人数が各都道府県等の基礎定数となる。

表 6－1　学校規模別教職員配置の標準（例）（小学校）

（単位：人）

学級数	校　長	副校長・教　頭	教諭					教員計	養護教諭	事務職員	合　計
			学級担任	担任外	生徒指導	指導方法工夫改善	小計				
3 学級	1	－	3	0.75	－	－	3.75	4.75	1	0.75	6.50
6 学級	1	0.75	6	1.00	－	0.25	7.25	9.00	1	1	11.00
12 学級	1	1	12	1.50	－	0.50	14.0	16.00	1	1	18.00
18 学級	1	1	18	2.60	－	0.75	21.35	23.35	1	1	25.35
24 学級	1	1	24	3.00	－	1	28.0	30.00	2	1	33.00
30 学級	1	2	30	3.50	0.5	1	35.0	38.00	2	2	42.00
36 学級	1	2	36	3.90	0.5	1.25	41.65	44.65	2	2	48.65
42 学級	1	2	42	4.50	0.5	1.25	48.25	51.25	2	2	55.25

＊　上記の定数のうち，教諭の指導方法工夫改善に係るもの及び養護教諭については，児童数に応じて算定されるが，1 学級 40 人在籍と仮定して算出。

＊　他に，教諭の少人数指導等の加配定数，事務職員の加配定数などがある。また，学校給食の実施状況等に応じて，栄養教諭等の定数が加わる。

（出典：中央教育審議会初等中等教育分科会「新しい時代の初等中等教育の在り方特別部会（第 6 回）」会議資料 https://www.mext.go.jp/content/20200221-mext_syoto02-000005120_5.pdf　最終閲覧日：2023 年 2 月 15 日）

それに国から都道府県等に配分される加配定数を加えたものが各都道府県等の教職員定数の標準となる。国はこうして計算された教職員定数の標準から求められる教職員給与の 3 分の 1 を国庫負担金として支出し，残りの 3 分の 2 は都道府県等が負担する。ただし，都道府県等の負担分については地方交付税交付金の基準財政需要に算入されるため，住民税など自治体の自主財源で不足する分に関しては地方交付税交付金で補填される。

上記はあくまで国の標準であり，実際の学級編制の基準は最終的には市町村で定めることができる（2011 年度までは都道府県の同意が必要であったが現在は届出でよい）。ただし，実態としては都道府県の学級編制基準をそのまま適用する自治体が多い。これは，市町村独自の少人数学級編制は財政負担が小さくないことや，都道府県による少人数学級編制は一部加配定数を用いることができるといった事情が大きい。

表６－２　県費負担教職員配置基準（2021 年度）の例（青森県）

学級数	1	2	3	4	5	6	7	8	9	10	11	12	13	14	15
教員数	2	3	4	5	6	8	9	10	11	12	13	14	15	16	18
学級数	16	17	18	19	20	21	22	23	24	25	26	27	28	29	30
教員数	19	20	21	22	23	24	25	26	27	28	29	31	32	33	34

注：教員数には教頭を含む。校長，養護教諭，事務職員，栄養教諭・学校栄養職員等は含まない。

（出典：青森県ウェブサイト　https://www.pref.aomori.lg.jp/soshiki/kyoiku/e-kamikita/files/somu.pdf　最終閲覧日：2023 年２月 15 日）

各学校への教職員配置は都道府県等がその基準を設けていることが多い。**表６－２** は青森県の例であるが，例えば 18 学級の小学校には校長等を除き教員 21 名（教頭を含む）を配置するといった基準が設けられている。この人数は自治体によって多少差がある。国の標準では 18 学級の小学校では教頭（副校長），教諭が合計 22.35 名配置されることになるが，青森県の配置基準では 21 名となっており，国の標準よりも 1.35 名少ない。もし，18 学級の小学校が県内に３校あれば，おおよそ教員４名分（1.35×３＝4.05）の定数を（国からの加配定数とは別に）県で自由に差配することができる。都道府県等はこうして生み出した若干の余裕を独自の加配などに充てている。そのほかに都道府県等が全額費用を負担して教員加配をすることもある。

以上のように教職員配置は少々複雑な仕組みとなっているが，まとめると（1）国の学級編制の標準に基づいて各学校の学級数を計算し，そこから各都道府県等の基礎定数を求める，（2）そこに国からの加配定数を加えたものを各都道府県等の教職員定数とし，それを基に各都道府県等の教職員給与の総額を計算してその３分の１を国庫負担として支出，（3）（法制度上の権限は市町村であるが実態として）各都道府県等は学級編制の基準を設定し，それを基に各学校の学級数を改めて計算し，各都道府県等の教職員配置基準に基づいて各学校の教員数を計算，（4）以上の計算で求めた教職員定数を実際に各学校に配分する（加配などの分が加わることもある)，という流れで教職員配置がなされることが多い[2]。

このように児童生徒1人当たり教育費ではなく学級を基礎とした教職員配置が行われてきたことは，へき地や小規模校にも比較的教員が手厚く配置されてきた側面がある。また，義務教育費国庫負担金に加えて，自治体の負担分も地方交付税交付金に全額算入されたため，児童生徒1人当たり教育費が自治体の財政力に大きく影響されなくなるなど，義務教育における格差是正と平等に資してきたことが指摘できる。教育社会学者の苅谷剛彦は，これを「面の平等」と呼んだ（苅谷 2009）。一方で，こうした仕組みが，画一的な学校教育を生み出してきたとの指摘もある。

一方で，2000年代以降の少子高齢化や過疎化の進行と，学級編制と教職員配置の仕組みが変わったことなどから，以前に比べると地域ごとの格差が生じ始めている面もあるように思われる。

一つは，学校統廃合である。特に地方では少子化により学校の統廃合が急速に進んでおり，へき地や小規模校がそもそも維持できなくなっている。小学校数は1989年の24,851校から，2022年には19,161校へ，中学校は同じく11,264校から10,012校と，平成以降の約30年間強で小学校は20%以上，中学校は10%以上減少した。

もう一つは，義務教育費国庫負担金制度の変化である。地方分権を進めるため，2004年に義務教育費国庫負担金に総額裁量制が導入され，教職員人件費であれば非常勤講師などにも国庫負担金を使用できることになった。さらに，2006年からは，義務教育費国庫負担金の割合が2分の1から3分の1に引き下げられ，都道府県等の負担が半分から3分の2に引き上げられた。都道府県等の税収が不足する場合は前述のとおり，国からの地方交付税交付金でまかなわれるが，使途が限定されている（特定財源という）国庫負担金と異なり，地方交付税交付金はいったん交付

2　スクールカウンセラー，スクールソーシャルワーカー（いずれも詳しくは第9章を参照）は，2023年時点では教職員定数に含まれておらず，国庫負担の対象とはなっていない。

された後は使途が自由であるため（一般財源という），都道府県の裁量がそれまでよりも大きくなった。

これらの制度変更後，いくつかの変化が生じたと言われる。一つは，非常勤講師など非正規採用の教員が増加したことである。正規教員を雇用する経費で複数の非常勤講師などを雇用する動きが強まり，身分の不安定な教員が増加し，非正規教員が担任を持つことも多くなった。もう一つは，教員の人件費総額が国の標準を下回る都道府県が半数近く（2008年で16道府県）を占めるなど，人件費の削減が進んだことである（小川 2010）。**図6－1**はこのことを示した図であるが，国の標準では左の四角形の面積（教職員数の標準×教職員あたり給与単価）が教員給与として想定されているのに対し，右の四角形では人件費総額が国の標準を下回っている。そのため，標準に沿って計算される総額と実支出額の差額の3分の1は国庫負担金を使い切ってないことになり，国に返還しなければならない。しかし，それを承知の上で，残りの3分の2を他の予算に流用，あるいは予算の削減に用いる自治体が多く現れた。

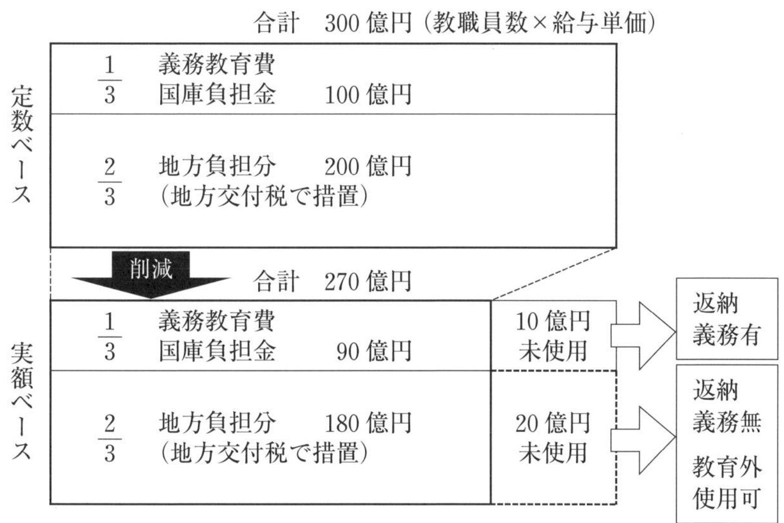

図6－1　総額裁量制における都道府県の教職員人件費のイメージ

（出典：山下（2018），p.29）

こうした自治体では，教員数それ自体を減らすというよりは正規教員の採用を減らして非正規教員に置き換えることで人件費の総額を節減している。国の標準で計算した正規教員数を実際に充たしているのは東京都のみで，他の都道府県では正規教員数は国の標準を下回っているのが実情である。ただし，教員数自体は標準で想定されている教職員数を確保しており，正規教員を非正規教員に置き換えていることがわかる。教職員数の約7％が臨時的任用や非常勤講師であるが，都道府県によってはその割合が15％ほどに達していることもある。

以上に述べた通り，学級編制と教職員配置の仕組みは地域間格差を一定程度抑制し，良くも悪くも均質な学校教育を実現してきたと考えられる。ただし，近年の制度変更（総額裁量制，国の負担率引き下げ）はこうした点に影響を及ぼしている。

一方で，正規教員数の削減は教員を狙い打ちにしているというよりは，地方公務員全体の行政改革や職員数削減の影響を強く受けている。むしろ，一般行政職の削減に比べると，国の標準等で定数が決められている教員や警察官は職員数の減少が少ない（青木 2015）ことは，教育学ではあまり指摘されていない。教育行政だけでなく，一般行政も含めた行政改革や職員削減の在り方も視野に入れて，教職員の確保や配置の在り方を考えることが求められる。

3．教員の働き方改革

（1）教員の多忙化と教員勤務実態調査

近年深刻化する教員のなり手不足の背景として指摘される教員の多忙化と長時間労働は，教育界のみならず社会全体にとって解決すべき社会問題として認識されるようになった。その契機となったのが，給特法制定のきっかけとなった1966年の調査以来40年ぶりに行われた2006年の教員勤務実態調査である。この調査で教員の勤務時間が週あたり50時間以上（すなわち週あたりの残業が10時間強）と，給特法の想定を大きく超えていることが実証的に明らかになった。これ以降，各地の教育委員会や学校などでノー残業デーや校務の見直しなど，超過勤務の縮減に向けた取り組みが行われた。しかしそれにもかかわらず，その 10 年後に行われた 2016 年の教員勤務実態調査では，2006 年に比べて教員の超過勤務がさらに増加していた。中学校教員の約 6 割が過労死ラインとされる週 80 時間を超える超過勤務を行っていることが明らかとなり，その対策と改善が喫緊の政策課題となった。

さまざまな施策が行われたにもかかわらず教員の超過勤務がさらに増加した理由としては，主に次の 3 点が考えられる（小川 2017）。一つは，時間外勤務手当の代わりに一律の教職調整額を支給することとした給特法の存在が超過勤務の増大を招いてきたと考えられることである。超過勤務が増えても時間外勤務手当を支給する必要がないため，超過勤務の歯止めとなる仕組みが弱く，それが教員の長時間労働を助長してきたとの批判である。もう一つは，日本の教員は教科指導だけでなく生徒指導や進路指導，課外活動である部活動，さらには学校納付金の集金などの各種事務といった幅広い業務を行っていることである[3]。最後の一つは，近年の学力向上に向けたさまざまな取り組みの実施や授業時間の確保にともなう長期休暇の短縮などにより，授業やその準備にかかる時間も増加していることが考えられる。2016 年に告示された学習指導要領では，小学校において従来の時間数を変えないまま外国語が教科化されて全体の標準授業時間数が増えるなど，本務である授業やその準備も負担が増している。

教員の超過勤務の縮減は業務の見直し・削減はもちろん必要であるが，同時に人員の確保も求められる。小学校の学級編制基準を 35 人に引き下げるなどの施策が近年行われているが，教員不足は依然として深刻である。また，諸外国に比べて日本では事務職員やスクールカウンセラー，スクールソーシャルワーカーなど教員以外の専門スタッフが少ないという特徴があるため，文部科学省は教員とそれら専門スタッフが連

3　2018 年に実施された OECD（経済協力機構）の国際教員環境調査（TALIS）では，日本の中学校教員は参加 48 カ国・地域中で最も労働時間が長い（週 56.0 時間（平均は週 38.3 時間））が，授業時間は平均に満たない（18.0 時間（平均は 20.3 時間））との調査結果であった。

携して多忙化を解消しようとする「チーム学校」を推進した。しかし，現時点では事務職員を除き，専門スタッフの多くは非常勤であり，配置の規模も小さいため，教員の多忙化が解消されるには至っていない。

（2）給特法の在り方をめぐって――2019年中教審答申の概要

こうした状況を受けて，2017年6月に文科大臣から中教審に「新しい時代の教育に向けた持続可能な学校指導・運営体制の構築のための学校における働き方改革に関する総合的な方策について」の諮問が行われ，翌7月に設置された学校における働き方改革特別部会では詳細な審議が行われた。特別部会は21回にわたって審議を行い，2019年1月に答申を提出した。この間，中教審は2017年8月に「学校における働き方改革に係る緊急提言」で教員の勤務時間の管理や休憩時間の確保，統合型校務支援システムの導入や給食費の公会計化などの業務改善などを提言している。また，文部科学省は答申の直前（2019年1月）に，教員の時間外勤務を1カ月45時間以内，年間で360時間以内とする「公立学校の教師の勤務時間の上限に関するガイドライン」を発表している。

働き方改革特別部会では，財政的な事情から現行の教職員人件費を大きく変えないことを前提として，勤務時間管理の徹底や上限ガイドラインの実効性を高めること，学校及び教師が担う業務の明確化・適正化，学校事務の適正化と事務処理の効率化など，さまざまな方策を提言した。しかし，最も大きな論点は，長時間労働を制度的に助長していると指摘されることが多い給特法の取り扱いや存廃をどのようにするかという点であった。

給特法については，審議過程でその存廃も含めてさまざまな議論があったが，答申では，「給特法を見直して労基法を原則とすべき，という意見に対して，教育の成果は必ずしも勤務時間の長さのみに基づくものではなく，人確法も含めた教師の給与制度も考慮した場合，必ずしも教師の処遇改善にはつながらないとの懸念」があること，「超勤4項目の廃止や36協定を要するとすることは，現状を追認する結果になり，働き方の改善につながらない，また，学校において現実的に対応可能ではない」，「したがって，給特法の基本的な枠組みを前提に，働き方改革を確実に実施する仕組みを確立し成果を出すことが求められる」として，給特法の見直しは中長期的な課題ではあるが，当面は現在の制度のまま維持することとした。併せて，自治体の判断で一年単位の変形労働時間制を導入し，繁忙期には定時の労働時間を８時間よりも長くする代わりに長期休暇中などに休みをまとめて取れるような仕組みを検討すべきであると提言した。

（３）教員の働き方改革をめぐる今後の課題

中教審働き方改革特別部会で示された制度改革の方向性については，賛否両論さまざまであるが，その後の状況を見ると，現場の負担は依然重いままである。中教審答申での提言は，教職員人件費総額を増やさない前提での改革である以上，その効果は限定的にならざるを得ない。給特法の取り扱いをどうするかは引き続き検討すべき重要な問題として残されている。

今後の課題についてはさまざまな角度からの指摘がありうるが，ここでは次の３点を挙げておきたい。第一に，教師という仕事をどのように位置付けるかという点で言えば，中教審は「専門職」というよりはむしろ「労働者」として教師を捉える性格が強かったように思われる。一方で「専門職」としての働き方を重視するのであれば，授業の内容だけでなく，勤務時間に関しても教師に裁量を委ねる方向で改革を進めるという考え方もありえる。裁量労働制を導入しても労働に過度な負荷がかからないような教師の在り方を目標として定める，という方向性である。単に労働時間縮減だけでなく，教師という職業の性質や在り方をどのように考えるか，という議論が働き方改革を進める上では重要である。第二に，超過勤務の縮減を行う上で制度改革は極めて重要であるが，単に労働時間を減らすことを目的にするだけでなく，同時に学校の文化や教師，あるいは学校に過度の管理を求める社会の意識を変えられるような制度改革を追求することが望まれる。学習面だけでなく児童生徒の生活全般を抱え込まざるをえない学校の現状をどう変えていくかが問われている。第三に，今回の議論では初等中等教育の教員が主な対象であったが，幼児教育・保育や高等教育の教職員も，以前に比べてその業務負担は大きくなっていると考えられる。また，学校事務職員や教育行政職員も同様である[4]。現状の議論は義務教育や高校の教員のみが対象となっているが，今後は教育にかかわる他の職についても働き方改革を考えていく必要がある。

研究課題

① 教員の人事や給与システムの特徴を，一般の行政職公務員のそれと比較しながらまとめなさい。

② 中教審答申「新しい時代の教育に向けた持続可能な学校指導・運営体制の構築のための学校における働き方改革に関する総合的な方策について」(2019 年 1 月) を読み，給特法の今後の在り方について，自分の考えを述べなさい。

③ 上記の答申から，教員の働き方改革については給特法の在り方の他にどのような点が重要と思われるか，自分の考えを述べなさい。

---

4 なお，教育委員会事務局で勤務する教員出身者は，いったん退職して行政職として教育委員会に再度採用される場合（「割愛」と呼ばれる）と，教員の身分のまま教育委員会に異動になる場合（指導主事の場合，「充て指導主事」という）がある。同じ教育委員会事務局で働いているにもかかわらず，前者は時間外勤務手当が支払われるが，後者は教職調整額が支給される一方，時間外勤務手当は支給されない。

参考・引用文献

- 青井拓司（2022）『教育委員会事務局の組織・人事と教育行政プロパー人事システム―地方教育行政における専門家と総合化の融合に向けて』学校経理研究会
- 青木栄一（2015）「教育行政の専門性と人材育成：信頼低下がもたらす制度改革」『年報行政研究』(50)：24-56.
- 小川正人（2010）『教育改革のゆくえ：国から地方へ』筑摩書房
- 小川正人（2017）「学校における働き方改革の論点と展望」『教育展望』63(10)：56-60.
- 苅谷剛彦（2009）『教育と平等：大衆教育社会はいかに生成したか』中央公論新社.
- 川上泰彦（2013）『公立学校の教員人事システム』学術出版会
- 川上泰彦（2015）「教員人事行政と学校・自治体の教育行政ガバナンス―ガバナンスの「単位」をどう考えるか」坪井由実・渡部昭男・日本教育行政学会研究推進委員会（編）『地方教育行政法の改定と教育ガバナンス：教育委員会制度のあり方と「共同統治」』三学出版
- 高田晃（1976）「教員の時間外労働について―給特法の私学への導入問題に関連して」『同志社法学』27(4)：pp.558-572.
- 本多正人・川上泰彦編著／小川正人・植竹　丘・櫻井直輝著（2022）『地方教育行政とその空間―分権改革期における教育事務所と教員人事行政の再編』学事出版
- 山下晃一（2018）「教育行政における地方分権・規制改革の展開と課題」日本教育経営学会編『現代教育改革と教育経営（講座現代の教育経営１）』学文社

7　公教育財政支出の現状と課題

村上祐介

《目標＆ポイント》 本章では日本の公教育財政支出の概要を述べるとともに，その特徴を考える。日本の公教育財政支出が少ないことはよく知られているが，少子化や学校段階ごとの違いを考慮するとより詳しく特質が見えてくる。それらを踏まえて，次になぜ日本の公教育費は「少ない」と考えられるのかを，教育学や行政学の知見を基に検討する。最後に，そうした日本の公教育費支出の特徴がいかなる影響をもたらしているのかについて考察する。

《キーワード》 公教育財政支出，公教育費，文教関連予算，教員給与，人事院勧告，教員数，教職員定数改善計画，幼児教育・高等教育の無償化・負担軽減

1. 公教育財政支出の現状

（1）国，自治体の教育費支出と歳入の概要

①自治体の教育費支出

まず，国・自治体を通じた財政支出について，コロナ禍以前の2019（令和元）年度の状況を記した総務省『地方財政の状況』（2021年3月）から確認する。2019年度の国と自治体の歳出純計額は172兆2,667億円である。そのうち，社会保障関係費が34.7%，公債費が20.0%と大きな割合を示すが，それに次ぐ11.9%を教育費が占めている。

教育費の特徴として，国よりも自治体の負担比率が大きいことが挙げられる。学校教育費（87%）・社会教育費（81%）の自治体の負担比率は衛生費（98%）に次いで大きく，国土開発費（都市計画，道路，公営住宅など）（72%），民生費（70%）などよりも大きい。教育費の決算額は17兆5,235億円で，歳出総額に占める比率は**図7-1**にあるとおり17.6%（都道府県20.6%，市町村12.6%）と民生費に次ぐ大きさであ

る。都道府県では義務教育教職員の給与の3分の2を負担しているため，歳出総額に占める比率が高くなっている。

図7－2は教育費の性質別内訳を示しているが，都道府県では教育費の75%を人件費が占めている。市町村では普通建設事業費が教育費の25.5%と大きな比重を占めているが，人件費も32.1%となっている。市町村では学校建設のほか，政令指定都市では義務教育教職員の給与を負担しているため，人件費も相応の支出となっている。

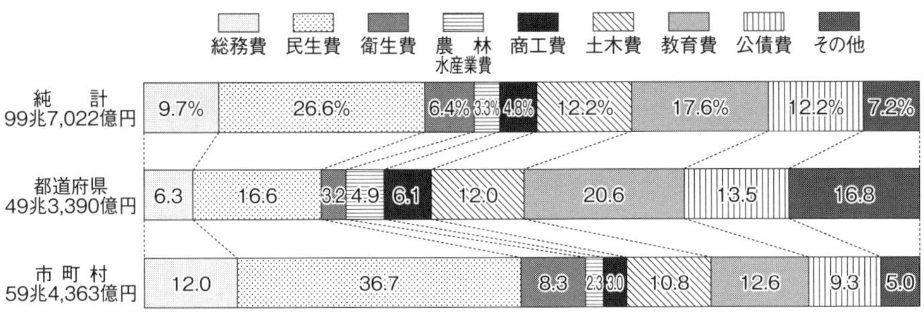

図7－1　目的別歳出決算額の構成比（2019（令和元）年度）

（出典：総務省『地方財政の状況』（2021年3月））

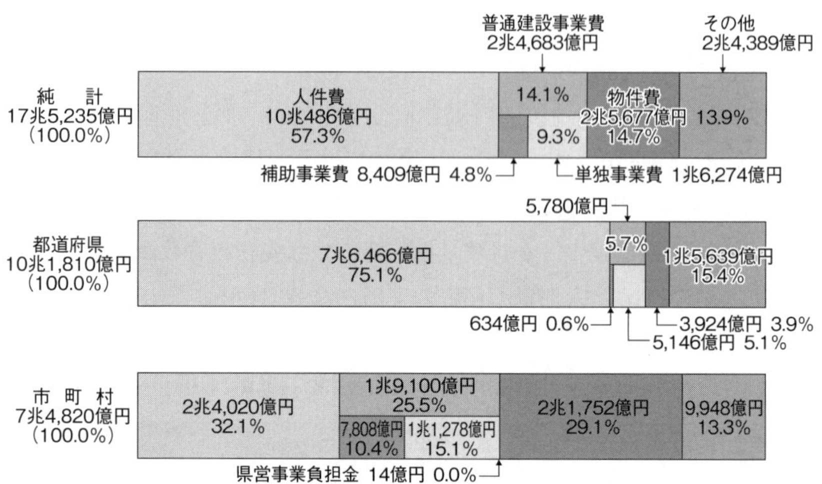

図 7－2　教育費の性質別内訳（2019（令和元）年度）

（出典：総務省『地方財政の状況』（2021 年 3 月））

②国の教育費支出

国の予算は 2022（令和 4）年度は 107 兆 5,964 億円である。そのうち，文部科学省所管一般会計予算は 5 兆 2,818 億円と，国の予算全体のおおよそ 5 % 弱である。その内訳は**図 7－3** に示したとおりである。主な支出としては，第 1 に義務教育費国庫負担金（1 兆 5,015 億円）である。これは義務教育教職員の給与の 3 分の 1 を国が負担しており，その支出である。第 2 に国立大学法人運営費交付金（1 兆 786 億円）である。これは国立大学の運営のために支出される経費であるが，2004 年の国立大学法人化以降毎年度 1 % ずつ減少し，下げ止まった時期はあったものの法人化直後と比べて 15% ほど減少している。第 3 に，科学技術予算（9,775 億円）である。そのほかに，授業料補助など，高校生等への就学支援（4,300 億円），私立大学・高専への私学助成関係予算（4,094 億円）などの支出がある。

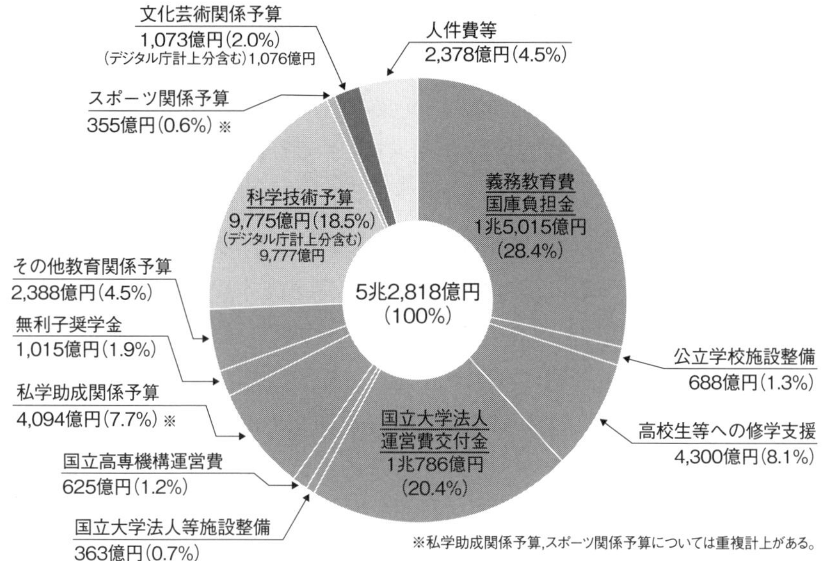

図７-３　2022（令和４）年度文部科学省所管一般会計予算の構成

（出典：文部科学省ウェブサイト　https://www.mext.go.jp/content/20211223-mxt_kouhou02-000017672_1.pdf　最終閲覧日：2023年２月20日）

（２）公教育財政支出の国際比較

日本の公教育財政支出が国際的に見て少ないことは，マスメディアなどでも時折報じられる。この根拠となっているのは公教育財政支出の対GDP（国内総生産）比である。確かに，この指標では日本はOECD（経済協力開発機構）に加盟する先進国30数カ国の中で最下位に近いグループに属する。一方で，日本など少子化が進んでいる国では自ずと教育費支出は少なくなる。少子化の影響を考慮するには，在学者１人当たりの教育支出水準を合わせて検討する必要がある（村上・橋野 2020）。

表７-１は，GDPに関する購買力平価により米ドルに換算した公教育財政支出対GDP比（**表７-１**の（a1）・（a2）），及び１人当たりの教育支出水準（b1～b5）である。なお，就学前教育については，乳幼児のケアサービスの主体の相違（公的セクターか私的セクターかなど）によって大きく異なってくるため比較には留意が必要である（村上・橋野 2020）。

表７-１を見ると，確かに公教育財政支出対GDP比（（a1）・（a2））

は，日本は就学前教育 0.20%，初等～高等教育 2.86% と，いずれもアイルランドに次いで少なく，OECD 諸国の平均値である就学前教育 0.64%，初等～高等教育 4.04% に及ばない。

ただし，1 人当たり教育財政支出（US ドル）に換算すると，初等教育，前期中等教育は OECD 加盟国平均を上回り，中央値に近い数値になる。後期中等教育に関しては，OECD 加盟国平均を 1 割以上上回る支出水準となっている。一方で，就学前教育と高等教育については，いずれも OECD 加盟国平均の 6 割程度に過ぎず，1 人当たり教育財政支出を考慮しても，先進国に見劣りすることがわかる。

こうした背景には，日本では戦前戦後を通じて財政基盤を確立する上で義務教育段階の公立学校，とりわけその人件費や施設整備費が最も優先されてきたことが考えられる（村上・橋野 2020）。他方で，就学前教育や高等教育は相対的に公財政支出がより軽視されてきたと言える。

以上に述べたことから，「日本の公教育財政支出は少ない」という主張は，どの指標を重視するかによって異なってくる。公教育財政支出対 GDP 比は先進国中では最も低い部類に入るが，少子化の影響を考慮して在学者 1 人当たりの教育支出水準を採ると，就学前を除く初等中等教育はおおむね先進国平均並みかそれをやや上回る。ただし，先進国の中で非常に多いというほどではない。また，就学前教育，高等教育については，少子化の影響を除いても公財政支出は過小である[1]。全体としては日本の公教育財政支出は少ないとして差し支えないと思われるが，少子化の影響を考慮すると，初等中等教育の公財政支出は先進国の中で平均的，というのが大まかな理解になるだろう。

1　**表 7 - 1** は 2017 年度のデータであるため，2019 年度から開始された幼児教育・保育の無償化・負担軽減や，2020 年度から開始された高等教育の無償化・負担軽減の影響は考慮されていないことは留意する必要がある。

表７-１　各国の教育財政支出

	教育財政支出／GDP（%）		1人当たり教育財政支出（USドル）				
	就学前（a1）	初等-高等（a2）	就学前（b1）	初等（b2）	前期中等（b3）	後期中等（b4）	高等（b5）
オーストラリア	0.59	3.95	4,941	8,314	10,704	9,603	7,390
オーストリア	0.69	4.49	9,342	12,213	16,082	15,889	17,390
ベルギー	—	5.25	—	10,666	13,949	14,027	16,020
カナダ	—	4.51	—	9,303	—	12,621	13,310
チリ	1.21	3.96	5,544	4,348	4,498	4,161	3,447
コロンビア	0.48	3.82	—	2,278	2,913	2,240	2,330
コスタリカ	—	5.64	—	—	—	—	—
チェコ	0.55	3.16	5,487	5,488	9,265	8,498	8,376
デンマーク	1.63	5.37	14,899	—	—	—	—
エストニア	1.23	3.84	6,872	7,141	7,275	6,880	10,536
フィンランド	1.15	5.03	11,844	9,548	15,264	8,107	16,286
フランス	0.75	4.52	8,310	7,546	10,207	13,372	13,057
ドイツ	0.93	3.63	10,773	8,343	10,437	13,480	15,342
ギリシャ	—	3.14	—	—	—	—	—
ハンガリー	0.83	3.35	6,574	5,065	4,851	7,809	8,429
アイスランド	1.74	5.52	15,122	12,862	15,069	11,096	14,624
アイルランド	0.17	2.85	3,828	7,334	8,976	7,937	11,240
イスラエル	1.26	5.01	3,683	8,139	—	8,071	6,689
イタリア	0.53	3.32	7,702	8,589	9,446	10,205	7,559
日本	0.20	2.86	3,870	8,159	9,719	10,643	5,884
韓国	—	3.63	—	10,218	11,000	12,569	4,055
ラトビア	0.86	3.42	5,968	6,030	6,137	7,260	4,990
リトアニア	0.89	2.92	5,737	6,013	5,685	5,692	5,435
ルクセンブルク	0.50	3.03	18,961	18,605	21,801	21,190	46,306
メキシコ	0.54	3.67	2,311	2,466	2,161	3,029	4,594
オランダ	0.37	4.16	6,174	8,101	11,782	12,432	13,671
ニュージーランド	0.95	4.69	7,638	7,075	8,341	10,283	8,161
ノルウェー	1.97	6.44	16,988	13,830	13,830	17,098	21,470
ポーランド	0.83	3.72	5,888	6,930	6,468	6,958	8,091
ポルトガル	—	4.25	—	7,789	9,768	9,297	7,032
スロヴァキア	0.60	3.12	5,373	6,283	5,625	6,773	7,990
スロヴェニア	1.06	3.75	7,153	8,205	10,265	7,344	10,556
スペイン	0.75	3.46	5,893	7,075	8,295	9,286	8,909
スウェーデン	1.83	5.19	14,534	12,189	12,894	12,427	21,492
スイス	0.40	4.52	—	—	—	—	—
トルコ	—	3.77	—	2,928	2,862	4,226	7,719
イギリス	0.44	4.13	3,366	9,800	9,923	9,695	7,117
アメリカ	—	4.15	—	11,506	12,477	13,891	11,614
OECD加盟国平均	0.64	4.04	6,745	7,681	9,020	9,175	10,478
OECD加盟国中央値	0.79	3.90	6,374	8,120	9,744	9,450	8,403

注：2017年時点のデータ。1人当たり公財政支出は，筆者の計算による。

（出典：村上・橋野（2020），45頁）

2. なぜ日本の公教育費は「少ない」のか

日本の公教育費はなぜ「少ない」のか，という問いに対しては，先程述べたとおり少子化の影響は無視できないが，初等中等教育の1人当たり支出水準でも平均的かそれをやや上回る水準であり，就学前教育や高等教育も含めると全体としてはやはり少ないと言わざるを得ない。ここでは日本の公教育費の少なさがなぜ生じたのか，という問いを考える。

この問いに関しては大きく2つの仮説が考えられる。一つは，国民の価値観など，制度・政策や行政よりは社会の側の動向に着目する説明である。教育社会学では，中澤（2014）が文字どおり『なぜ日本の公教育費は少ないのか』という著書で，世論が公教育財政支出の拡大を支持しなかったという結論を示している。世論の影響は確かにあると考えられるが，重要な政策決定であるにもかかわらず法制度や行政による影響をほとんど考慮していない点で別の説明が成り立つ可能性がある。

そこでもう一つの仮説として，制度に着目することが考えられる。この点に関して，公教育費の少なさに直接答えているわけではないが，行政学では日本の公務員がなぜ少ないのか，という問いを説明した研究があり（前田 2014），公教育費の少なさの背景を考える上でも示唆に富む。

前田（2014）は，日本の公務員数が国際的に見てなぜ少ないのか，という問いを考える際に，公務員は制度的に給与水準のコントロールが難しく，人件費の硬直化を防ぐために1960年代頃の高度成長期から公務員数を抑制する政策選択を行うことになったことを指摘し，日本の公務員数が少ない途に至ったメカニズムを明らかにした。公務員の給与水準の抑制が難しい理由は，労働基本権を制約され労使交渉による給与決定ができないことの代替措置として設けられた人事院勧告（自治体では人事委員会勧告）によって，民間企業の給与動向にほぼ自動的に連動して公務員給与が決まる仕組みとなっているためである（第6章を参照）。これは公務員の給与を保護する一方で，公務員数を抑制するための行政改革に早い段階で着手することになった背景であったという。

公立学校（国立学校は2003年度まで）の教員も地方公務員（国立学

校は国家公務員）であるため，一般の公務員と同様に労働基本権が制約されている。そのため，基本的には同様のメカニズムで教員数が抑制されたと考えられる[2]。実際に，初等教育，前期中等教育に関してOECD加盟国の教員1人当たり児童・生徒数と15年勤続教員給与（1人当たりGDP比）には正の相関があり（**図7-4，7-5**，いずれも2017年度のデータ），児童・生徒に対して教員数が少ない国ほど給与水準が高いというトレードオフの関係がある。日本（図中の▲）は相対的にやや給与水準が高く，教員数が少ない位置に属する[3]（村上・橋野 2020）。人材

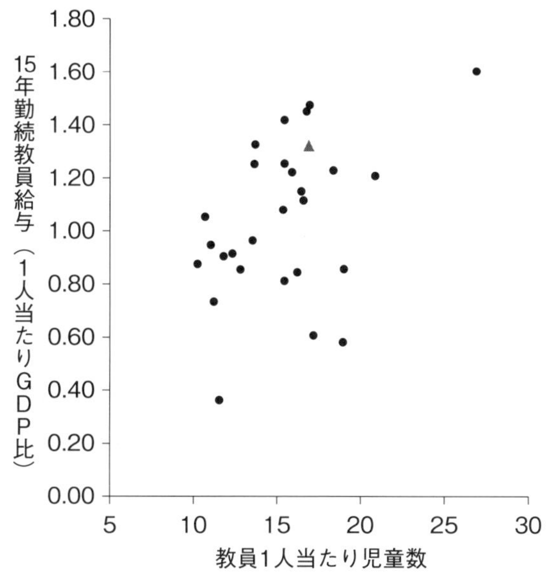

図7-4　教員1人当たり児童数と給与水準（初等教育）

（出典：村上・橋野（2020），55頁）

2　私立学校の教員は民間企業と同様に労使交渉によって給与が決まるが，実際には人事院勧告の内容に準拠する学校も少なくない。2004年度以降は国立大学附属学校の教員も同様に労使交渉で給与を決定するが，概ね国家公務員に準拠している。

3　ただし，最新のデータ（2022年）では，日本の15年勤続教員給与はOECD加盟国の平均を下回っており，今後の動向を注視する必要がある（OECD，2023）。

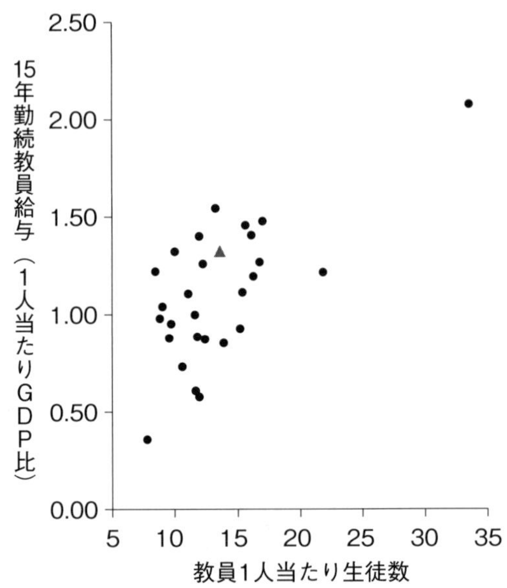

図7－5　教員1人当たり生徒数と給与水準（前期中等教育）

（出典：村上・橋野（2020），55頁）

確保法による教員給与の優遇措置と合わせて考えると，財政難であるか否かにかかわらず，教員数が抑制される制度的環境にあったと言えよう。

公務員数の抑制に関しては，国の一般公務員は総定員法，自治体の一般公務員は旧自治省の指導や地方財政計画を通じての人数削減が1960年代に進められた。他方，公立学校教員については定数算定の基礎となる学級規模の標準が教員数を決める重要な制度である。学級規模の標準は1970年代末に至るまで長らく45～50人に据え置かれ，一般公務員と同様に，高度成長期からその人員増は抑制された[4]。1980（昭和55）年

4　国が設定する学級編制の標準は，1964年（昭和39）年以前は50人，それ以降1979（昭和54）年までは45人であった。なお，45人に改善された際に義務教育費国庫負担金が実員実額制から定員実額制に改められた（植竹 2009）。実員実額制では，自治体が国の標準より手厚く教員を配置した場合も，その半額は国庫負担金で措置されたが，定員実額制の下では，国の標準を超える教員配置はすべて都道府県の負担とされ，自治体が独自の判断で教員数を増やすことは制度上より困難となった。

度から，学年進行で40名に改善され，2021（令和3）年度からは，小学校について学年進行（1年生のみ2011年度から実施済）で35名への改善が進んでいる。しかし，40年間もの間ほとんどの学年で学級編制の標準は40人に据え置かれるなど，改善はなかなか進まなかった。

以上は主に初等中等教育で教員数が抑制されて公教育財政支出が大きく伸びなかった要因であるが，就学前教育，高等教育では公財政支出が少ない理由がそれぞれ若干異なると考えられる。就学前教育，高等教育のいずれも，国公立セクターだけでなく私立セクターもかなりの割合を占めることが初等中等教育との大きな違いとして指摘できる。

就学前教育は，幼稚園の学級編制基準や保育所の保育士配置基準によって教員・保育士数が抑制されると同時に，給与水準も高くない。また，義務教育ではないため授業料や保育料などは私費負担が大きい[5]。高等教育は授業料に依存する私立セクターが高い割合を占め，かつ，それらの高等教育機関に対しての公的補助が少ないという特徴がある（小林 2018）。先行研究では，世論や社会的な動向に注目して公教育費が低い背景を分析することがあるが，以上に述べたような制度的な要因も日本の公教育費が少ない理由として重要と考えられる。

なお，比較的公務員数が多かったとされる戦前についても，教員については人数が不足していた。この点は一般公務員との違いとして挙げられる。

例えば昭和初期の小学校の児童数はおおよそ1,000万人であったが，教員数は約22～23万人であった。それに対して，ほぼ児童数が同程度であった1965（昭和40）年頃の教員数は約34万人である（文部科学省編 1981）。そうした教員不足を補ったのが，国定教科書や検定教科書といった教材の存在であった。国定教科書は戦前に教育内容統制の手段としても機能したが，その意図の有無は別として，教員の量・質が不足する中で，全国的にある程度均一な教育水準を保つ役割を結果的に担った面があった。戦前期からの長期間，教員＝ヒトの不足をモノ＝教科書・

5　幼児教育・保育の無償化によって3～5歳は私費負担が大きく軽減されたが，保育料が高額になる0～2歳は依然として保護者負担の割合が高い。

教材で補ってきた（大島 2023）ことも，長らく教員不足や公教育費の少なさを見えにくくしてきた可能性がある。

3．少ない公教育財政支出がもたらした影響

次に，公教育支出が少ないことで，どのような影響が生じているのかを考える。現在の日本で最も目立つ問題は教員の疲弊，多忙化であろうが，それを通じた教育の質の低下や教育格差の拡大，さらには将来の経済力や国力などにさまざまな面に影響を及ぼしうる。本章では教育現場への直接的な影響に限定して考察を加えてみたい。

公務員の少なさについては，かつて行政学では諸外国よりも人的リソースが少ないにもかかわらず人事制度などによって高いパフォーマンスを有しているとして，その効率性を評価する向きが多かった（稲継 1996）。村松（1994）は，1980 年代までの日本の行政は，欧米に追いつくことを共通目標として少ないリソースで効率的な行政を実施する「最大動員システム」であったと述べている。一方で最近では，公務員数の少なさは効率性の高さを示しているわけではなく，むしろパフォーマンスの低下や必要な業務ができなくなっている要因になっているとの見方もある（前田 2014）。

教員についても同様に，少ない公教育財政支出であるにもかかわらず，国際学力調査などでは日本は常に上位を占めることから，その効率性を評価することは可能かもしれない。就学前教育における教育・保育の質や，高等教育における教育・研究の成果も，公財政支出の少なさの割には比較的健闘しているという理解もありうる。一方で，近年は教員不足が深刻となり，免許を有する教員が学校に不在である，学級担任ができる教員がいないなど，学校にとって最低限の不可欠な機能を果たすことが難しい事例も現れるようになっている。少ないリソースで高いパフォーマンスを示していることが効率性の証左であるとの理解以上に，人員不足によるデメリットがむしろ目立つようになってきた。

初等中等教育の教員に関して言えば，業務量に比して教員数が少ないため教員の著しい超過勤務が発生することになり，さらに時間外勤務手

当が支給されず，その代替である教職調整額が過小かつ一律支給であったため，長時間労働に歯止めがかからなくなってしまった。人員抑制が長らく続く中で教員を支援する事務職員や専門スタッフの配置増もほとんど進まなかった。そのため，教科指導だけでなく生徒指導や進路指導，部活動，事務作業なども担う教員の業務増大・多能化が諸外国に例を見ないほど進行した。それにもかかわらず，初等中等教育における在学者１人当たりの教育支出水準が先進国平均程度にとどまっているのは，教職員数の抑制と超過勤務の多くを実質不払いにしていることが寄与しているものと思われる。簡単に言えば，教員に無理を強いることで一見すると効率的（に見えそう）な学校教育を作り上げてきた。

教員の多能化だけでなく，国と自治体が融合的にリソースを融通・依存し合う教育行財政制度や，ヒト（教員）ではなくモノ（教科書・教材）を活用した学校教育も少ない人的リソースをやりくりする工夫の一例である。しかし，そうした工夫も限界に達しているのが近年の学校や教員をめぐる状況と思われる。

この現状を打破するには教員の業務量を減らす，あるいは教職員数を増やすことの両方またはいずれかが選択肢となるが，前者は関係者の努力にもかかわらず改善が進まない。後者も小学校での学級編制標準の引き下げや「チーム学校」などの取り組みが行われているが，教職自体が敬遠されるようになってしまい，人員を増やそうとしても希望者が思うように集まらない自治体が相次いでいる。また，事務職員や専門スタッフの配置増も事態を改善するほどには進んでいない。

このように少ない公教育財政支出，とりわけ教職員の人員抑制は教員の離職と新規入職希望者の減少を招き，それが教員不足を深刻化させるという悪循環を生み出している可能性がある。

なお，近年は，幼児教育・保育や高等教育の無償化・負担軽減のように，教職員や学校ではなく，学習者（あるいは家庭）に直接，経済的支援を行う施策も展開されるようになっている。これは財政支出を行う際に，供給側＝教育機関に対する補助（機関補助）か，需要側＝学習者に対する補助（個人補助）のどちらを選択するかという論点に関わる。どちらも教育機会の均等に資するが，機関補助は短期的な在学者の変動に依存しない歳入・経営の安定性を得やすい一方，個人補助は選択の自由と競争に基づく質の向上が得られる可能性があるという点で，いずれにも一長一短がある（村上・橋野 2020）。幼児教育・保育の無償化・負担軽減では，家庭への直接給付よりも，施設の改善や保育士の待遇改善など，供給側への補助がむしろ重要であるとの意見も少なくなかった。幼児教育の無償化・負担軽減は年間約 8,800 億円（2020（令和２）年度）の予算を要しており，その全部または一部を機関補助に回す選択もあり得る。また，初等中等教育の教員の超過勤務を時間外勤務手当に換算すると年間１兆円程度とされるが，幼児教育・保育の無償化はそれに匹敵する金額である。公教育財政支出の絶対的な量が不足していることは否めないが，どの学校段階に予算をどの程度配分するか，また機関補助と個人補助をどう組み合わせるかといった点も，公教育財政支出の在り方を考える上での重要な論点である。

研究課題

① 学校段階（就学前教育，初等中等教育，高等教育）のそれぞれについて，公教育財政支出の課題とどのような改善が重要と考えられるか，自分の考えを述べなさい。

② 幼児教育・保育の無償化・負担軽減，および高等教育の無償化・負担軽減の施策の概要を調べなさい。そのうえで，これらの施策に関する自分の考えを述べなさい。

参考・引用文献

- 大島隆太郎（2023）『日本型学校システムの政治経済学：教員不足と教科書依存の制度補完性』有斐閣
- 稲継裕昭（1996）『日本の官僚人事システム』東洋経済新報社
- 植竹丘（2009）「『定員実額制』の導入と戦後義務教育財政システムの確立」『東京大学大学院教育学研究科紀要』49巻
- 小林雅之（2018）「高等教育費負担の国際比較と日本の課題」『日本労働研究雑誌』No. 694
- 中澤渉（2014）『なぜ日本の公教育費は少ないのか：教育の公的役割を問いなおす』勁草書房
- 前田健太郎（2014）『市民を雇わない国家：日本が公務員の少ない国へと至った道』東京大学出版会
- 村上祐介・橋野晶寛（2020）『教育政策・行政の考え方』有斐閣
- 村松岐夫（1994）『日本の行政』中央公論新社
- 文部科学省編（1981）『学制百年史　資料編』帝国地方行政学会
- OECD（2023）Education at a Glance.

8　私費負担問題と公教育の無償性への展望

福嶋尚子

《目標＆ポイント》 家庭の教育費負担（私費負担）や子どもの貧困の現状と，それらを改善・解決しようとするための法的・制度的な枠組みや取組について学ぶ。教育扶助や就学援助などの修学支援のみならず，公教育の無償性を展望した普遍的な仕組みの重要性に言及しながら，教育費負担の課題について考える。
《キーワード》 教育の機会均等，教育を受ける権利，公教育の無償性，「子供の学習費調査」，子どもの貧困，教育扶助，就学援助，無償化

1．公教育の費用負担をめぐる理論

子ども（国民），誰しもが享有している教育を受ける権利（日本国憲法 26 条 1 項）を保障するため，「教育の機会均等原則」が教育基本法上には示されている（4 条 1 項）。それは誰もが教育を受ける機会を平等に有するという形式的平等の思想として解されるが，単に教育を受ける機会を形式的に準備することをもって，それが実現しているとは言えない。子どもの背景や環境（外的条件，例えば，「人種，信条，性別，社会的身分，経済的地位又は門地」）により「教育格差」が生じている（松岡 2019）ことを踏まえれば，その子どもの背景や環境（外的条件）を平等にすることを抜きに，「実質的」な教育の機会均等原則の実現（成嶋 2021：98-100）はあり得ないのである。ここにおいて特に経済的地位の格差を是正し平等化するための方策として，「公教育の無償性」原則（日本国憲法 26 条 2 項）が位置付けられている。

ここで，子どもの背景や環境の平等のためであれば，すべての子どもに対して教育を無償で準備するのではなく，教育費用を負担する能力のある者・家庭には負担を求め，費用負担が困難な者・家庭には負担を求

めないという「応能負担」の考えに基づく方策の方がふさわしいという考え方もある。古くは憲法学者の奥平康弘が，「親の教育の自由」の存在に鑑（かんが）みて，「子供の教育につき，親が一定の権利なり責任なりをもつと考えられるかぎりは，教育に要する費用のなにがしかを，親自身の負担とすることはそう不合理なことではない」（1981：378）と述べたものである。実態としても，日本の公教育は施設費・人件費を除く部分は大半を私費負担に依存して成り立っており[1]，負担をしている保護者自身も半ば自然とこうした私費負担構造を受け入れている風潮もある。

しかし，捨象されてはいけないのは，教育を受ける権利を保障する義務を負う国家の役割である。教育法学者の兼子仁は，教育を受ける権利を「学習によって人間らしく成長発達していく権利」，すなわち「学習権」と解し（1978：198），この学習権保障をすることは本来私事だが，「第一に，必要な経済力・財政力を自己調達することができず，第二に，学校制度づくりをはじめ制度的組織力が欠け，第三に，教育内容向上のための文化的組織力も不足しがち」（1978：228-229）であった。このことから，これらの問題のない「国家の積極的条件整備によって保障するために，『無償』原理を宣言するとともに，親の就学義務を予定した」（1978：234）ことを歴史的経緯として説明する。

教育法学者の世取山洋介は，日本が批准している国際人権法（社会権規約，子どもの権利条約）における費用負担に関する原則を，「応益負担を排除し，応能負担に基礎をおきながら，とくに教育については無償性を選択している」（世取山 2012：465）と説明している。その理由は，応益負担原則を採れば，子どもの権利が保障される範囲が保護者の支払い可能額によって限定されてしまうためであり，応能負担原則を採れば，正確な収入調査のための膨大なコストが発生するとともに，本来サービスを享受できるはずの子どもがその対象とならない，という事態が否定できないためである。よって，子どもの権利が必要を充足する水準にまで，もらさず確実に保障されうるためには，あまねく子どもたちに必要

1　教育行政学の末冨芳はこうした教育費制度を「公私混合型教育費負担構造」と呼んでいる（末冨 2010：97）。

十分なサービス及び物品がその手元に届けられる「現物給付」の仕組みを採る「権利としての無償性」という理論に国際人権法は立っていると解されるのである。日本国憲法26条もこの国際人権法解釈と対応して解される必要があり，そのことが授業料以外の費用も無償化を目指していくことは国家の「法原理的義務」であると解釈されてきた（兼子 1978：237）ゆえんでもある。世取山はこの法原理的義務を「公教育無償化義務」と呼び，国家は漸進的にこれを進めることを義務として負うとともに，無償化を進める措置をとらない場合にはその正当な理由を国家が立証すべき義務を負う，とする（世取山 2012：467）。

しかしながら，実態としては，私費負担に依存する形で公教育が維持されてきたのである。

2．私費負担問題の現状

（1）公立小中学校にかかる私費負担

2022年12月，「令和3年度 子供の学習費調査」（文部科学省）が公表された。公立小学校に子ども一人を通わせる場合，保護者が負っている私費負担は104,984円（学校教育費が65,974円，学校給食費が39,010円）だ。学校教育費のうち，「図書・学用品・実習材料費等」が24,286円（36.8%）最も高い割合を占め，その次に「通学関係費」が20,460円（31.0%）を占める。これは6年間の平均額であって，例えばランドセルや学校指定品などの通学に必要な物品の購入は入学時や買い替えの際に支出が偏ることになる。また，修学旅行のためには5・6年生にかけて少なくない費用を積み立てる。

公立中学校の場合は170,019円（学校教育費132,349円，学校給食費37,670円）だった。給食を実施していない中学校があるので，その分学校給食費の平均額が公立小学校よりも安く見えている点は注意が必要だ。学校教育費で最も高い割合を占めるのは「通学関係費」39,516円（29.9%）であって，制服等の学校指定品のアイテム数増加・高額化が透けて見える。次は「図書・学用品・実習材料費」32,368円（24.5%）で，特にコロナ禍でオンライン学習が進んだ結果，教材費の負担が重くなっていることがわかる。

学校における私費負担に関する継続的な自治体調査として，長野県の「学校納入金等調査」，東京都「保護者が負担する教育費調査報告書―学校納付金調査」がある。コロナ禍による影響を受けていない，東京都調査[2]でコロナ禍以前の最後の調査は2018年度分の調査となる。小学校の1人当たりの学校教育費は57,537円，中学校は78,651円である。使途別の調査結果は学校段階ごとに分かれていないため合計値であるが，私費負担の中に何が含まれ，どのようなものが大きな割合を占めるのかがわかる。最も割合として大きいのは給食費で，全体の55.18%を占める。続いて教科活動費14.13%，修学旅行10.35%となる。

長野県調査[3]は1人当たりの学校段階別・使途別支出年額を明らかにしているので参考になる。小学校の2018年度1人当たりの学校徴収金総額は81,961円，中学校は120,078円である。内訳で割合が大きいものを挙げると，小学校では学校給食費が最も大きく(54,030円，65.9%)続いて教科活動費用（12,567円，15.3%），遠足・修学旅行費用（9,527円，11.6%)と続く。中学校では同じく学校給食費が最も大きく(60,972円，50.8%)，続いて遠足・修学旅行（30,860円，25.7%)，教科活動費用（19,462円，16.4%）と続く。

このように見てくると，東京都にしろ，長野県にしろ，私費負担に関する調査結果の半分程度かそれ以上は学校給食費が占め，続いて教科教育と修学旅行にかかわる費用などが続くことが共通している。しかし，

2　東京都教育委員会「令和元年度保護者が負担する教育費調査報告書―学校納付金調査（平成30会計年度）」2019年12月20日。調査の対象は都内の公立幼稚園，小学校，中学校，義務教育学校，高等学校，中等教育学校及び特別支援学校である。https://www.kyoiku.metro.tokyo.lg.jp/administration/statistics_and_research/expense_per_student/report 2019.html　2022年9月18日最終確認。

3　長野県教育委員会「平成元年度学校納入金等調査（平成30会計年度）」2020年3月24日。調査対象は県内の公立幼稚園，幼保連携型認定こども園，小学校，中学校，義務教育学校，特別支援学校，高等学校，専修学校。
https://www.pref.nagano.lg.jp/kyoiku/kyoiku02/gyose/zenpan/tokei/nonyukin/r2.html　2022年9月18日最終確認。

文部科学省の調査結果と比べ，小学校の場合東京都とは5万円程度，長野県とは2万円程度，その総額には格差がある。中学校の場合は東京都とは10万円の差があり，長野県とは6万円の差がある。なぜこれだけの差が出るのか。

東京都の調査対象である「学校教育費」は「学校徴収金」「PTA 会計」等を合わせたものであり，保護者が負担しているものの学校やPTAに支払われたわけではない教育費（制服代，通学用品代，通学費，塾，習い事の月謝代），そして，幼稚園や高校の入学金，授業料などは調査の対象外となっている。長野県の調査対象である「学校納付金」も同様に「学校徴収金」「PTA 会計」だけを含んでおり，上に述べるような，制服や通学用品など保護者が学校を介さずに負担している費用が含まれていないのである。文科省の調査結果と両都県の調査結果が異なる理由の一つは，こうした学校を介さない私費負担[4]が，両都県の調査結果には反映されておらず，その額が実は大きいからである。

学校段階ごとの私費負担額がわかる長野県調査と文科省調査を比較してみると，小学校では教科教育にかかる費用が文科省調査では24,286円に対して長野県調査では12,567円となっているが，前者としては，授業で用いるものの中で，学校で一律に購入・配布せずに，カタログを配布して斡旋（あっせん）販売，あるいは推奨品を提示して現物して持参してもらうような方法で私費負担を求める，裁縫道具やプール用品等が含まれているためその分高額となる。続いて文科省調査では（小学校では少ないかもしれないが）通学費用と，ランドセルや傘などの通学用品を含む「通学関係費」が20,460円となっているが，長野県調査では該当する項目がない。同様に，中学校においては，制服類や自転車通学の場合の自転車，部活動費などが2つの調査の対象として相違している。このように長野県調査では含まれず，文科省調査では含まれる項目があり，こうした隠れ教育費が実質的には多額に上っていたことが，文部科学省調査の結果からはわかる。

4　これを「隠れ教育費」ともいう（柳澤・福嶋 2019）。

その他にも，自治体において公費予算が確保され学校が私費に頼らずに運営できる場合，学校によって私費負担軽減の努力がなされている場合にも私費負担の額は変わってくる[5]。

（2）コロナ禍・物価高騰の私費負担への影響

参照した東京都・長野県での調査対象年度の後訪れたコロナ禍と物価高騰は，私費負担に大きな影響を与えた。

例えば，コロナ感染対策のための全国一斉学校休業からの登校開始が 2020 年 6 月以降にずれ込んだ首都圏の学校では，真夏の登下校や着替えの際の感染リスクを考慮して，ジャージや体操着，私服などでの通学を許可した。2020 年度入学の中学 1 年生の保護者は「高価な制服を購入したのに，1 年間 1 度も着る機会がなかった」などと嘆いた。

学校行事の実施についても難しい判断が続き，延期や計画変更を繰り返したのちに，結局修学旅行が中止となった学校も多く存在する。積立金の多くは返金されたが，自治体によっては，企画料やキャンセル料，さらには密を避けるためのバス増台分を保護者が負担しているところも少なくない（川崎 2021：138-139）。

他方で，コロナ禍開始後 2022 年に日本を襲った物価高騰の下，多くの自治体が学校給食費（食材料費）の値上げに踏み切った。反対に，家計負担の軽減のため，値上げ分を公費で保障する，あるいは，逆に給食費無償を自治体負担で模索するところもあり，給食費負担は自治体により教育費負担の格差が拡大している。物価高騰は教材メーカーの提供する教材類にも押し寄せ，2023 年以後は教材費がさらに高騰すると見られている。

さらに，コロナ禍に乗じて GIGA スクール構想（2019 年 12 月）が 2019 年度補正予算・2020 年度予算にて前倒しで進められ，全国の小中学生 1 人 1 台端末の整備が行われた。しかし，端末持ち運び用のケースや

5　公教育財政支出（公費負担）については本テキストの 7 章を，私費負担軽減を目指した財務マネジメントについては本テキストの 13 章を参照のこと。

タッチペン等のアクセサリー，家庭での Wi-Fi 環境の整備，損害保険料，損壊時の修理費用などが私費負担に転嫁されていることもある。首相の諮問機関「教育再生実行会議」による第 12 次提言（2021 年 6 月 3 日）では，端末について「将来的に BYOD〔Bring Your Own Device の略称。個人の端末を学校に持ち込むこと〕への移行も見据え」(〔　〕内引用者）としており，今後，端末そのものも私費になる恐れが高い。現に GIGA スクール構想の対象ではなかった高等学校では，全額公費負担とする都道府県（21 自治体）と，全額保護者の私費負担とする都道府県（18 自治体）とで，対応が分かれている（NHK ニュース，2022 年 1 月 11 日。残る自治体は一部補助が 2 自治体と検討中 6 自治体)。仮に 1 台当たり 5 〜10 万円に上る ICT 端末を小学校で私費負担を求めれば，1 人当たりの学校教育費は一気に 2021 年の金額の 2.2倍〜2.8 倍になる計算だ。

このように，これまでも保護者に重くのしかかっていた義務教育の私費負担は，コロナ禍における教育活動の見直しや物価高騰などの避けられぬ変化の下でさらに深刻化している。

(3) コロナ禍における子どもの貧困の深刻化

同時に他方で，コロナ禍は家庭の経済状況にもダメージを与えている。そもそも，近年跋扈（ばっこ）してきた新自由主義イデオロギーに基づく一連の改革は，11.5% にも上る貧困家庭で育つ子どもたち（厚生労働省「2022 年国民生活基礎調査」）の学習権保障を危ういものにしてきた。加えて，学校にかかる私費負担が子どもの貧困問題をさらに深刻化させている可能性を，学校関係者は自覚する必要がある。

2014 年 9 月 24 日，千葉県銚子市の県営住宅で母子家庭の母親による娘の殺害事件が発生した（詳しくは井上・山口・新井編 2016)。娘が小学生の頃から母娘は経済的に厳しく，少ない収入の中から細々と家賃や教育費を捻出していた。そんな家計が火の車になり，サラ金に母親が手を出したきっかけは，娘の中学校入学時の学校指定品購入だったのである。娘が入学し学校に通うには制服その他の学校指定品購入が必要で，母親はさまざまな制度や福祉からの費用調達に奔走したが，それでも足りず，すぐに返すつもりでサラ金から借金をした。膨らんでいく利子と合わせて借金返済を優先的に行っていったために，家賃その他の支払いが滞った。そしてついに，住宅明け渡しを迫られたその日，母親が一人で死のうと思っていたところで，母親を心配した娘は，いつものように登校せず，家にいた。そのために起こった悲劇だった。入学先の学校に制服がなければ，修学支援の仕組みがもっと充実していれば，防ぐことができた悲劇だったかもしれない。この事件は，時に高額の制服・指定品や修学支援制度（後述）の不備が，家庭をさらなる経済的苦境に追い込んでいることを示唆している。

加えて，コロナ禍が子どもの貧困問題に与えたダメージの結果は，内閣府による「子供の生活状況調査」（2021 年）より垣間見ることができる。同調査によれば，貧困の課題を抱える世帯（等価世帯収入の水準が中央値の 2 分の 1 未満の世帯）において，コロナ禍の影響により収入が「減った」世帯は 47.4% とほぼ半数に達する（これに対して「増えた」世帯は 3.0%）。にもかかわらず，コロナ禍により生活に必要な支出が「増えた」世帯は 63.4% だった。実際，コロナ禍における過去 1 年間で食料を買えない経験があった（「よくあった」＋「ときどきあった」＋「まれにあった」）のは 37.7%，衣服を買えない経験があったのは同じく 45.8%，電気・ガス・水道のいずれかの公共料金が未払いとなる経験があったのは同じく 20.7% に上った。

こうした家庭の状況は，子どもの権利保障にも重大な影響を与えている。貧困の課題を抱えている世帯で部活動等に参加していない生徒は 23.8% であり，その理由として 19.2% が「費用がかかるから」を挙げている。また，朝食を毎日食べるわけではないという回答（「週 5 ～ 6 日」＋「週 3 ～ 4 日」＋「週 1 ～ 2 日，ほとんど食べない」）が 28.7% と 3 割近くを占める。コロナ禍の今こそ，子どもの学習権を保障するための公教育の無償性を実現することが求められている。

3．修学支援制度

重い私費負担に経済的に厳しい家庭が対応することは難しく，他方で子どもの教育を受ける権利を保障することは重要であることから，国及び自治体は子どもの修学を支援する仕組み・制度（修学支援制度）を設ける必要がある。そのために設けられているのが，生活保護制度における教育扶助と，子どもたちの7人に1人が利用世帯とされる就学援助制度である。これらの仕組みは，重い私費負担を家庭に代わって担う重要な意義をもつものである。ただし，これらの修学支援制度にも欠点があり，その役割を十分に果たしていない点も指摘しておきたい。

（1）生活保護制度

生活保護制度は，生活保護法に基づく仕組みで，「厚生労働大臣が定める基準で計算される最低生活費と収入を比較して，収入が最低生活費に満たない場合に，最低生活費から収入を差し引いた差額が保護費として支給」（厚生労働省ウェブサイト「生活保護制度」）される。そして，「義務教育を受けるために必要な学用品費」として，定められた基準額を支給する教育扶助と，入学時の制服やランドセル等の購入費用を一時扶助として支給する生活扶助（小学校64,300円以内，中学校81,000円以内）がこの制度の中に含まれている。

なお，学校給食費に関しては，生活保護法32条2項の規定により保護者の同意なしに，保護者ではなく，保護者から徴収する学校長（私会計の場合）又は自治体（公会計の場合）に直接支給することが可能となっている[6]。

6　厚生労働省社会・援護局長通知「地域の自主性及び自立性を高めるための改革の推進を図るための関係法律の整備に関する法律による生活保護法の一部改正等について」2020年9月14日。https://www.mhlw.go.jp/hourei/doc/tsuchi/T200916Q0050.pdf　2022年9月18日最終確認。

教育扶助の支給費目は細かく分かれている。

表8－1　教育扶助基準

費目	額	説明
基準額	小学校2,600円（月額） 中学校5,100円（月額）	鉛筆，ノート，裁縫用具などの学用品費と，遠足などの校外活動，通学用品等
教材代	必要な額	副読本やワーク，楽器など正規の教材として校長や教育委員会が指定するもの
学校給食費	必要な額	保護者が負担すべき給食費
通学のための交通費	必要最小限度の額	通学費
学級費等	小学校1,080円（月額） 中学校1,000円（月額）	学級費，児童・生徒会費，PTA会費等
校外活動参加費	必要最小限度の額	修学旅行を除く公害活動の宿泊費，施設利用費，交通費等
学習支援費	小学校16,000円（年額） 中学校59,800円（年額）	クラブ活動等に要する活動費用の実費

（出典：『生活保護手帳（2022年度版）』中央法規出版より筆者作成）

なお，この教育扶助による支給費目を見るとわかるとおり，修学旅行費や学校病の医療費は生活保護制度では支給されない。そのため，こうした費目については生活保護受給者も，あとで説明する就学援助制度を利用することになる。

このように，制度上は要件を満たす家庭に対して支出に見合った支給がなされるはずの生活保護制度だが，保護を受ける要件を満たしている（要保護）家庭のうち，現に生活保護を受けている家庭の占める割合，すなわち捕捉率の低さが指摘されている。国民生活基礎調査に基づき，生活保護基準以下の低所得家庭のうち，生活保護を利用している（被保護）家庭の占める割合を厚生労働省が2018年に推計したところ，その結果は 22.9% だった[7]。およそ 8 割近くの要保護家庭が生活保護制度を利用できないままでいる，ということである。

捕捉率が低い理由の一つとして挙げられているのが，生活保護法で規定されている「民法に定める扶養義務者の扶養及び他の法律に定める扶助は，すべてこの法律による保護に優先して行われるものとする」（4 条）という保護の補足性の原則である。これに基づき，各自治体は保護の申請が行われた際に扶養義務者への「扶養照会」を行うこととされている。しかし，さまざまな事情から扶養照会が行われることに拒否感を抱く申請者がおり，これが申請を躊躇（ためら）わせるものとして機能している。こうした状況を受け，2021 年に厚生労働省は扶養義務履行が期待できないと判断される扶養義務者には，基本的に扶養照会を行わないという方針を確認する通知を出した[8]。しかし，通知後の 2022 年，都内の自治体に対し扶養照会の実施状況について問うた東京新聞の調査では，新宿や中野区などで実施率 3 割未満と低くなっていた一方で，港区や杉並区では 7 割以上の高率となっており，自治体によって判断が分かれている[9]。

7　しんぶん赤旗「生活保護利用　わずか 23%　保護基準以下所得は 705 万世帯」2018 年 6 月 3 日，https://www.jcp.or.jp/akahata/aik18/2018-06-03/2018060301_03_1.html　2022 年 9 月 10 日最終確認。

8　厚生労働省社会・援護局保護課「扶養義務履行が期待できない者の判断基準の留意点等について」2021 年 2 月 26 日。https://www.mhlw.go.jp/content/000746078.pdf　2022 年 9 月 11 日最終確認。

9　山下葉月，加藤健太「生活保護の大きな壁『扶養照会』都内 28 市区，実施 10% 弱～90% 強と格差『ばらつくなら廃止を』」『東京新聞』2022 年 9 月 4 日。https://www.tokyo-np.co.jp/article/199879　2022 年 9 月 11 日最終確認。

（2）就学援助制度

学校教育法 19 条「経済的理由によって，就学困難と認められる学齢児童生徒の保護者に対しては，市町村は，必要な援助を与えなければならない。」を根拠として，就学困難な児童及び生徒に係る就学奨励についての国の援助に関する法律，学校給食法などの法律によって就学援助制度が整えられてきた。就学援助制度はかつて，生活保護受給資格のある家庭（要保護）とそれに準ずる程度の貧困家庭（準要保護）について，自治体に支給額の 2 分の 1 を国庫補助することとしていた。しかし，小泉純一郎政権の下の三位一体改革により，要保護家庭のみを対象とした国庫補助に大幅に削られた。国庫補助対象となる援助費目と摘要が「要保護児童生徒援助費補助金及び特別支援教育就学奨励費補助金交付要綱」で示され，各費目の国庫補助額の上限が初等中等教育局長から通知される金額を国基準と呼ぶ。各自治体はこの国基準の金額を参考に，それぞれに支給費目・金額を決定しているが，ここで自治体により認定基準や支給額の引き下げなどが行われた。

こうした就学援助制度によって多くの貧困家庭の経済的負担が軽減されてきたことは確かであり，2020 年度の制度利用は 1,324,739 人，援助率は 14.42% に上る[10]。しかし，就学援助制度にはまだ多くの不備が見られ，決して万能な制度とはなっていない。

①支給金額の不足，費目の有無

先に述べたとおり，各自治体は国基準に基づき支給費目・金額を決定しているため，自治体によってそれらは異なる。2021 年度における国基準[11]は以下のとおりである。

10　文部科学省初等中等教育局修学支援・教材課「令和三年度就学援助実施状況調査」　https://www.mext.go.jp/content/20211216-mxt_shuukyo 03-000018788_01.PDF　2022 年 9 月 11 日最終確認。

11　前掲注。「令和三年度就学援助実施状況調査」

表 8－2－1　要保護児童生徒援助費補助金予算単価（令和 3 年度予算）

単位：円／年額

区　分	対象品目	小学校	中学校
学用品費	児童又は生徒の所持に係る物品で，各教科及び特別活動の学習に必要とされる学用品（鉛筆，ノート，絵の具，副読本，運動衣，その他，実験・実習材料費も含む。）。	11，630	22，730
通学用品費（第 1 学年を除く）	児童又は生徒が通常必要とする通学用品（通学用靴，雨靴，雨がさ，上ばき，帽子等）。 なお，小中学校の第 1 学年の児童生徒に対しては，新入学児童生徒学用品費等で措置。	2，270	2，270
校外活動費（宿泊を伴わないもの）	児童又は生徒が校外活動（学校外に教育の場を求めて行われる学校行事としての活動（修学旅行を除く。）をいう。）のうち，宿泊を伴わないものに参加するため直接必要な交通費及び見学料。	1，600	2，310
校外活動費（宿泊を伴うもの）	児童又は生徒が校外活動のうち宿泊を伴うものに参加するため直接必要な交通費又は見学料。	3，690	6，210
柔　道	小学校又は中学校の体育（保健体育）の授業の実施に必要な体育実技用具（柔道にあっては柔道着，剣道にあっては防具一式(面，胴，甲手，垂れ)，剣道衣，竹刀及び防具袋，スキーにあっては，スキー板，スキー靴，ストック及び金具）で，当該授業を受ける児童又は生徒全員が個々に用意することとされているもの。その他にスケートのスケート靴も含む。 なお，補助対象品目の一部のみ（剣道の剣道衣又は防具袋のみ，スキーの金具又はストックのみ等）を支給する場合は，学用品費で措置。	－	7，650
剣　道		－	52，900
スキー		26，500	38，030
スケート		11，810	11，810
新入学児童生徒学用品費等	新入学児童又は生徒が通常必要とする学用品・通学用品(ランドセル，カバン，通学用服，通学用靴，雨靴，雨がさ，上ばき，帽子等)。	51，060	60，000
修学旅行費	交通費，宿泊費，見学料並びに修学旅行に参加した児童生徒の保護者が修学旅行に要する経費として均一に負担すべきこととなる記念写真代，医薬品代，旅行傷害保険料，添乗員経費，荷物輸送料，しおり代，通信費，旅行取扱い料金。	22，690	60，910

この国基準に対し，例えば，2022 年度における千葉県船橋市の就学援助費目としては，「柔道」「剣道」「スキー」「スケート」という体育の授業に用いるもの，「生徒会費」「PTA 会費」「オンライン学習通信費」が支給対象外となっている。他方で，船橋市の場合は「消耗品費（学用品等)」が国基準とは別に設定されている。支給金額については基本的に国基準と同水準に設定されている。このように，国基準を参考にしつつも各自治体の判断により，費目の設定や支給金額を国基準に対して上積みあるいは下出しするか，実費か定額かという支給方法が異なるのである。

表８－２－２　要保護児童生徒援助費補助金予算単価（令和３年度予算）

単位：円／年額

区　分	対象品目	小学校	中学校
通学費	児童又は生徒が最も経済的な通常の経路及び方法により通学する場合の交通費又は公営又は民営バス会社等への運行委託料。（片道の通学距離が，小学校４km以上，中学校６km以上。ただし，豪雪地帯における積雪期間中は，その半分の距離。特別支援学級や学校教育法施行令第22条の３に規定する程度の障害に該当する児童生徒については距離は問わない。）	40,020	80,880
クラブ活動費	クラブ活動（課外の部活動を含む。）の実施に必要な用具等で，当該活動を行う児童又は生徒全員が個々に用意することとされているものについて，当該用具又はその購入費及び当該活動を行う児童又は生徒全員が一律に負担すべきこととなる経費。	2,760	30,150
生徒会費	生徒会費（児童会費，学級費，クラス会費を含む。）として一律に負担すべきこととなる経費。	4,650	5,550
PTA会費	学校・学級・地域等を単位とするPTA活動に要する費用として一律に負担すべきこととなる経費。	3,450	4,260
卒業アルバム代等	小学校又は中学校を卒業する児童又は生徒に対して，通常製作する卒業アルバム及び卒業記念写真又はそれらの購入費	11,000	8,800
オンライン学習通信費	ICTを通じた教育が，学校長若しくは教育委員会が正規の教材として指定するもの又は正規の授業で使用する教材と同等と認められるものにより提供される場合のオンライン学習に必要な通信費（モバイルルーター等の通信機器の購入又はレンタルに係る費用を含む。）	12,000	12,000
医療費	トラコーマ，結膜炎，白癬，疥癬，膿痂疹，中耳炎，慢性副鼻腔炎，アデノイド，う歯，寄生虫病（虫卵保有を含む。）について学校において治療の指示を受けた場合の，その治療のための医療に要する費用。	12,000	12,000
学校給食費			
完全給食	給食内容がパン又は米飯（これらに準ずる小麦粉食品，米加工食品その他の食品を含む。），ミルク及びおかずである給食	53,000	62,000
補食給食	完全給食以外の給食で，給食内容がミルク及びおかず等である給食	41,000	46,000
ミルク給食	給食内容がミルクのみである給食	8,000	8,000

（出典：文部科学省「令和三年度就学援助実施状況調査」より筆者作成）

特定の費目に着目してみると，制服や指定品類の購入に必要な費目は「新入学児童生徒学用品費」などと呼ばれ，**表８－２－１**のとおり，小学校入学時の国の予算単価（国基準）が51,060円，中学校は60,000円である。神奈川県横浜市は新入学学用品費として，小学校入学に際し63,100円，中学校入学に際しては79,500円を設定しており，国基準よりも大幅に高い。他方で埼玉県川口市では同様に小学校入学に際し40,600円，中学校入学に際しては47,400円で，国基準を大幅に下回っている。横浜市と川口市の自治体間格差は大きい[12]。新入学学用品費の国基準の金額は近年増額されてきてはいるが，それでもなお，制服・指定品を一揃(そろ)え購入するのにおよそ8～9万円かかる（柳澤・福嶋 2019：41）とされており，それにすら足りない。小学校の場合，ランドセル購入における最も多い価格帯は「65,000円以上」[13]で，それ一つで新入学学用品費を使い果たしてしまう。

教材・教具等を購入する費用として「学用品費」（国基準で小学校11,630円，中学校22,730円）があるが，先に紹介した子どもの学習費調査の結果と比べても足りない（小学校19,673円，中学校25,413円）。さらに，「卒業アルバム代」，「クラブ活動費」，「オンライン学習通信費」については支給していない自治体もまま見られる[14]。

このように，支給金額・費目が現実の経済的負担に対して足りていないのである。

②認定基準の厳しさ

就学援助の認定基準は各自治体が設定しており，それに基づいて各教育委員会が認定する。主な認定基準として「生活保護の基準額に一定の係数を掛けたもの」があり，これを採用している自治体数は1,328（75.2％）に上る。「一定の係数」については自治体間格差が大きい。例

12　柳澤靖明「保護者の費用負担と校則の縛り――就学援助制度と制服，学校指定品の再考」みんなの学校安心プロジェクト「制服は安い?! 高い?! ～お金の視点から校則問題を考える～」イベント報告資料，2021年2月13日 https://researchmap.jp/yanagisawa.y/social_contribution/31690914　2022年9月11日最終確認。

13　ランドセル工業会「ランドセル購入に関する調査　2022年」2022年春にランドセルを購入した男女1500人に対する調査。https://www.randoseru.gr.jp/graph/　2022年9月11日最終確認。

14　例えば，千葉県船橋市はオンライン学習通信費の支給がなかったが，隣の習志野市は卒業アルバム代，クラブ活動費の支給がない。

えば，生活保護基準の 1.1 倍以下と回答している自治体は 148 自治体（回答した 1,765 自治体のうち 8.4%）である。これは生活保護基準とほぼ同等程度に就学援助基準が設定されているということであり，かなり厳しい認定基準と言える[15]。他方で，生活保護基準の 1.4 倍を超え，1.5 倍以下と回答した自治体は 173（9.8%）に上り，こうした自治体では認定がされやすくなっていると言える。最も多いのは 1.2 倍を超え 1.3 倍以下と回答した 726 自治体（41.1%）だ。こうした認定基準の自治体間格差は，同程度の収入の家庭だとしても，居住している自治体により就学援助認定を受けられるかどうかが変わってくることを示している。少なくとも生活保護認定基準の「1.3 倍は守るべき」（川崎 2012：34）という声もある。できるだけ多くの家庭が認定を受けられる水準とすべきだろう。

また，こうした生活保護基準に一定の係数を掛けて就学援助基準を設定している場合，生活保護基準が見直された場合に，それが就学援助基準にも影響することになる。2018 年から段階的に実施された生活保護基準の見直しでも，これにより就学援助基準から外れてしまう所得層の家庭があった。こうした家庭に見直し前の基準に基づく再認定や別の基準での認定という対応策を採るかという点でも，自治体の対応が分かれている（「生活保護基準見直しの影響が生じる可能性があるが，対応していない」と回答したのは 95 自治体（5.4%））。

認定を受けるためには，家庭による申請が必要だ。就学援助制度は申請主義を採っているからである。しかしながら，学校で毎年度就学援助制度を説明する文書を配布するなどの周知が行われている割合は

15　ただし，係数が 1.1 倍の東京都足立区では援助率（要保護及び準要保護児童生徒数を公立小中学校（中等教育学校の前期課程を含む）児童生徒数で除して算出したもの）が「30% 未満」，1.0 倍の立川市では「15% 未満」，1.67 倍の文京区では「10% 未満」となっているように，係数の高低と認定基準に当てはまる世帯の割合は必ずしも連動しない（文部科学省「令和三年度就学援助の実施状況（市町村別実施状況）」2022 年 5 月 1 日）。

65.6％（2017 年）と低く[16]，申請以前に制度自体を知らない家庭も多い。セーブ・ザ・チルドレン・ジャパンが行った調査では，就学援助制度を「聞いたことがない」と回答した大人は 28.6％ に上った[17]。知らなければ申請はできず，申請がなければ認定されることはない。また，申請しても認定基準は自治体間格差もあり，認定されるとは限らないのである。

③援助費支給のタイミングのずれ

加えて，認定後の援助費支給のタイミングが，支出のタイミングに合っていないことがある。例えば，千葉県船橋市は 4 ～ 7 月分を 7 月， 8 ～ 11 月分を 12 月，12～ 3 月分を 3 月に支給するという 3 期制を採っている。あるいは同じ千葉県の浦安市の場合は， 6 月・ 9 月・12 月・ 3 月に支給する 4 期制だ。こうした 3 期制あるいは 4 期制の仕組みは一般的だが，家庭の立場にたてば，学校への支払いに先んじて，あるいは後から就学援助費が手元に届く。先んじて届けば，支払いまで取っておかなければならず，後からくる場合は，支払いをいったん手持ちのお金で済ませなければならない。経済的に厳しい家庭にとっては，「いったんすべて支払う（立て替える）」ことも重い負担だ。

社会福祉学者の室住眞麻子は，イギリスのアシュレイ（Pauline, A.）の 1983 年の著書『貧困生活者の貨幣問題（The Money Problems of the Poor-A Literature Review）』を紹介しながら，この問題に言及している。端的に述べると「貨幣の扱い方の技術習得については，収入の少ない人ほど多くの技術を必要とする」のであり，具体的には経済的に厳しい人々

16　内閣府「子供の貧困対策に関する大綱」2019 年 11 月 29 日。
https://www8.cao.go.jp/kodomonohinkon/pdf/r01-taikou.pdf　2022 年 9 月 18 日最終確認。

17　公益社団法人　セーブ・ザ・チルドレン・ジャパン　国内事業部「3 万人アンケートから見る子どもの権利に関する意識 子どもの貧困に関する意識データ集」2020 年 6 月。2019 年 8 月に全国の 15 歳～80 代までの 27,851 人に対して調査。
https://www.savechildren.or.jp/news/publications/download/ishiki_data202006.pdf　2022 年 9 月 11 日最終確認。

は「不十分な収入で家族の必要をいかに満たすかという短期の意思決定に追い込まれがち」になる（室住 2019：141，143)。しかも，こうした難しい家計管理が個々の努力や心がけ次第と見なされることで，貧困世帯を攻撃する際に利用されてしまいやすい。

日本のひとり親貧困家庭においても，新聞記者の錦光山雅子による追跡調査によれば，児童手当，児童扶養手当，就学援助などの公的な支援金が「まとめ支給」されることで，収入の多い月とそうではない月で 20～30 万円もの収入の違いが生じていることがわかる[18]。こうした毎月の収入が激しく上下する「波打つ収入」の下では，数カ月先まで見通した家計管理を行うことはおよそ簡単ではない。

先払いされた援助費を他の使途へ使いまわしてしまう問題をめぐっては，援助費を家庭に渡さずに，学校に渡すという方法もしばしば提唱される。実際に，修学旅行費や学校給食費については家庭を介さず学校に渡しているところも多い。ただし，その際には，家庭の委任が必要である。それでは，学用品費も新入学児童生徒学用品費も，直接学校に委任してしまえばよい，ということになるか。そうはならない。「本来，就学援助費は保護者に支給されるべきものである」（就学援助制度を考える会編 2009：32 頁）からだ。加えて，その援助費は子どもの教育を受ける権利保障のために利用されるものであると考えれば，家庭の委任があるからといって，学校が指定した制服（標準服）や諸種の補助教材を一括で学校が援助費を用いて購入し，一方的に子どもに渡すことには違和感が残る。そこには，子どもの意見表明権や保護者の教育要求権が介在していない。

以上のように，就学援助制度があってもその制度にはまだ不備や自治体間格差もある。

18　錦光山雅子「ひとり親　波打つ収入，綱渡り」『朝日新聞』2015 年 12 月 27 日。

4. 公教育の無償性への展望

コロナ禍，円安，ウクライナ危機にともなう物価上昇を契機として，それまで特定の自治体における政策に過ぎなかった給食費無償化が，家計軽減策として急激に拡大しつつある。ただし，その政策の具体は，自治体の決断と財政力に依存しており，完全無償か一部無償か，小学校単独実施か中学校単独実施かその両方にまたがる実施か，恒久的なものか暫定的なものかなど多様である。だが，一括りに捉えたときにその急拡大は目を見張るものがある[19]。2022 年においても，小中学校完全無償としては中核市で初めて青森県青森市が 7 月に，同じく小中学校完全無償として東京 23 区で初めて葛飾区が 9 月に，そして，一部無償ではあるが千葉県が都道府県としては初めての給食費無償施策を表明した（8 月）。

2022 年 7 月末時点で，全国 1,793 自治体に対して文部科学省が調査したところ，学校給食費の保護者負担を軽減する措置を実施した及び実施予定の自治体は，合わせて 1,491（83.2%）に上った[20]。これは，物価上昇にともなう給食費値上げ分の公費補助などの施策も含まれ，給食費無償とは経緯・理念・規模などは異なるものの，保護者負担軽減の取り組みが全自治体の 8 割にまで標準化していると捉えることは可能である。

同時に，給食費にとどまらず教材費やランドセル代の無償化や補助についても自治体として取り組むところが出てきている（山梨県早川町，山口県防府市，埼玉県秩父市など）。これも政策の具体としては，私費負担分についての支給や現物の無償配布など方法はさまざまである。

19　藤井孝良「給食費無償化の動きが続々　自治体間格差広がる懸念も」『教育新聞』2022 年 9 月 8 日。https://www.kyobun.co.jp/news/20220908_05/　2022 年 9 月 14 日最終確認。

20　文部科学省「物価高騰等に対応した学校給食費の保護者負担軽減に向けた取組状況をお知らせします。」2022 年 9 月 9 日。https://www.mext.go.jp/b_menu/houdou/mext_01110.html　2022 年 9 月 14 日最終確認。

さらに給食費・教材費・制服代・修学旅行費の無償化は地方選挙・国政選挙においても公約の一領域として定着しつつある。特に鮮烈だったのは，2020年7月の東京都知事選において，給食費・教材費・修学旅行費の無償を訴える候補が得票率2位で惜敗したことだ。また，2022年の参議院議員通常選挙では自民党を除く7つの国政政党の公約で給食費や教育にかかわる費用の「無償」が掲げられた。日本国憲法の制定から80年を前にして，公教育の無償性は最も実現に近づいてきていると言える。

しかし，ここで重要なのは，今ある私費負担をそのまま公費化することが公教育の無償性の真の実現なのかということである。公教育の無償性は，「自由権的学習権としての国民の『学習の自由』とそれに対応する『教育の自由』を，その法的な土台」（兼子 1978：229）としていることに鑑みると，国家がその「金銭の支配力」（世取山 2007：44）を駆使して教育権力化し，思想統制的に教科書・教材へ介入することが許されてよいはずはない。子どもの身体の自由を拘束する制服を無償で支給して着用義務を課すことが，果たして権利保障方策としての公教育の無償性実現に値するものと言えるか。膨大な費用・時間をかけ，他の教育活動の時間を縮小してでも実施される修学旅行や部活動を無償化することが，「人格の完成」（教育基本法1条）を目指すものと言えるだろうか。近年の無償化政策の教育内容統制的側面，人権侵害的側面を踏まえれば，教育の無償化政策は必ずしも憲法上の公教育の無償性の実現とは言えない。

ここにおいて，兼子の提示した「学校制度法定主義」は重要な視点を示している。兼子は教育立法上の法律主義に則り議会民主主義に条件整備義務を委ねる部分を学校制度，すなわち「学校体系〔略〕や義務教育制をはじめ，学校配置基準，学区制，学年，入学・卒業要件，学校設置基準をなす組織編制〔略〕など，学校に関して社会的に公認された根幹的しくみ」（教育の外的事項）に限定するべきものと指摘した（1978：247）。そして，ここを超える部分（教科教育内容・方法，教材選定，成績評価等の教育の内的事項）は議会民主主義ではなく，子どもとの直接責任制に立つ教師の自主性・専門性，そしてそれを支える学校の教育自治という文化的ルートに委ねることが妥当とした（1978：350－352）。

この学校制度法定主義の理論は現在，教育の内的事項における教育の自主性を確保する意義に加えて，教育の外的事項，すなわち，学校制度について法定化されるべき「学校制度的基準」を明らかにするものである，と再評価がなされている（世取山 2012：12－14）。つまり，学校制度法定主義の理論に則れば，無償で用意されるべき外的条件すなわち学校制度的基準については国家の積極的な教育条件整備が求められるが，そのことは教育内容や子どもの権利などの教育の内的事項への介入を容認しない。公教育無償化義務が何をどこまで無償とすべきかは，財政的理由や政治的意図によってではなく，学校制度法定主義の理論に沿って定まる。

経済的に厳しい家庭を対象とした修学支援制度の仕組みか，あまねく子どもたちを対象とした普遍的な無償制の仕組みか――喫緊には前者の仕組みの改善・充実が求められつつも，長期的展望としては後者の確立が目指されていくべきことは，憲法・国際人権法上の視点からすれば異論は生じないはずだ。しかし，修学支援制度の改善充実や公教育の無償性の実現そのものが目的ではない。それらをまさに子どもの教育を受ける権利（学習権）を満たすものとして機能させていく視点が重要となる。

研究課題

① 身近な学校において，保護者が負担している教育費について調べなさい。

② 身近な自治体の就学援助制度を調べ，支給基準，支給費目，支給額などを比較しなさい。

③ 給食費や教材費などの無償化政策のねらいや仕組みについて調べ，公教育の無償性の観点からその意義と問題点を論じなさい。

参考・引用文献

- 井上英夫・山口一秀・荒井新二編（2016）『なぜ母親は娘を手にかけたのか　居住貧困と銚子市母子心中事件』旬報社
- 奥平康弘（1981）「教育を受ける権利」芦部信喜編『憲法Ⅲ人権(2)』有斐閣
- 川崎雅和編（2021）『コロナと闘う学校』学事出版
- 川崎雅和（2022）「生活保護による就学支援」「就学援助制度の概要」川崎・柳澤清香『就学支援がよくわかる本　学校事務ベーシック１』学事出版
- 就学援助制度を考える会，2009『就学援助制度がよくわかる本』学事出版
- 末冨芳（2010）『教育費の政治経済学』勁草書房
- 成嶋隆（2021）「第４条（教育の機会均等）第１項」日本教育法学会編『教育基本法コンメンタール』学陽書房
- 松岡亮二（2019）『教育格差　階層・地域・学歴』筑摩書房
- 室住眞麻子（2019）『家計から診る貧困　子ども・若者・女性の経済的困難と政策』法律文化社
- 栁澤靖明・福嶋尚子（2019）『隠れ教育費　公立小中学校でかかるお金を徹底検証』太郎次郎社エディタス
- 世取山洋介（2007）「新自由主義教育政策を基礎づける理論の展開とその全体像」佐貫浩・世取山編『新自由主義教育改革』大月書店
- 世取山洋介（2012）「教育という現物給付」「公教育の無償性と憲法」世取山・福祉国家構想研究会編『公教育の無償性を実現する　教育財政法の再構築』大月書店

9 「令和の日本型学校教育」と学校経営

勝野正章

《目標＆ポイント》 2021年1月，文部科学大臣の諮問機関である中央教育審議会は，「『令和の日本型学校教育』の構築を目指して～全ての子供たちの可能性を引き出す，個別最適な学びと，協働的な学びの実現～」（答申）をとりまとめた。本章では，「日本型学校教育」の足跡をたどりつつ，形式的な平等にとどまらない，実質的な平等の実現が現代の学校教育の課題となっているなかで，具体的に包摂的社会の実現に寄与する学校や児童・生徒（子ども）の権利が尊重される学校とはどのようなものであるかを考えてみたい。
《キーワード》 中央教育審議会，「令和の日本型学校教育」，Society 5.0，第3期教育振興基本計画，義務教育の段階における普通教育に相当する教育の機会の確保等に関する法律，子どもの貧困対策の推進に関する法律，カリキュラム・マネジメント，子どもの貧困，インクルーシブ教育，こども基本法，子どもの権利

1．「日本型学校教育」の足跡

2021年1月，文部科学大臣の諮問機関である中央教育審議会は，「『令和の日本型学校教育』の構築を目指して～全ての子供たちの可能性を引き出す，個別最適な学びと，協働的な学びの実現～」（答申）をとりまとめた。この答申では，学習指導と生徒指導の両面をバランス良く担い，高い意欲と能力を持った教師が子どもたちの知・徳・体を一体的に育んできた「日本型学校教育」は，諸外国からも高く評価されていると述べられている。そして，これまでの「日本型学校教育」による成果を重視し，継承しながら，ICT環境の活用と少人数によるきめ細かな指導体制の整備による「個別最適な学び」（指導の個別化と学習の個性化）と，探究的な学習や体験活動等を通しての「協働的な学び」を一体的に充実することにより，「主体的・対話的で深い学び」を実現させ，すべての

子どもたちの可能性を引き出す「令和の日本型学校教育」を実現するとしている。

令和に先立つ平成の初期（1990 年代）には，バブル経済の崩壊と重苦しい災害・事件が重なり，社会が深い不安に覆われていた。大勢の被災者を生んだ阪神・淡路大震災の発生は 1995 年 1 月のことであり，続く 3 月には地下鉄サリン事件が起きた。学校教育の現場では，中学生のいじめ自殺事件や校内侵入者による児童殺傷事件が発生し，少年による連続児童殺傷事件やバスジャック事件が人々の心に大きな衝撃を与えた。少年によるこうした事件が起きるたびに家庭と学校の教育に批判の矛先が向けられ，「心の教育」やいじめ防止対策の必要性が叫ばれた。

21 世紀に入り，社会は一定の安定と安心を取り戻したように見えたが，グローバル化，少子高齢社会化，ICT をはじめとする技術の進歩の傍らで流動化する雇用・労働市場，格差拡大等の社会課題が顕在化した。豪雨などによる自然災害が各地で相次いで発生し，地球温暖化とともに森林破壊による影響も指摘された。2011 年 3 月 11 日に発生した東日本大震災と続く原発事故は筆舌に尽くしがたい甚大な犠牲を生んだ。

こうした背景の下で進められた平成の教育を一言で表現するならば，「模索」ということになるだろう。先行する昭和（戦後）の教育は，その目指す方向がはっきりしていた。1945 年の終戦を境に教育の理念と体制が根本的に変革され，教育の機会を国民に平等に保障することが最大の目標になった。当時としては世界的にも先進的な 9 年義務教育の実施に続き，戦後の経済成長と歩調を合わせ，高等学校と高等教育機関(専門学校・短大・大学）への進学率が 1970 年代まで急上昇を続けた。こうして昭和の終わりまでには教育の量的拡大がひとまずは達成された。

では，次の時代の教育は何を目標にすべきなのか。平成が始まった時点で，その答えは十分に明確にはなっていなかったように思われる。

正確に言えば，量的拡大の次に取り組むべき課題は，「質」の問題であることが認識されてはいた。昭和の終わりに中曽根康弘首相が設置した臨時教育審議会（1984〜87 年）が「個性の尊重」を打ち出したことに続き，平成初期には中央教育審議会が「多様化」路線を提唱し，それまでの量的拡大の陰で画一的性格を帯びることになった教育の改革を進めようとした。1989 年（平成元年）改訂の学習指導要領では，「自ら学ぶ意欲」の育成や「個性を生かす教育」の充実が目標として掲げられ，その後，関心・意欲・態度を重視した新しい学力観も提唱された。1992 年 9 月から，その後の「ゆとり」教育を先導する学校週五日制が始まった（当初は，月一回)。1996 年，中央教育審議会が「21 世紀を展望した我が国の教育の在り方について」（第一次答申）の中で用いた「生きる力」は，その後の教育の方向性を象徴する言葉となった。

しかし，「個性化」「多様化」「生きる力」といった新しい教育の理念は，教育の量的拡大と比較すると，抽象的で共通の明確な目標となるのには難しい面があった。また，1998 年改訂の学習指導要領が小・中学校の教育内容 3 割程度削減，「総合的な学習の時間」の導入を盛り込み，「ゆとり」教育路線を明確に打ち出したものの，その直後に「学力低下」批判が巻き起こり，文部科学省は「確かな学力」を唱えて，路線の一部修正を図った。続く 2008 年改訂の学習指導要領では，1977 年改訂以来継続していた教育内容精選と授業時数減に終止符が打たれ，算数・数学，理科を中心に教育内容を増加，小学校では外国語活動を創設して，約 40 年ぶりとなる授業時数増に転じた。教育の量的拡大を共通の目標とした昭和（戦後）の時代と比べて，教育の質へと重心シフトを進めようとした平成の教育は，このように紆余（うよ）曲折を経てきたのである。

2. 個性や主体性の尊重

近年，政府は，AI（人工知能)，ビッグデータ，IoT（Internet of Things)，ロボティクス等の先端技術が高度化してあらゆる産業や社会生活に取り入れられることで，様々な社会課題が解決可能な超スマート社会 Society 5.0 の実現を提唱している（閣議決定 2016)。そこでは，AI にはできない，真に人が果たすべき役割を十分に考え，実行できる人を育てることが教育の役割になるとされ，平成の時代に模索が続けられてきた，一人ひとりの個性や主体性を尊重する教育がこれまで以上に求められている。

政府の第3期教育振興基本計画（2018〜22年度）では，2030年以降の社会を展望した教育政策の重点事項として，生涯にわたる一人ひとりの「可能性」と「チャンス」を最大化することが掲げられた。令和を目前に控えた2019年4月17日，文部科学大臣は中央教育審議会に「新しい時代の初等中等教育の在り方について」諮問を行った。小学校における教科担任制の拡大など，諮問事項は多岐にわたるが，なかでも特定分野に特異な才能を持つ者や障害のある者を含む特別な配慮を要する児童生徒，外国人児童生徒に対する指導・支援の在り方について検討を求めるなど，一人ひとりの能力，適性等に応じた教育を一層重視していく方向を示した。

この諮問を受けて中等教育審議会がまとめたのが，「令和の日本型教育」答申である。その審議期間には，2020年3月からの数カ月間に及ぶ新型コロナウイルス感染症拡大による全国一斉休校が含まれていた。この緊急事態は，現代が「先行き不透明な予測困難な時代」であるとの人々の意識を強め，Society 5.0時代に向けて，「一人ひとりの児童生徒が，自分のよさや可能性を認識するとともに，あらゆる他者を価値のある存在として尊重し，多様な人々と協働しながら様々な社会的変化を乗り越え，豊かな人生を切り拓き，持続可能な社会の創り手となるよう，その資質・能力を育成すること」が学校教育に求められていると，「令和の日本型教育」答申では述べられている。

平成の終わりには，一人ひとりの能力，適性に応じ，個性を尊重する教育を進め，すべての児童・生徒に教育を受ける機会を実質的に保障しようとする施策や法律の制定が相次いで行われた。文部科学省が，中学校の形式卒業者の中学校夜間学級入学と特別な事情による小学校未修了者の中学校入学を積極的に認める方針を示したのは，2015年7月と2016年6月であった。平成2016年12月に公布された「義務教育の段階における普通教育に相当する教育の機会の確保等に関する法律」は，国及び地方公共団体に対して不登校児童・生徒の多様な学習活動の実情を踏まえ，個々の状況に応じた必要な支援を講じることを求めている。

また，経済格差が教育格差につながり「貧困の連鎖」を生じさせている事実を重く受け止め，その連鎖を断ち切ることを目的として，「子どもの貧困対策の推進に関する法律」が2013年に制定（2019年一部改正）され，教育の支援を柱の一つとする「子供の貧困対策に関する大綱」（2014年，2019年改訂）が閣議決定された。日本はいわゆる先進国のなかで子どもの貧困が最も深刻な国の一つである（阿部 2008；2014)。高等学校修学支援金制度に始まり，教育の無償化が徐々に進められた。さらに，同じ2013年には「障害を理由とする差別の解消の推進に関する法律」が制定され，2014年2月には「障碍者の権利に関する条約」の効力が国内で発生した。日本語教育をはじめ，外国につながりのある児童・生徒に対する国・地方自治体による支援施策も漸次拡充されている。

しかし，平成の教育は飛躍的な量的拡大の一方で犠牲にされることもあった一人ひとりの子どもの個性を尊重する方向へと舵を切ろうとしたものの，その方向転換は必ずしも教育全体を貫く明確な方針となり，共有されたわけではなかった。教育の量的拡大によって，教育機会の形式的な平等はある程度実現したが，障害，貧困などの家庭的背景，人種・民族，性・ジェンダーなどによる差別は依然として残り，実質的な平等（結果の平等）が実現されているとは言い難い状況がある。令和の教育は，すべての子どもに一人残らず，教育の機会を実質的に保障することを実現するという未完のプロジェクトを平成の教育から引き継ぐことになった。

3．形式的な平等から実質的な平等へ

平成において紆余曲折と模索が続いたことが示唆するとおり，一人残らずすべての児童・生徒に教育機会を実質的に保障するという目標は決して容易に達成できるわけではない。その難しさの原因の一つは，実質的な平等の追求が形式的な平等に反する場合があるからである。実質的な平等は，障害，貧困などの家庭的背景，人種・民族，性・ジェンダーによる不利益を現に被っている児童・生徒に対し，より多くの支援・資源を振向けることを要求する。長い間，形式的な平等の実現に努め，それに慣れてきた学校現場では，最初のうちは違和感を覚えることもある

だろう。これには学校教育に限らず，日本社会の特徴として指摘される，他と同じであることが好ましいとして，画一性や同調性を招き寄せる意識が根深いところで関わっている。

2018年にOECD（経済協力開発機構）が実施した第3回TALIS（国際教員指導環境調査）でも，教育機会の実質的平等を実現しようとすることの難しさが浮き彫りになった。2008年，2013年に続く今回の調査は，参加43カ国・地域（主調査には31カ国が参加）から抽出された中学校200校の校長と教師20名を対象に多岐にわたる質問に回答を求めた。その中で平等にかかわる学校の取り組みについて，校長に尋ねた結果は次のようであった。

・異なる社会経済的背景を持つ生徒たちと共生することを教える
　82.3%（92.9%）
・ジェンダーに基づく差別を明確に否定する方針を掲げている
　62.6%（80.2%）
・社会経済的な差別を明確に否定する方針を掲げている
　66.2%（74.8%）
・不利な環境にある生徒に追加的な資源を投入する
　29.8%（67.6%）
　※（　）内はOECD 30カ国の平均

最初の3つの項目はOECD平均よりは低いものの，日本では長らくこうした不平等を表面化することを避けてきたことに鑑（かんが）みるなら，決して悲観視すべき結果ではないかもしれない。とは言え，4つ目の項目である教育機会の実質的な平等については，OECD諸国と比べて，大きな差があり，取り組みに遅れをとっていることがわかる。

教育機会の実質的平等を進める取り組みの遅れを教職員の理解不足や意識の弱さのみに帰するのは明らかに誤りである。平成の教育が模索を続けたのは，質の充実がもっぱら学校現場の意識と取り組みに委ねられ，政府による条件整備（財政支援）が十分に行われなかったことによる部分も大きい。昭和の終わりに個性の尊重を唱えた臨時教育審議会は，同時に教育への市場原理導入に道を開き，教育費の公的負担に対する政府の責任を弱める提言を行った。これにより，競争原理や学校現場の自助努力で教育の質的充実を図るという政策が採用された。しかし，本来，児童・生徒の個性を尊重し，教育の質を充実させるためには，学級規模の縮小をはじめとする条件整備が不可欠である。教育の質的充実には量的拡大と同様，いやむしろそれ以上に費用がかかる。残念ながら，この事実に対する理解が平成の教育では十分ではなかったと言える。

令和の新しい学校は，障害や人種・民族，貧困などの家庭的背景，性・ジェンダーなどによる差別は許されないことを明確に学校教育目標（経営方針）に掲げるだけにとどまらず，現にそうしたことを原因として不利な立場にある子どもたちに対しては，より手厚い支援が当然のこととして行われる学校である。これまでの教育では，ともするとそうした違いを覆い隠すことが平等の名の下に行われてきた。それは形式的な平等ではあっても，実質的な平等ではない。実質的な平等の実現とは，多様性（ダイバーシティ）を尊重し，一人ひとりに能力，適性等に応じた教育を保障することである。それは学校だけの課題ではなく，国連が提唱するSDGs（持続可能な開発のための目標）の一つ，「すべて人の人権が尊重され，平等に潜在能力を発揮でき，豊かで充実した生活を送れること」のとおり，現代の社会が目指す方向でもある。

そのような新しい社会を学校の自助努力だけで作りだすことはできないが，社会・政府からの信頼と支援を力として，たくさんのことが学校にはできることも確かである。これもまた歴史が教えるように，社会の創造的変革に教育が果たす役割は大きい。旧教育基本法の前文は，次のように宣言していた。「われらは，さきに，日本国憲法を確定し，民主的で文化的な国家を建設して，世界の平和と人類の福祉に貢献しようとする決意を示した。この理想の実現は，根本において教育の力にまつべきものである」。新しい学習指導要領が提起している「社会に開かれた教育課程」の考え方も参考になる。それは「社会や世界の状況を幅広く視野に入れ，よりよい学校教育を通じてよりよい社会を創るという目標を持ち，教育課程を介してその目標を社会と共有していくこと」を学校に求めているのである。

4. 社会的包摂を目指す学校

現行の学習指導要領は，学校教育を通じてよりよい社会を創るという目標を学校が社会と共有する「開かれた教育課程」を唱えるとともに，カリキュラム・マネジメントの推進を求めている。2018 年 3 月に告示された高等学校学習指導要領では，カリキュラム・マネジメントについて，次のように説明されている。

「各学校においては，生徒や学校，地域の実態を適切に把握し，教育の目的や目標の実現に必要な教育の内容等を教科等横断的な視点で組み立てていくこと，教育課程の実施状況を評価してその改善を図っていくこと，教育課程の実施に必要な人的又は物的な体制を確保するとともにその改善を図っていくことなどを通して，教育課程に基づき組織的かつ計画的に各学校の教育活動の質の向上を図っていくこと（以下「カリキュラム・マネジメント」という。）に努めるものとする。」（第 1 款　高等学校教育の基本と教育課程の役割）

突き詰めれば，カリキュラム・マネジメントとは，「カリキュラムを中心に，組織的要素をカリキュラムに結びつけながらマネジメントし，最終的に教育目標を具現化していく」（田村 2014）営み，プロセスのことである。

学校の教育目標において学力が重要な柱であることは言うまでもないが，現代の学校経営は，すべての子どもたちの教育を受ける権利を平等に保障する（憲法 26 条，14 条）ために，ともすると狭く解釈されがちな学力の向上だけにとどまらない，多様な課題への対応が求められている。例えば，SNS（ソーシャル・ネットワーク・サービス）上のいやがらせやいじめなど，生活指導上の問題への対応や保護者や地域との関係づくりも，学校経営の大きな課題である。グローバリゼーションなどの社会変化の負の側面とも言える格差・貧困の問題も，子どもの成長・発達に深刻な影響を及ぼしており，学校も格差・貧困問題に対峙せざるを得ない。

「子どもの貧困対策法」の成立・施行を受けて，2014 年 8 月 26 日に閣議決定された「子供の貧困対策に関する大綱」が 2019 年 11 月に改訂された。「日本の将来を担う子供たちを誰ひとり取り残すことがない社会に向けて」との副題が付された，この大綱も従来の大綱を引き継ぎ，子供の貧困に関する指標の改善に向けた重点施策の第一に「教育の支援」を掲げ，その基本方針については「学校を地域に開かれたプラットフォームとして位置づけるとともに，高校進学後の支援の強化や教育費負担の軽減を図る」としている。教育の支援の具体的な施策は，以下のようなものが挙げられている。

・幼児教育・保育の無償化の推進及び質の向上
・地域に開かれた子供の貧困対策のプラットフォームとしての学校指導・運営体制の構築（スクールソーシャルワーカーやスクールカウンセラーが機能する体制の構築等／少人数指導や習熟度別指導，補習等のための指導体制の充実等を通じた学校教育による学力保障）
・高等学校等における修学継続のための支援（高校中退の予防のための取組／高校中退後の支援）
・大学等進学に対する教育機会の提供（高等教育の修学支援）
・特に配慮を要する子供への支援（児童養護施設等の子供への学習，進学支援／特別支援教育に関する支援の充実／外国人児童生徒等への支援）
・教育費負担の軽減（義務教育段階の就学支援の充実／高校生等への修学支援等による経済的負担の軽減／生活困窮世帯等・ひとり親家庭への進学費用等の負担軽減）
・地域における学習支援等（地域学校協働活動における学習支援等／生活困窮世帯等への学習支援）
・その他の教育支援（学生支援ネットワークの構築／夜間中学校の設置促進・充実／学校給食を通じた子供の食事・栄養状態の確保／多様な体験活動の機会の提供）

ここでは，スクールカウンセラーやスクールソーシャルワーカー[1]をはじめ，子どもに関係するさまざまな職種や機関，そして地域と学校が連携し，ネットワークを構築することで，子どもの貧困を解決しようとする姿勢が読み取れる。

貧困のような厳しい家庭環境にある子どもたちの学習を受ける権利と福祉（well-being）を保障しようするならば，教育の支援だけでは明らかに不十分である。「子供の貧困対策に関する大綱」では，教育の支援に加えて，生活の安定に資するための支援，保護者に対する職業生活の安定と向上に資するための就労の支援，経済的支援が重点施策として加わっている。

このような子どもを対象とする指導・支援だけでは不十分であり，家庭や地域コミュニティの機能を積極的に学校が引き受けたり，家庭や地域コミュニティのニーズに応じたサービスを提供したりすることが必要となるという考えは，外国でも見られる。例えば，イギリス（イングランド）で労働党政権時代（1997－2010 年）に積極的に推進されたフルサービス拡張学校（full-service extended school）は，「児童生徒の教科学習を最大化するために，児童生徒の全体的な発達を促進したり，児童生徒の生活の場である家庭やコミュニティといった文脈が，学習に最大限貢献したりするようにする」ことを理念に掲げ，従来の学校教育にとどまらない，子ども・家庭・地域福祉的なサービスを包括的に提供する学校である。

1　学校教育法施行規則には，スクールカウンセラーとスクールソーシャルワーカーの職務がそれぞれ「小学校における児童の心理に関する支援に従事する」（65 条の 3），「小学校における児童の福祉に関する支援に従事する」（65 条の 4）と定められている。また，文部科学省の「生徒指導提要」（令和 4 年 12 月）には，「スクールカウンセラーは，心理に関する高度な専門的知見を有する者として，スクールソーシャルワーカーは，児童生徒の最善の利益を保障するため，ソーシャルワークの価値・知識・技術を基盤とする福祉の専門性を有する者として，校長の指揮監督の下，不登校，いじめや暴力行為等の問題行動，子供の貧困，児童虐待等の未然防止，早期発見，支援・対応等を，教職員と連携して行う」との記載がある（p. 17 注）。

アメリカでも，フルサービス・コミュニティ・スクール（full-service community school）と呼ばれる学校がある。フルサービス・コミュニティ・スクールでは，①核となる教育プログラム（教科指導，個別指導，家庭学習支援）に加え，②教育的・文化的なエンリッチメントプログラム（放課後・休暇中に行われる芸術・スポーツ活動），③学習や発達の阻害要因を除去するプログラム（医療，メンタルケア，歯科医療，ソーシャル・サービス）が子どもたちに提供されている。その理念は，次のように説明されるものである。

「子ども，若者そして家族が必要とし，その多くが学校の建物に置かれる，あらゆるサービスがいっしょになることである。教育の側に対する要求は，再組織，革新されるべき学校システムに責任を持つことである。コミュニティ諸機関に対して責任を負わせることは，学校の中に健康，メンタルヘルス，雇用サービス，チャイルドケア，親教育，ケースマネジメント，レクリエーション，文化行事，福祉，コミュニティポリスなど，そのイメージにふさわしいものは何でも持ってくることである。その結果は，ある新しい継ぎ目のない期間，コミュニティに最大限の応答をさせうる，そしてサービスをもっとも必要としている人々にアクセスと継続性を可能にする，共有する統治構造を持った，コミュニティ中心の学校となる。」（青木 2002）

イギリスやアメリカに見られる，このような学校は，貧困に限らず，国籍，人種，民族，言語や障がいなどさまざまな要因が複雑に絡み合って生じている，子どもたちの困難・不利益を直視し，政府による支援と民間との連携・協力の下で，「社会的排除を抑制またはおしとどめ，社会的包摂をめざす学校」（ハヤシザキ 2015）であると言える。

日本の学校でも，種々の困難を抱える子どもたちの学習権，発達・成長権を保障するための教育実践が行われている。それはたとえば，次のようなものである（柏木・仲田編著 2017）。

・自己肯定感を育み，将来への見通しを持てるようになるためのキャリア教育
・達成感を持てる教科指導
・違いを肯定的に認めあい，思いやりを持て合う学級づくり
・「地域肯定感」を持てる地域学習
・訪問（アウトリーチ）型家庭教育支援，スクールソーシャルワーカー，福祉部局と教育委員会の協働
・土曜教室による学力保障，ボランティアによる個別指導，学力保障の前提になる居場所づくり

このような取組の根底には，共通して「一人ひとりの子どもをケアする学校文化」（柏木・仲田編著 2017）を育む学校経営がある。

近年，日本でも徐々にその理念が知られるようになりつつあるインクルーシブ教育は，何よりも多様性（ダイバーシティ）が尊重され，能力，障害，性別，人種・民族，階層，宗教，言語などの差異による差別（不平等）のない学校であることを強く求める（「特別なニーズ教育における原則，政策，実践に関するサラマンカ宣言」1994年）。子ども，保護者，教職員，地域住民という学校の構成員・関係者が，差異や多様性を「快い」と感じ，問題としてではなく，学校（コミュニティ）をより豊かなものに成し得る貴重な資源と捉えることのできる学校づくりが求められているのである。一部の子どもたちをどのようにメインストリームの教育に統合するかという問題にとどまらず，学習者の多様性に応答するために，教育の内容と方法，そして学校経営をいかに刷新していくかが問われている。

5. 児童・生徒の権利を保障する学校

近年，「髪の一律黒染め」や「下着の色指定」などの項目が都立高校で廃止されるなど，各地で校則見直しの動きが進んでいる。生まれつき茶色の髪を黒く染めてくるようにと指導されて不登校になった大阪府立高校生が2017年に学校を訴え，裁判を起こした。この事件がきっかけ

となって，いわゆる「ブラック校則」に対する社会的関心が高まり，見直し・廃止を求める声が広がったことも背景にある（荻上・内田 2018）。

この校則見直しの特徴として，第一に教育行政主導で進んでいることがある。校則・生徒指導に関する調査・アンケートの実施や見直しに向けたガイドライン作成など，教育委員会から学校への働きかけが積極的に行われている。第二の特徴として，児童・生徒の校則見直し過程への参加が促進されていることがある。実際に都立高校における校則改正は，2021 年 4 月，東京都教育委員会が，教職員と生徒，保護者等が話し合う機会を持つなどにより校則等の自己点検に取り組むよう通知した結果であった。熊本市教育委員会も，「校則・生徒指導のあり方の見直しに関するガイドライン」（2021 年 3 月）を定めて，見直しの観点の一つに「児童生徒が，自ら考え，自ら決めていくような仕組みの構築」を掲げた。学校管理規則も改正し，校長の学校規程制定権限に「必要かつ合理的な範囲内」との限定を付すとともに，校則の制定・改廃に教職員，児童・生徒及び保護者を参画させることを求めた（2021 年 4 月 1 日施行）。

文部科学省が 2022 年 12 月に改訂・公表した「生徒指導提要」でも，校則見直しの過程に児童・生徒が主体的に参加することは「校則の意義を理解し，自ら校則を守ろうとする意識の醸成につながり」，また「学校のルールを無批判に受け入れるのではなく，自身がその根拠や影響を考え，身近な課題を自ら解決するといった教育的意義を有する」としている。

2023 年 4 月 1 日，子ども施策の基本理念を定めた「こども基本法」が施行された。同法の目的（第 1 条）には，日本国憲法とともに児童の権利に関する条約（子どもの権利条約）の精神に則って子どもの権利擁護が図られるべきことが定められている。基本理念（第 3 条）には，「年齢及び発達の程度に応じて，自己に直接関係する全ての事項に関して意見を表明する機会及び多様な社会的活動に参加する機会が確保されること」「意見が尊重され，その最善の利益が優先して考慮されること」が含まれる。本法の施行により，国及びすべての地方自治体の学校教育行政・施策は，子どもが保護（protection）と意味のある参加（meaningful participation）の権利主体であることを基本として実施することを求められる。

しかし，教育行政のトップダウンだけで子どもの権利が尊重される学校（rights-respecting school）への変化を実現することは困難であり，弊害も予想される。子どもの権利は，基本的価値として学校のすべての活動の根底に据えられるものでなくてはならない。そのために教育行政には，子どもにやさしい街づくりなどの取り組みを市民団体と連携して進めている他の行政領域における経験と知見から学ぶことが望まれる。また，子どもの権利の実現を目的とする学校教育プログラムを開発し，導入・実践を支援しているユニセフなどの国際機関や国内外の民間・市民団体，私立学校やオールタナティブスクール[2]を含む先進的な学校との連携・協働も有益だろう。

研究課題

① 中央教育審議会が2021年1月にとりまとめた「『令和の日本型学校教育』の構築を目指して～全ての子供たちの可能性を引き出す，個別最適な学びと，協働的な学びの実現～」（答申）を読み、そこで言われている「日本型学校教育」の長所と短所を整理してみなさい。

② 「特別なニーズ教育における原則，政策，実践に関するサラマンカ宣言」（1994年）などを参考にして，インクルーシブ教育の理念につ

2 オールタナティブスクールの一義的な定義は存在しないが，特定の国・地域において主流を成す正統的な内容・方法とは異なる学校教育を提供する教育機関を指す概念である。日本では，シュタイナーやフレネなどの子どもの自発性や興味関心を重視する教育哲学に基づいた教育を行う学校の他，フリースクールもオールタナティブスクールに含まれることが多い。最も広い意味では，学校教育法1条に定める正規の学校（「一条校」）以外の学校を指す。

いて調べ，現代日本の学校経営において，そうした理念を実現していく上での課題にはどのようなものがあるか考えなさい。

③ 「こども基本法」（2024 年 4 月 1 日施行）の基本理念（第 3 条）（「年齢及び発達の程度に応じて，自己に直接関係するすべての事項に関して意見を表明する機会及び多様な社会的活動に参加する機会が確保されること」「意見が尊重され，その最善の利益が優先して考慮されること」）を学校において実現するためには、どのように学校を経営していけばよいのか考えなさい。

参考・引用文献

- 青木紀（2002）「アメリカにおける教育と福祉の連携―フルサービス・コミュニティ・スクール―」『北海道大学大学院教育学研究科紀要』第 85 号，pp. 157-169.
- 阿部彩（2008）『子どもの貧困―日本の不公平を考える』岩波書店
- 阿部彩（2014）『子どもの貧困Ⅱ―解決策を考える』岩波書店荻上チキ・内田良編著（2018）『ブラック校則』東洋館出版社
- 閣議決定「第 5 期科学技術基本計画（平成 28 年度～32 年度）」2016 年 1 月 22 日
- 閣議決定「第 3 期教育振興基本計画（2018～2022 年度）」2018 年 6 月 15 日
- 柏木智子・仲田康一編著（2017）『子どもの貧困・不利・困難を超える学校　行政・地域と学校がつながって実現する子ども支援』学事出版
- 国立教育政策研究所編（2020）「教員環境の国際比較：OECD 国際教員指導環境調査（TALIS）2018 報告書［第 2 巻］―専門職としての教員と校長―」明石書店
- 田村友子（2014）『カリキュラム・マネジメント―学力向上へのアクションプラン』日本標準ブックレット　No. 13
- 中央教育審議会「21 世紀を展望した我が国の教育の在り方について」（第一次答申）1996 年 7 月 19 日
- 中央教育審議会「『令和の日本型学校教育』の構築を目指して～全ての子供たちの可能性を引き出す，個別最適な学びと，協働的な学びの実現～」（答申）2021 年 1 月 26 日
- ハヤシザキカズヒコ（2015）「英米のコミュニティ・スクールと社会的包摂の可能性」『教育社会学研究』96 巻，pp. 153-173.
- 文部科学省「生徒指導提要」2022 年 12 月

10 学校の組織と文化

勝野正章

《目標＆ポイント》 21世紀に入る頃から，学校経営責任の明確化や校長の権限・リーダーシップの確立によって学校経営の効率化，効果の向上を図る学校運営組織改革が進められてきた。本章では，このような学校運営組織改革の動向をフォローするとともに，それをより深く理解するための理論や視座について，学校の組織文化にも触れつつ学習する。
《キーワード》 学校の自主性・自律性，ヒューマン・サービス組織，官僚制，ルースカップリング，システム論，組織文化，同調圧力

1．学校運営組織の改革

現代社会における激しい環境変化に適応し，機動的な学校運営を可能にするために経営責任の明確化や校長の権限・リーダーシップの確立を目標とする学校運営組織改革が進行している。これをシステム論的視座から見るならば，学校組織内部の調整・統制機能を強化し，学校組織の持つ「不確実性（uncertainty）」を縮減する試みであると言える。そこでは，教師個人や学級，学年，教科等の単位における教育活動を学校組織としての目標を達成するように統合する作用が不十分であると考えられているのである。

今日の学校運営組織改革の路線を敷いたのは，教育行政の地方分権化とともに，学校の自主性・自律性確立を唱えた中央教育審議会答申「今後の地方教育行政の在り方について」（1998年9月）である。この答申は1章を「学校の自主性・自律性の確立」に当て，「公立学校が地域の教育機関として，家庭や地域の要請に応じ，できる限り各学校の判断によって自主的・自律的に特色ある学校教育活動を展開できるようにする」ことを提言した。

答申の具体的提言のうち，特に学校運営組織改革として重要なのは，学校教育活動を決定し，実行する際の機動性を高めるとともに，責任の在り方を明確にするという観点から校長のリーダーシップを強調したことである。その一方で，職員会議については，「運営等をめぐる校長と教職員の間の意見や考え方の相違から，職員会議の本来の機能が発揮されていない」「職員会議があたかも学校の意思決定権を有するような運営がなされ，校長がその職責を十分に果たせない場合もある」という批判的な意見がとりあげられ，校長の諮問機関（補助機関）として，初めて法令上にその性格が確定されることになった（学校教育法施行規則48条)。また，校長，教頭，主任等から構成される企画委員会・運営委員会の活用が唱えられた。

その後，2008年度からは校長を補佐する副校長，校長・副校長を補佐する主幹教諭などの新たな職を自治体の判断により設置できるようになった。

このように，校長のリーダーシップの強調，職員会議の諮問機関化，新たな職層の設置などを通じて学校経営組織の効率化や効果の向上を図ろうとする改革は，近年になって初めて登場したものではない。それは1960年代後半からの「学校経営の近代化」（伊藤 1967）のモチーフでもあった。当時，学校組織に導入されることになった主任は，教務や生徒指導など，それぞれの職務にかかわる事項について教職員間の調整及び関係教職員に対する指導・助言にあたることになった。しかし，当初は校長，教頭という上司の監督を受け，他の教諭に指揮・命令を行う権限を持った中間管理職として設置することで，上位下達的な命令系統を整備し，階層的で効率的な学校運営組織が目指されていた。

当初構想されていた主任や近年の副校長，主幹教諭のような「中間管理職」は，企業では当たり前のように存在している。その意味で運営組織階層化の有効性は社会的に広く認められているものである。しかし，目標の多義性・多様性，技術（目標を達成するための方法論）の不確実性，成果の予測と評価の困難性等の特徴を有する学校組織においても，企業組織と同様に有効であるかどうかは必ずしも自明ではない。

2.「信頼」モデルと「管理・統制」モデル

学校は「人が人にサービスを提供する」ヒューマン・サービス組織の一つである。ヒューマン・サービス組織では，官僚制や企業組織と異なり，プロフェッショナリズム（専門職性）やボランティズム（自主性・自律性）が組織の構成原理として尊重され，「曖昧さ」を積極的に活用することが有効であるとされる（田尾 1995）。すなわち，フラットな組織構造の下で水平的なコミュニケーションを重視し，目標や成果の評価をあえて曖昧なままにして，個人の専門的裁量を承認することは，学校が公式構造を一定程度維持しつつ，組織としての有効性を維持・向上させる合理的な方略であり得る。

この方略が十全に機能するためには，学校の組織的特性と教育活動の技術的特徴を前提として，学校と教職員の専門的裁量を承認することが学校組織の有効性をもたらすはずだという「信頼の論理（logic of trust）」が働いている必要がある。しかし，今日の学校運営組織改革は，この「信頼の論理」が弱まり，「信頼」モデルから「管理・統制」モデルへの移行が進んでいることを示すものだと言える。

田尾（1995）によれば，サービス資源の多寡により，ヒューマン・サービスの供給者はクライエントに対して，圧倒的に優位な立場に立つ。クライエント重視はしばしば建前にとどまり，供給者側の自己利益が優先されたり，クライエントの単純化・標準化，すなわち個性的，全体的存在の否定が行われる。このようなクライエントに対する支配を抑制する手段として，一つには倫理性を強めたプロフェッショナリズムを促進する方法も考えられる。しかし，現在の学校経営組織改革では，そのような方向ではなく，「管理・統制」モデルの強化やクライエントによる評価による専門職の抑制が主流になっている。

しかし，「管理・統制」モデルには以下のような問題がある。まず，ヒューマン・サービス組織全般について指摘されるように，教職員に対する管理・統制を強めることは，専門的自律性に対する侵害と受けとめられて，抵抗を招くことが少なくない。その結果，教職員のモラールが低下し，また学校組織の特性にそぐわない管理的介入により，かえって教育活動（サービス）の効率的・効果的実行が妨げられる可能性がある。さらにクライエントによる評価も，「事なかれ主義」をもたらすなど，結果的に教育活動（サービス）の質的低下をもたらす可能性がある。

一方，近年は「信頼」モデルに対する再評価も見られる。例えば，米国のブライク（Anthony S. Bryk）は，児童・生徒の学業達成度の高い学校における社会的交換（social exchange）の在り方に注目し，「関係的信頼（relational trust）」）が学校の成功にとっての鍵であると論じている（Bryk & Schnider 2002)。ブライクによれば，「管理・統制」システムによる組織統合よりも，相互に人格的敬意を払い，能力を信頼しあう「関係的信頼」が学校組織の有効性を規定しているのである。

ブライクは，信頼を「関係的信頼」「有機体的信頼」「契約的信頼」の3種類に区別している。「関係的信頼」とは，相手の意図と実際の行動が一致することを確認する経験の積み重ねによって強化される。例えば，保護者による学校・教職員への信頼は，学校が目指している変化が児童・生徒の学習と成長の機会と質を高めようとする誠実な動機によるものと認知されるかどうかにかかっている。

それに対して，「有機体的信頼」とは，相手が常に自分に対して良いように行動してくれるだろうという素朴な想定のうえに成り立っており，相手の意図は意識されない。「契約的信頼」においても，「有機体的信頼」と同様，意図は重要な意味を持たない。「契約的信頼」で重要なのはあくまでも結果であり，極論すれば期待どおりの結果が得られさえすれば，どのような意図や動機の下に行われたことであるかは問題とならない。

ブライクによれば，学校の効果を決定するのは，「有機体的信頼」や「契約的信頼」ではなく，「関係的信頼」である。「有機体的信頼」は，実質的な白紙委任に近く，学校は一切説明責任（アカウンタビリティ）を問われない。これが現在の学校に通用しないことは明らかであろう。一方，成果主義的な説明責任（アカウンタビリティ）を強調する「契約的信頼」は，市場主義的教育改革の基調をなしているが，学校の教育活動の質的向上を必ずしも保障しない。

「関係的信頼」が学校運営の決定的要因であるのは，教育活動の相互依存的性質に由来し，本質的に協働が必要とされるからであると考えられる。「管理・統制」モデルも，調整や協働を要請するが，規則や命令や契約に基づいて調整や協働を推進する点が「信頼」モデルとは異なっている。

2015 年 12 月の中央教育審議会答申「チームとしての学校の在り方と今後の改善方策について」は，以下のように述べて，従来の校長のリーダーシップ，学校の管理・統制機能強化に加え，スクールカウンセラーやスクールソーシャルワーカーなど，学校教育と隣接・関連する分野の専門家・専門機関との連携を強化すべきことを唱えた。

「（学校が新しい教育課程の実現，複雑化・多様化した課題の解決，教師が子どもと向き合う時間の確保などに）対応していくためには，個々の教員が個別に教育活動に取り組むのではなく，校長のリーダーシップの下，学校のマネジメントを強化し，組織として教育活動に取り組む体制を創り上げるとともに，必要な指導体制を整備することが必要である。その上で，生徒指導や特別支援教育等を充実していくために，学校や教員が心理や福祉等の専門家（専門スタッフ）や専門機関と連携・分担する体制を整備し，学校の機能を強化していくことが重要である。」

学校の内（教職員，子ども，保護者）と外（地域，専門機関等）の両方において，主体・当事者間の「関係的信頼」に根差した連携・協働を進展させられるかどうかが，これからの学校の機能を左右することになろう。

3. 学校組織の理論

本節と次節では，学校運営組織改革をよりよく理解するために，組織理論を概観する。

経営学や組織理論の伝統的関心は「諸活動と諸関係を調整・統制して，目標を達成するのに最適な組織の在り方」に向けられてきた。そして，この問題に対するオーソドックスな答えは，官僚制（bureaucracy）あるいは公式組織（formal organization）であるというものだった（マックス・ウェーバー）。官僚制，すなわち機能的分業，地位に基づく権限，規則に基づく職務遂行，階層的な意思決定と指揮命令関係等の特徴を持った組織構造が，複雑な諸活動と諸関係を最も効率的に調整・統制できると考えられてきたのである。

学校では，学級・学年・教科・係・委員会などからなる分業＝校務分掌体制の下で，あらかじめ策定された教育計画と教育課程に基づいて学校運営と教育活動が行われている。校長・教頭・主任・教諭という職階的職種に基づいた職務内容の規定も，学校教育法をはじめとする法令・規則上に存在する。このように見ると，学校の組織構造も官僚制の特徴を多かれ少なかれ備えていることは間違いない（柳 1991）。

しかし，その一方で，既に前節で言及したとおり，学校は官僚制組織にはなじまない特徴を有している。すなわち，第一に，学校の教育活動の目標は一義的に定義することが難しい。個々の教師の信念や価値観，教師教育・研修の経験，教科の特性なども，学校としての教育活動の目標の多義性・多様性を拡大する。さらに環境からの学校に対する要求や期待も多様であり，時に相互に矛盾することさえある。

第二に，どのような授業や指導の方法が効果的であるかを事前に知るのは極めて困難である。児童・生徒の能力とニーズは多様であり，各家庭の社会経済的，文化的背景も異なる。目標だけでなく，教育技術はこうした多様性に対応できる柔軟性を備えていなければならない。

このように目標の多義性・多様性，目標を達成するための技術の不確実性，さらには成果の予測と評価の困難性という特徴を持った教育活動をあらかじめプログラム化することは困難を極める。そのような場合でも，あくまでも組織活動の効率性を追及して，調整・統制の極大化を図ることが必ずしも効果的であるとは限らない。むしろ，諸活動，諸関係が緩やかに結合された状態＝ルースカップリング（疎結合）のほうがかえって組織として効果的であるということもあり得るのではないだろうか。

カール・ワイク（Karl Weick）が1976年の論文「緩やかに結合されたシステムとしての学校組織」において指摘したのは，まさにこの点であった（Weick 1976）。ワイクによれば，学校という組織においては目的と手段，過程と結果，教師と教材，教師と教師，教師と児童・生徒など，学校組織の諸要素が，官僚制的組織観が想定しているほど強く結合されてはいない。しかし，それにもかかわらず学校は組織として一定の成果を生み出しており，決して効果的でないわけではない。そうだとすれば，ルースカップリングは治療が必要な病理的状態なのではなく，むしろ有効な組織構造である，ということになる。

ワイクによるルースカップリングが持つ有効性の発見を引き継いで，一般的な組織構造の決定要因について重要な問題提起を行ったのが，ボルマン（Lee Bolman）とディール（Terrence Deal）である。ボルマンとディールは，「何が組織の構造を決定しているのだろうか？ハーバード大学とマクドナルドは，どちらも優れて効果的な組織であるのに，構造はかくも異なっているのはなぜだろうか？」と問うた（Bolman & Deal 1984）。

この問いに対するボルマンとディールの答えは「効果的な組織はその技術と環境からの要求や必要に，その構造を適合させている」というものであった。最も効果的な組織構造の探求は，経営学と組織理論の中心的課題であったが，構造は活動の技術と環境の固有性に左右されるのであり，どんな組織にとっても最適な万能の組織構造というものは存在しない，と論じたのである。このような見解をコンティンジェンシー（contingency）理論という。

コンティンジェンシー理論では，特に環境が組織構造を決定する重要な要因であるとされる。安定的環境の下では，組織は的確な情報や必要な資源を比較的容易に得られるので，公式的な情報伝達経路で事足り，規則に基づいて職務遂行を進めることが可能である。一方，環境が不安定で，その影響が予測困難である場合，あらかじめ定められた規則では対応できず，意思決定の分散化や環境との公式・非公式な接触点（情報と資源の入手経路）の多元化が必要になる。つまり，不確実性の高い環境の下にある組織は，よりフラットで柔軟な組織構造をとるほうが有利なのである。

ルースカップリング理論やコンティンジェンシー理論に照らせば，学校にとって官僚制は常に有効な組織構造であるとは言えない。それにもかかわらず，学校組織が一定の官僚制的特徴を有しているのはなぜだろうか。

この問題に関して，マイヤー(John Meyer)とローワン(Brian Rowan)は，「制度化された組織—神話と儀礼としての公式構造」という 1977 年の論文において，興味深い考察を行っている。マイヤーとローワンは，官僚制が企業や行政組織，学校などの組織において広く採用されているのは，その組織構造が実際に効率的であるという理由のみによるのではなく，それが最善であるという社会的合意ないしは規範が何らかの経緯によって形作られているからであると論じた。このような合意は「制度化されたルール（institutionalized rule)」，あるいは「神話（myth)」と呼ばれる。組織は「制度化されたルール」に従っていたほうが社会的支援を得やすく，組織としての安定がはかれ，資源の獲得にも有利になるので，たとえそれ自体としては効率的でなくても，結局，組織の成長や存続にとって有利になるという意味で合理性にかなうのである（Meyer & Rowan 1977)。

ウェーバーにとって，効率性と正統性(合意あるいは規範による承認)はともに合理性の異なる側面を表すものであったが，マイヤーとローワンの研究は組織の効率性だけでなく，正統性にも改めて研究的関心を向けたものであるということができる。

4. 組織と環境―システム論的視座の利点と限界

すべての組織は環境からの影響の下にある。学校という組織にとっての環境は，保護者，地域の住民や諸団体，近隣に位置する他の学校，教育行政機関（教育委員会・文部科学省），さらには少年司法や福祉関係の諸機関など，多様な主体から構成されている。

近年は特に保護者や地域住民が学校の運営や教育活動にかかわる機会が拡大している。保護者や地域住民は，その要望を学校評議員や学校運営協議会（地域運営学校制度）を通じて学校運営の方針決定に反映することができるようになった。「総合的な学習（探究）の時間」をはじめとする授業や部活動などの課外活動，学習環境整備などの面で支援的役割を担うことも少なくない。地域による学校教育支援の推進をねらいとして開始された学校支援地域本部事業は，2017 年度から，より双方的な連携・協力の実現を図るために地域学校協働本部活動に衣替えした。

また，学校選択制が実施されている地域の学校は，入学者をめぐって他の学校と競合する関係に置かれている。この場合，子ども，保護者の選択は，学校の教育方針，教育活動，成果に関する評価情報を伝達していると考えることもできる。学校選択制を積極的に支持する立場からは，子ども，保護者からのネガティブな評価が「選ばれなかった学校」にとって学校改善のインセンティブとして働くとされる。

さらに学校には子どもたちを年齢に基づく学年と定員の定められた学級に振り分けるという規則や，全国的基準である学習指導要領の下で，検定を経た教科書を用いて授業を行わなければならないという規制が課せられている。教育行政機関は法令等に基づいて，このような規則や規制を執行し，学校を管理している。規制緩和と学校裁量の拡大によって教育行政機関からの影響は縮小している面もあるが，その政策・施策の影響や種々の支援的活動も含めて，教育行政機関が学校にとって重要な環境であることに変わりはない。

学校の運営と教育活動は，このように環境からの種々の影響（要望，資源の提供，規則，規制，支援，政策等）の下で行われている。この見方は，組織を「環境との交渉を通じて設定された目標の達成を使命とし，そのために諸活動，組織内部の諸関係，組織と環境との諸関係を調整し，統制する社会的単位」（Reed 1992）と捉える，システム論的組織観の出発点である。組織と環境との関係が開かれており，盛んに相互交渉が行われていることを強調して，「オープン・システム」という用語が用いられることもある。

システム論的視座は，組織を諸活動，諸関係の調整，統制を体系化・様式化の観点から捉えようとする特徴を有している。すなわち，組織とは環境に由来する目標，目標に対応する組織構造，構造的に規定された役割セット，役割への個人の統合，組織的目標・規範・行動からの個人の逸脱の矯正という諸要素から成り立つものであり，それらが論理的に体系化されているものと考えるのである。そして，このような諸活動と諸関係の調整・統制様式がいったん確立されると，組織はその成員から独立した，それ自体のアイデンティティを持つものとして捉えられる。

このような視座から学校組織を見る強みは，環境，目標，構造，役割，規範，調整，統制，情報，資源などの概念を用いて，学校の活動を一般化した形式で説明できることにある。しかし，抽象的概念への依存度が高まるほど，その記述は学校で行われているリアルな活動から遠ざかってしまいかねない。さらに，システム論的視座の限界として，変化の論理としては不十分であることを指摘できる。コンティンジェンシー理論は変化を説明対象とするが，システム論における変化は基本的に環境への適応にとどまる。

また，組織内部でも調整・統制が強調されており，個人の組織への統合が正常な姿であり，個人と組織の間の葛藤は「経営（management）」によって解消されるべき病理と見なされる。葛藤や不服従は個人の感情的反応によって生じる役割からの逸脱であり，組織の目標や活動に異なる定義や意味を与える個人の理性的抵抗とは見なされない。

このようなシステム論的視座の限界を補う意味で，学校を組織という単一の抽象物（a single abstraction）と見ることだけで満足せず，組織に関わる諸個人の経験，ものの見方，意味付け，解釈に根ざした記述と理解の必要性が提起される。システム論的な学校経営研究の中心的問題が「諸活動と諸関係を調整・統制して，目標を達成するのに最適な組織の在り方」であるのに対して，後者の社会構成主義（social constructivism）ないし主観主義（subjectivism）の視座からの学校経営研究は「（教職員をはじめとする）諸個人がそれぞれの置かれた状況の中で他者に対処していくとき，何ができ，何をすべきであり，何をしなければならないと認識しているか」（Greenfield 1973）を重視する。

さらに，主観主義的組織観は学校の活動をめぐる，さまざまな影響や要求間の葛藤を経て，その意味が生成され，作り直されている過程を研究する必要性を提起する。この多くの主体が参加する過程は対等な関係の下で行われることはまれであり，保有する資源（情報，能力，権限，正統性等）の差異に由来して，ある主体が他の主体に対して支配的影響力を行使するのが常態である。システム論的組織観が学校内部を調整・統制が働く場として，実質的にブラックボックス化してしまう傾向は，個人の認識，価値，信念，感情，そして学校のマイクロ・ポリティクスに焦点を当てた研究によって補われる必要がある。

5．学校の組織文化

学校組織に対する研究関心は経営学や企業組織論に触発されたものであったが，学校組織の文化的側面への注目も 1980 年代の「企業文化論」「組織文化論」からの影響が大きかった。

オオウチ（William Ouchi）の『セオリーZ　日本に学び，日本を越える』（徳山二郎訳 1981）やピーターズ（Thomas Peters）とウォーターマン（Robert Waterman）の『エクセレントカンパニー』（大前研一訳 1983）は，当時の日本企業の世界的成功を背景として，その成功の「秘密」を探り，米国企業への教訓を探り当てようというモチーフを有しながら，結論的には日本企業の成功の「秘密」は卓越したアメリカ企業にも共有されていると論じた。その「秘密」とは，要するに企業文化であった。企業文化，より一般的には，組織文化というものが組織の構造以上に組織の生産性に影響を与えており，優れた業績を上げている組織では，信念，価値観が構成員に共有され，「強い文化」が存在しているという主張が展開されたのである。

経営学や組織論の基本問題は「諸活動と諸関係を調整・統制して，目標を達成するのに最適な組織の在り方とは何か」であった。従来，その探求の焦点は組織構造に当てられていた。しかし，それだけでは不十分であり，組織文化がこの調整・統制において重要な役割を果たしているという認識が企業文化論，組織文化論として支持されるようになったのである。

1960 年代から 1970 年代の米国では，学校の組織構造や教育内容に焦点を当てた改革が次々に実行されたが，十分に意味ある，あるいは持続的な変化を生みだすことは少なかった。その原因が問われ始めた頃，ディールとケネディが「文化は学校のダイナミクスの可能性と限界を画定する」という主張を展開した（Deal & Kennedy 1983）。

ディールとケネディの指摘は，学校の文化的側面を十分考慮せずに組織構造の改革を進めても，学校の成果は上がらないというものであった。彼らは，学校に限らず，一般的に組織文化の機能と組織文化を形成し操作する経営者の役割について論じた『シンボリック・マネージャー』（城山三郎訳 1983）の共著者でもある。

そもそも組織文化とは何か。組織心理学者のシャイン（Edgar Shine）が指摘するように，観察可能な行動の規則性，組織内で通用している規範，組織における支配的価値観，組織の方針を導く哲学，組織で生き抜くためのゲームのルール，組織内でやりとりされる感情や雰囲気など，文化の内容はさまざまに解釈されている（Schein 1985）。しかし，シャインによれば，文化の核心は組織の成員によって共有される基本的な前提や信念である。

学校にはその他の組織とは異なる文化（学校文化）があり，さらには学校ごとに固有の文化があると言われる。イギリスの初等学校の組織文化を研究したナイアス（Jennifer Nias）も，シャインと同様，観察可能な行動と部外者にとっては容易に窺い（うかが）知れない，教職員に共有されている信念の中間に価値と規範を置き，信念→価値→規範→行動という深層レベルから表面レベルに至る階層的構造として，学校の文化を把握している（Nias, J. et al. 1989）。

ナイアスは，新たに学校組織の一員となった教師が学校の文化を身に付けていく過程を次のように描写している。

「まず彼は，その学校で他の教職員が話し行動する，受容されたやり方を注意深く見たり，聞いたりすることによって学ぶ。次に，適切な行動をとることを通じて，自らの『適応する』能力を示すうちに，次第に自分が従っているところの規範の理由が理解できるようになる。そうすると今度は，この規範が構築されている基礎にある諸原則，規範の前提にある語られない合意を理解することができるようになる。この合意を受容することで，それらが表現される共有の言語にアクセスすることができるようになり，彼は学校の「秘密の調和（secret harmony）」と呼ばれるところのものを聴くことができると悟るに至る。彼はついに，教職員が「うちの学校のやり方」と呼ぶものを内側から経験することができるようになるのである。」(Nias, J. et al. 1989)

ナイアスによれば，学校の組織文化とは構成員に共有されている認識枠組みである。それは構成員に対して現実を定義するとともに，アイデンティティを付与するのである。

ただし，学校の組織文化を一枚岩的に捉えるのは誤りである。学校には教師，管理職，児童・生徒，保護者という下位集団ごとの文化があり，これらの下位文化はおのおのの集団の信念や利益を軸に形成され，学校の組織と活動を異なる方向に導き，分裂させる可能性をはらんでいる。例えば，教師文化には教科等の小集団ごとに分立するバルカナーゼーション（balkanization）や個人主義という特徴が見られ，これらが教師による協働の妨げとなり得る(佐藤 1997)。さらに，学校には社会階級，ジェンダー，職業等に根ざした組織横断的文化が流れ込んでいる。このような学校内の下位文化や横断的文化が交錯し合う中から学校文化が形成されている。

日本の学校改革においても，学校の組織文化が注目されている。信念や価値観が共有された強い文化を創造することで学校の組織的統合を図り，望ましからぬ既存の学校文化，例えば「個性よりも画一性を好む横並びの文化」を改めなければならないという主張がしばしば聞かれる。強い文化は学校改革のエンジンにも障壁にも成り得る。実際，文化には慣性があり，改革や変化を妨害し得るのである（岡東 2001，岡東・福本 2001）。

6.「同調圧力」という組織文化

2019 年，神戸市立小学校における教師間の執拗（しつよう）ないじめ・暴行事件が報道され，社会の注目を浴びた。もちろん，これは特殊な事例ではある。しかし，今日の日本の学校において，長時間の過密な労働によってゆとりが失われるとともに，日本社会の文化的特徴として指摘される「同調圧力」が強まっていることが，その背景にあるのではないかとの指摘もある（勝野 2020）。

経済産業省が 2022 年度「未来の教室」実証事業（テーマ C.「「未来の教室」ビジョン 2.0 の実現」）の提案募集に際し，サブテーマの一つに「そもそも論・目的と手段から話せる職員室」を設定したのも，こうした学校組織・文化の在り方に対する危機意識からであろう（経済産業省 2022）。その趣旨として，今日の学校組織には，失敗を責められない「心理的安全性」が欠けていることや，職員室で「そもそも論」が話せず，「手段の目的化」に陥りがちであることが指摘され，対話の力によって「高信頼性組織」へと変えていく必要性が述べられている（cf. エイミー・C・エドモンドソン著＝野津智子訳，村瀬俊朗解説 2021）。

一般に「ブラック企業」がブラックであるゆえんは，上司からの理不尽な命令や要求に加えて，本来は支えあう仲間であるはずの労働者間の分断にある。組織が足並みをそろえることを過度に強調し，「最上位目標に向けたメンバーの試行錯誤」を許容しない組織文化の下では，異なる意見を持つ少数派だけが苦しむのではない。多数派も不寛容な職場で働く息苦しさや追い立てられるように仕事を続ける不安から解放されるわけではない。その不安と同僚に向けられるいじめ・暴力性は表裏一体のものであろう。こうした「同調圧力」の強い学校組織文化を教職員が生き生きとやりがいを感じながら働ける組織文化へと変えていくことが，子どもたちの学びと幸福（well-being）を保障するためにも，いま喫緊に求められている。

研究課題

① 中央教育審議会答申「今後の地方教育行政の在り方について」（1998 年 9 月）以降，現在までの学校運営組織改革の特徴をまとめなさない。

② 学校組織の特徴であるとされるルースカップリングの長所と短所（功罪）について，自分の考えを述べなさい。

③ 今日の学校改革において，どのような組織文化の変容が求められているか，自分の考えを述べなさい。

参考・引用文献

- 伊藤和衛（1967）『学校経営の近代化論』明治図書
- 岡東壽隆（2001）「学校の組織文化の構造と特質」児島邦宏・天笠茂編著『画工経営を変える管理職の条件（3）』ぎょうせい
- エイミー・C・エドモンドソン著＝野津智子訳，村瀬俊朗解説（2021）『恐れのない組織―「心理的安全性」が学習・イノベーション・成長をもたらす』英治出版
- 岡東壽隆・福本昌之（2001）『学校の組織文化とリーダーシップ』多賀出版
- 勝野正章（2020）「子どもと教員の危機に打ち克つために　協働して「ブラック職場」の一掃を」日本子どもを守る会編『子ども白書 2020』かもがわ出版
- 経済産業省（2022）未来の教室 Learning Innovation. https://www.learning-innovation.go.jp/news/verify-announcement-c-2022/
- 佐藤学（1997）『教師というアポリア　反省的実践へ』世織書房
- 田尾雅夫（1995）『ヒューマン・サービスの組織　医療・保健・福祉における経営管理』法律文化社
- 柳治男（1991）『学校のアナトミア―ヴェーバーをとおしてみた学校の実像』東信堂
- Bolman, L.G. & Deal, T.E.（1984）*Modern Approaches to Understanding and Managing Organizations*, San Francisco : Jossey-Bass.

- Bryk, A. & Schneider, B. (2002) *Trust in schools : A core resource for Improvement,* New York : Russell Sage Foundation.
- Deal, T.E. & Kennedy, A. (1983) Culture and School Performance, *Educational Leadership,* 40(5), pp.14-15.
- Greenfield, T.B. (1973) Organizations as social interventions : Rethinking Assumptions about Change, *Journal of Applied Behavioral Science,* 9(5), pp.551-574.
- Meyer, J. & Rowan, B. (1977) Institutionalized Organizations : Formal Structure as Myth and Ceremony, American Journal of Sociology, 83(2), pp.340-363.
- Nias, J. et al. (1989) *Staff Relationships in the Primary School : a Study of Organizational Culture,* London : Cassell.
- Reed, M.I. (1992) *The Sociology of Organizations : Themes, Perspectives and Prospects,* Hertfordshire : Harvester Wheatsheaf.
- Schein, E. (1985) *Organizational Culture and Leadership,* San Francisco : Jossey-Bass ＝清水紀彦・浜田幸雄訳（1989）『組織文化とリーダーシップ』ダイヤモンド社
- Weick, K. (1976) Educational Organization as Loosely Coupled Systems, *Administrative Science Quarterly*, 21(1), pp.1-19.

11 学校におけるリーダーシップ

勝野正章

《目標＆ポイント》 日本では2000年頃から学校の自主性・自律性の確立が唱えられるとともに，ビジョンと戦略に基づいて組織マネジメントを実践する「経営者」校長のリーダーシップが強調されるようになった。一方，米国では1980年頃から校長をはじめとするスクール・リーダーが学校改革（改善）において果たし得る役割に注目が集まるようになり，スクール・リーダーシップ研究に著しい進展が見られた。本章では，このような政策・制度の動向とスクール・リーダーシップの代表的な考え方（理念，スタイル，類型）を学習する。また，インクルーシブ教育の実現が求められている現代の学校には，どのようなリーダーシップが必要かを考えてみたい。
《キーワード》 組織マネジメント，「効果のある学校」研究，教授的リーダーシップ，変革的リーダーシップ，分散的リーダーシップ，社会正義のためのリーダーシップ

1. 学校の組織マネジメントとリーダーシップ

組織の効果的な経営（マネジメント）の主たる要素として，理念・ビジョンの設定，人材開発，そして組織開発が挙げられることが多い。これを学校という教育機関にあてはめるならば，理念・ビジョンの設定は学校の組織目標（教育目標）を定め，当事者・関係者による共有化を図ることである。人材開発は教職員の個人的・集団的職能開発の支援が中心となり，校内外で行われる研修をはじめ，教員評価における授業観察とフィードバックなどもその具体的手段ということになる。そして，組織開発は財（いわゆる「ヒト，モノ，カネ」），時間，支援など，学校が教育活動を行っていくのに必要な資源の調達と配分に関係する。教科・教科外の指導組織や校務分掌，委員会などの運営組織を整えることに加

え，必要に応じて教職員間の協働や子どもたちの成長・学習に対する意識・規範などにかかわる学校文化の変革を図ることも組織開発の重要な要素である。

日本の公立学校においては，こうした経営機能の実践が理念として説かれることは以前からあったものの，現実的な要請とされるようになったのは，教育行政の地方分権化とともに学校の自主性・自律性の確立が唱えられた2000年前後からであった。それまでの学校は中央集権的な教育行政システムの末端に位置付けられ，独自に組織目標を設定する自由も，その目標を達成するために人的・物的・金銭的資源を有効に活用する裁量も乏しいと考えられていた。そうした状況を改革し，個々の学校において特色ある教育活動が展開されるように組織経営が行われるべきであるとされたのである（小島弘道編 2007）。

1998年の中央教育審議会答申「今後の地方教育行政の在り方について」は，学校教育活動を決定し，実行する際の機動性を高めるとともに，責任の在り方を明確にするという観点から，校長のリーダーシップを強調した。文部科学省は，校長のリーダーシップを支援するために，副校長・主幹教諭という職階的職務の新設や職員会議の補助機関化などの学校運営組織に関する法令を改正するとともに，企業や官庁で行われている経営理念・手法の学校運営への導入を目的として学校組織マネジメント研修のモデルカリキュラムを開発し，全国の教育委員会に提供して実行を促した（文部科学省・マネジメント研修カリキュラム等開発会議 2004）。

校長及び教頭の資格要件を緩和し，教諭の免許状を持たない者や教育に関する職の経験のない，いわゆる「民間人校長」「民間人教頭」を誕生させたことも，この一連の流れに属する。企業的な組織マネジメントを学校管理職に要請したことにともない，「経営のセンスと力量」を持ったリーダーシップ人材を学校外に求めるとともに，教員出身の校長，副校長・教頭に対する「刺激」を期待したのである。

2018年12月から19年1月にかけて，著者が首都圏の公立高等学校長を対象に実施した「民間企業の経営手法・発想を取り入れた学校経営等に関する調査」では，プロモーション（学校についての広告・売り込み・情報提供），SWOT 分析（学校組織内部の強みと弱み，外的環境における機会と脅威の検討），マーケティング調査（潜在的な入学者と保護者，地域などを学校にとっての「市場」と見なした，ニーズ等の調査）といった経営手法が広く認知され，実行されていることが明らかになった。「校長としての職務を遂行するうえで，民間企業の経営に関する専門的知識をもっと身につける必要があると思いますか」との質問に対しても，7 割強が肯定的に回答しており，学校経営への企業モデルの浸透がうかがえる（**図 11－1**）。

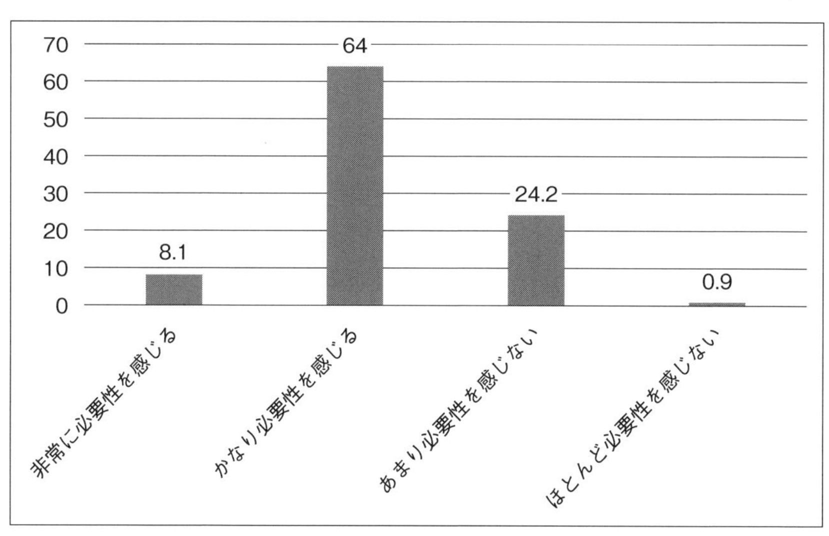

図 11－1　民間企業の経営に関する知識の必要性

（出典：Katsuno 2023）

このように日本では 2000 年頃から学校の自主性・自律性の確立が唱えられるとともに，ビジョンと戦略に基づいて組織マネジメントを実践する「経営者」校長のリーダーシップが強調されるようになった。それ以来，校長の学校経営におけるリーダーシップに対する支援を目的とする法制度改革や研修などが実施されてきたが，人事や予算に関する学校裁量の拡大が今日でもなお十分ではないことや，企業的な組織マネジメントの理念と手法を学校運営に直接適用することの困難や課題も指摘されていることに留意する必要がある。

2.「効果のある学校」研究とリーダーシップ

一方，米国においては，1980 年代前半からスクール・リーダーとしての校長が政策的にも実践的にも学校改革の焦点と見なされるようになり，スクール・リーダーシップ研究に著しい進展が見られた。この背景には，改革プログラムの実施（implementation）の成否は個々の学校におけるリーダーシップに依存していることが改めて現実的に認識されたことがあった。加えて，当時の「効果のある学校（effective schools）」研究による知見の影響も小さくなかった。

1960 年代の連邦政府による教育機会均等政策の評価を実施した『教育機会均等調査（コールマン・レポート）』（Coleman 1966）やその結果を再分析したジェンクスらによる『不平等：学業成績を左右するものは何か』（Jencks et al. 1972，橋爪・高木訳 1978）は，学校制度を総体として見たとき，子どもの教育達成とその後の社会移動に階層や人種・民族等の家庭的ないし社会・経済・文化的要因が決定的影響を及ぼしていることを示すものであった。これに対し「人種や階層的背景による学力格差を克服している学校」を個別に見いだし，その特徴を明らかにしたいというモチーフから出発したのが「効果のある学校」研究である。ロナルド・エドモンズ（Ronald Edmonds）による一連の「効果のある学校の探求」研究（Edmonds 1979 ほか）がその嚆矢（こうし）である（鍋島 2003）。

ジェンクスらの研究の結論を要約するならば「かりにすべての学校の効果を同じにできたとしても，生徒の学業達成の違いは 1％未満しか縮減できない」となる。これに対し「効果のある学校」の研究者たちは，ジェンクスらが検討し得たデータは学校の規模，施設・設備，資源等のマクロレベルの変数に限られていたと，その限界を指摘した。彼らは，学校の組織文化や風土，教職員の実践行為，生徒の姿勢，授業における関係等のミクロレベルの変数を考慮すれば，個々の学校が子どもたちの学業達成に与える影響はもっと大きなものであることを示せると考えたのである（Mortimore 1997）。

近年の「効果のある学校」研究は，学校効果の時間的安定性（sustainability），教科や領域（認知，情意）横断的な一貫性，卒業後の持続性，学業成績に及ぼす学校効果のより正確な計量，逆に効果的ではない学校・教室の特徴の分析，ある学校における効果要因の他の学校への適用可能性（transferability）といった，発展的な研究課題を追求するようになっている。しかし，「効果のある学校」を個別的に見いだし，その特徴を解明するという初発の研究課題に即して見いだされた 1980 年代の知見は，次のような「5 要因モデル（five-factor model）」（Scheerens 1992）に収斂（しゅうれん）できるものであった。

- 強力な教育的（教授的）リーダーシップ
- 基礎的スキル獲得の強調
- 秩序だった，安定した環境
- 生徒の達成に対する高い期待
- 生徒の進歩の頻繁な評価

この 5 つの要因の中で特に校長の教授的リーダーシップ（instructional leadership）が学校効果の要因として重要であることが，初期の「効果のある学校」研究によって共通に指摘されていた（鍋島 2003）。

3. 教授的リーダーシップ

教授的リーダーシップの焦点は，生徒の学業達成に直接影響を及ぼす教師の実践行為に置かれる。すなわち，「教師が子どもたちへの指導において，どんな知識や技能をどのように活用しているか」が教授的リーダーにとって最大の関心事である。日本におけるスクール・リーダーシップ研究の第一人者である露口健司は，教授（教育）的リーダーシップを「目標を設定したうえで，カリキュラム開発―授業実践における教師の技術改善のための支援・相談活動を行い，研修促進を志向した学校文化を形成し，目標の具現化を図ろうとするリーダー行動」（露口 2008 p. 22）と定義している。

ジョセフ・ブレーズ（Joseph Blase）とジョー・ブレーズ（Jo Blase）によれば，優れた教授的リーダーとは，教師との「協議」を行うことで，教師の専門的成長を促進し，教師に省察の契機を提供するリーダーである（Blase & Blase 1998）。なかでも「協議」は教授的リーダーシップの核心を成すものであり，それは次のような領域における知識と技術をリーダーに要求する。

●教室観察とデータ収集の方法
●授業の方法・技術・レパートリー
●授業と学習の関係に関する深い洞察と理解
●「協議」を非圧迫的かつ反省的なものにするための知識と技術
●相手の主張を認める，言い換える（paraphrasing），要約する，情報を確かめ，さらに掘り下げるといったコミュニケーション・スキル
●個々の教師の専門的力量の発達段階，キャリア・ステージ，コミットメント，学習スタイル，個人的背景などに関する洞察と理解

このように教授的リーダーには教科と授業に関する幅広い専門的知識と技術はもとより，生徒の学習，成人の学習（アンドラゴジー），さらに人間の相互作用に関する深い理解が求められる。

日本の学校においても，教授的リーダーシップの意義は伝統的に認められてきた。斎藤喜博（斎藤 2006）のように教師とともに授業の研究と創造を熱心に追求する校長は，いまも存在している。中留武昭の編著『学校文化を創る校長のリーダーシップ』には，校長に理想と現実のリーダーシップ・スタイルの認識を尋ねた調査が報告されている。その結果，最も多かった回答は理想と実際ともに「教職員の直接的教育活動の支援」（理想約 4 割，現実約 5 割）であり，次が「校務の合理的処理に焦点をあてる」（理想約 3 割，現実約 2 割）であった（中留編著 1998）。前者は教授的リーダーシップに対応し，後者は管理・技術的リーダーシップと呼べるものである。

ただし，同書に報告されている校長行動のエスノグラフィー（民俗誌）を見ると，確かに校長行動において「協議」が占める部分は大きいものの，その実質はブレーズらの教授的リーダーシップで言われている意味での「協議」には該当しない，連絡・報告的コミュニケーションである場合が少なくない。さらに，校長の学校「経営者」としての役割を強調

する，近年の教育改革においても，教授的リーダーシップの意義に対する認識は必ずしも強いとは言えない。研究授業を基にした研究会や教師たちの学びあいをリードし，子どもたちの学習の質的改善に焦点化した，教授的リーダーシップあるいは「学習を中心に据えたリーダーシップ（learning-centered leadership）」に対する政策的支持・促進をさらに強めていく必要がある。

4．変革的リーダーシップ

1980年代の米英におけるスクール・リーダーシップ研究で中心的な位置を占めていたのは，教授的リーダーシップであった。しかし，1990年代に入る頃から，教師に対する指導や監督を通して教授（teaching）過程に直接介入するよりも，学校の使命（ミッション）の提示や教育課程・授業プログラムの策定，そして変革に対し積極的な学校文化を促進することなどによって，学校の教育活動に影響を及ぼそうとする「変革的リーダーシップ（transformational leadership）」の優位性が主張されるようになった（Hallinger & Heck 1998）。

ケネス・レイスウッド（Kenneth Leithwood）は，1990年代以降の学校再構築（school restructuring）の時代にあって，教授的リーダーシップには限界があり，リーダーシップへの変革的アプローチが求められるとした。次の4点がその理由である（Leithwood 1994）。

第一に，学校再構築の目的と手段が不確実なことである。教授的リーダーシップは，教室におけるカリキュラムと授業に直接影響を及ぼすことにもっぱら焦点を当てていた。特に都市部の学校において社会経済的に不利な環境にある子どもたちの基礎的な数学・言語能力を高めるという明確な目的があり，「過程—産出モデル（process-product model）」による授業効果研究の成果に基づき，その目的を達成するための手段が確定されるとの前提の下，授業に直接働きかけることが有効であると考えられていた。

しかし，1980年代以降の学校再構築の目的は，高次の思考能力（higher order thinking）育成であったり，21世紀の社会・経済的要求に応えることのできる学校であったり，より抽象的で複雑なものとなり，そのための手段も明確に定めることができなくなった。このような状況では教師の実践行為を直接的に統制しようとすることは必ずしも有効ではない。むしろ重要と考えられる変化を実現するための献身（コミットメント）を教師から引き出すために，いかに動機付けるかがリーダーシップの焦点になる。

第二に，学校再構築は第１水準（first order）の変化だけでなく，第２水準（second order）の変化を必要とすることである。ここで言う第１水準の変化とは，学校の中核的技術，例えば学習の社会構成主義的モデルや「理解のための授業（teaching for understanding)」のような教授活動上の革新を意味する。しかし，この第１水準の変化にとどまっている限り，たとえそれらが実施されたとしても，しばしば定着に失敗することが明らかになった。

そこで必要とされるのは，第２水準の変化，すなわち組織を基礎にした経営であり，中核的技術の革新を根づかせるための組織構築，ビジョンの共有，生産的な仕事文化の創造，リーダーシップの分散（distributing leadership to others）などに十分意を払うリーダーシップである。教授的リーダーはこれらの事柄に必ずしも高い優先順位を与えなかった。それに対し，変革的リーダーは人々が自分の仕事に与える「意味」や進んで変化のリスクを担おうとする意欲に対して組織の構造と文化が及ぼす影響に多大な関心を寄せる。

第三に，学校再構築は特に中等学校を対象にしていたことである。中等学校の規模（教師と生徒の数）や教科の専門化を考慮すると，授業に直接働きかけるリーダーシップは困難であり，大きな効果を望めない。教授的リーダーシップは初等学校にとってより適合的なリーダーシップであった，と言える。変革的リーダーは，むしろ，組織において直接的に教授的リーダーシップを発揮する役割にある指導的立場の教師など，他の人々の能力と意欲に注意を払い，そうした同僚教師のエンパワメントを図る。

第四は，教職の専門職化が学校再構築の中心的課題となっていることである。教授的リーダーには，高度の教授学的（pedagogical）専門性に基づいて，教室実践において積極的役割を担うことが求められる。このような教授的リーダーシップは，いまや個々の教師に求められているのであるから，授業を担当しないスクール・リーダーには異なる種類のリーダーシップが求められる。

以上のレイスウッドによる議論は主に米国とカナダにおける教育改革の文脈で述べられたものだが，変革的リーダーシップが注目されるようになった政策的・実践的背景をうかがい知ることができるものである。

露口（2008）による変革的リーダーシップの定義は，「より高次の目標達成の方向に教師集団を動機づけ，組織内外における価値と資源とを新たに結合し，各教師の学級・学年（教科）・学校レベルでの変革志向の教育活動を引き出そうとするリーダーシップ行動」（p. 35）である。このような変革的リーダーシップの教授的リーダーシップに対する優位性が唱えられることもあるが，学校の教育活動の質的向上を目的としている点で両者は共通している。違いは方法の直接性／間接性であると言える。

実際のリーダーシップ行動も，教授的リーダーシップと変革的リーダーシップのいずれかに容易に分類できるものではない。スクール・リーダーは，学校の教育活動の質的改善を目的として，状況にふさわしいリーダーシップを実践していると見るべきである。

5．分散的リーダーシップ

教授的リーダーシップや変革的リーダーシップの研究では，その主体として専ら校長が想定されていた。しかし，リーダーシップを他者のモティベーション，知識，情意，実践等に影響を与えることを企図した行為と捉えるならば，その担い手は校長だけに限らない。リーダーシップという実践行為は，学校の社会的・状況的文脈の至るところで観察されるのであり，校長のような役職者や特定の個人だけが行っているのではない。

ピーター・グローン（Peter Gronn）は，単独の「英雄的」リーダーへの依存は限界があり，多くの組織構成員の着想，創造力，技術，イニシアチブを動員することが組織変化の能力を高めると述べて，分散的リーダーシップ（distributed leadership）の意義を論じている（Gronn 2002)。これは学校の環境が不確実性を特徴とするとき，情報と資源の入手経路を多元化し，意義のある情報に基づいて意思決定をできるだけ早期に行ったほうが組織としての効果が高まるとする組織理論（フラットな組織構造の優位性）の見解とも合致している。

さらに，ジェームズ・スピラーン（James Spillane）によれば，従来のリーダーシップ研究は専らリーダーが何をしているかに注意を払ってきた。それに対し，スピラーンはリーダーシップを「分散化されたものとして見る視点（distributed perspective)」を提起している。その要点は，リーダーとフォロワーと状況の相互作用であるリーダーシップ「実践」に着目しなければならないということである（Spillane 2006)。この視点を採用することで，学校におけるリーダーシップが複数の個人によって担われていることだけではなく，一般的に受動的と見なされているフォロワーや，実践の単なる背景として見られがちな「状況」が，実はリーダーシップ実践を形成する決定的要因であることが理解される。

ここで言う「状況」には，例えば会議や研修会などのルーティン，標準学力テスト結果や教員評価シートなどの「道具（ツール)」が含まれる。スピラーンは，このように述べて，分散的リーダーシップは複数の個人がリーダーシップを担っていること（「共有されたリーダーシップ(shared leadership)」）と等しくはないことを強調している。

グローンやスピラーンによる分散的リーダーシップ研究には，人間の行為に対する社会文化的アプローチによる理解や活動理論からの影響が見られる（ワーチ＝田島ほか訳 2004; エンゲストローム＝山住ほか訳 1998)。活動理論では，社会生活を媒介された活動（mediated activity）の絶え間のない流れと見なし，そうした社会的・環境的文脈とその中での行動の流れに応じて，行動の焦点も一人の人間から，他の人間へと移行し，循環すると捉える。分散的リーダーシップは，自然発生的協働(spontaneous collaboration)，役割の分有（sharing)，委員会やチームなどの制度化された共同など，いろいろな形態をとり得る。

例えば，このうちの自然発生的協働とは，多様な技術と知識を持った，さまざまな組織段階にある諸個人が，ある仕事のために専門性を提供しあい，行動を調整するために集い，その仕事が完了した時点で解散するというものである。

日本でも，教育社会学者の紅林伸幸が「チーム」概念を用いて，分散的リーダーシップに近い議論を展開している（紅林 2007）。また，志水宏吉による「力のある学校」研究では，外国の「効果のある学校」研究が校長のリーダーシップを強調しているのに対し，教務主任や学年主任などのミドルリーダーを含む，リーダーが層として存在する学校組織の優位性を示唆している（志水 2005 など）。志水によれば，力のある学校で発揮されているリーダーシップとは，実際にはリーダー層とその他の教師たちとの円滑なコミュニケーションであり，一人ひとりの教師の積極的参加と学校への愛着を促進することである。教育経営学者の浜田博文も，学校改善プロセスの事例研究から，多方向的なコミュニケーションを促進する「ウェブ」型組織と共有ビジョンを構築し，リーダーシップを分散，共有することの重要性を指摘している（浜田 2012）。

6. 現代の学校が直面する課題とリーダーシップ

分散的リーダーシップが教育改革や学校改善にとって効果的であることが国際的に広く認識されるようになっている。OECD（経済協力開発機構）が実施している TALIS（Teaching and Learning International Survey：国際教員指導環境調査）でも，各国の学校における分散的リーダーシップの実践的広がりが測定されている（国立教育政策研究所編集 2014）。この調査では，保護者，生徒に対しても学校の意思決定に積極的に参加する機会が提供されているかが問われており，分散的リーダーシップの意味が拡張され，ソーシャル・ガバナンスとほぼ同義のものとして捉えられている。

分散的リーダーシップは，校長や一部の役職者だけがリーダーシップや意思決定を独占するよりも民主主義的である。近年，組織経営に対する民主主義的アプローチが好まれるようになっているのは，学校組織に限ったことではない。しかし，ここで言う「民主主義」が個人の尊厳や主体性の尊重という価値の実現を目指すものであるかについては，さらに踏み込んだ考察が求められる。例えば，フィリップ・ウッズ（Phillip Woods）は，組織目標の達成という目的に対する手段として民主主義が利用されているのであって，民主主義自体が価値ある目的として重んじられているわけではないと述べ，その脱政治性と道具主義を批判している。学校における分散的リーダーシップについても，その実際が支配的な目標や価値への同意を調達し，教職員の献身（コミットメント），思考，知識・技術，経験をそうした目標や価値の実現に向けて一方的に利用するものであるならば，本来の民主主義的リーダーシップ（democratic leadership）とは異なるものだと言えよう（Woods 2004）。

米国における事例研究を見ると，人種的・民族的・言語的マイノリティや子ども一人ひとりのニーズに応じ，すべての児童・生徒に学習を保障するという学校／学級固有の内発的アカウンタビリティを分散的リーダーシップが促進していることも事実である。しかし，その一方で，標準テストで測定される学力の向上など，外発的アカウンタビリティの要求に対し十分な省察が加えられないまま，目標達成のために分散的リーダーシップが道具的に利用されているように思われる事例も存在する。

日本でも，近年，人種・民族，宗教，言語などの面での子どもたちの多様性が増している。学校には，発達・学習面での特別な教育的ニーズを持つ子どもやトランスジェンダーなど性的マイノリティの子どもたちもいる。こうした一人ひとりの差異による差別や排除があってはならない。1994 年にスペインで開催されたユネスコの「特別ニーズ教育世界会議」で採択された「サラマンカ宣言」では，心身の障がいに限定せず，社会，経済，文化，言語，性（ジェンダー）などの面でハンディキャップを負わされている子どもたちが教育から排除されることを許さず，それぞれの特別な教育的ニーズに応えていくべきことが，インクルージブ（inclusive）教育の理念として唱えられた。

このインクルージブ教育理念は日本でも徐々に浸透し，「いじめ防止対策推進法」(2013 年施行),「子どもの貧困対策法」(2014 年施行),「障害者差別解消法」(2016 年施行）などの関連する法整備も進みつつあるが，まだ決して十分とは言えない。そのような中で子どもたちの多様性を忌避や無視すべきものではなく，学校をより豊かな学習と成長の場にするための資源と積極的に捉えて，インクルーシブ教育の理念に即した実践を展開することが求められている。一部の子どもたちをどのようにメインストリームの教育に統合するかという問題にとどまらず，学習者の多様性に応答するために，教育の内容と方法，そして学校経営をいかに改革するかが問われているのである。

学校においてインクルーシブ教育の理念を実現しようとすることは，社会正義 (social justice) を追求することである。その過程においてリーダーシップが果たし得る役割は非常に大きい。校長など一部の者が学校組織の目標を達成するのに最適と考える方法で他者の行動を統制する，「指示・命令」型リーダーシップは，それ自体が既存の社会的不平等を反映し強化するものであり，学校における社会正義の実現を妨げる可能性が高い。そこで,「指示・命令」型リーダーシップの硬直的な上位下達性や効率を重視した組織構造ではなく，すべての当事者・関係者に意思決定への参加を促すリーダーシップとして，前述した分散的リーダーシップとともにサーバント・リーダーシップ（servant leadership）が注目される。

サーバント・リーダーシップとは，フォロワーの心身の健康と幸福を重視し，コミュニケーションを通じて組織の共通ビジョンに対する理解を促進し，そのビジョンの達成に向けてフォロワーを支援することを中心的な機能とする,「支援」型リーダーシップの一類型である (Greenleaf 1977)。しかし，サーバント・リーダーシップも，リーダーとフォロワーの水平的（民主主義的）関係性を要求するものではあるが，必然的に学校において社会正義やインクルーシブ教育理念の実現を目的とするものではない。営利企業であれば，サーバント・リーダーシップは組織としての利潤追求とも矛盾はしない。学校においても，分散的リーダーシップと同様，表面的には中立的で合意された目標に向けて，メンバーを動員する手段となり，統制を覆い隠すことになる危険をはらんでいる。

学校において社会正義を実現するためのリーダーシップにおいて重要なことは，その理念を明確に学校全体の目標・方針として据えること（理念・ビジョンの設定）であろう。そして，社会正義の実現が既存の信念や価値観の根底的な再考を迫り，実践を変革する可能性を子ども，教職員，保護者が学び，理解するのを支援し（人材開発），差別や排除を生み出している組織の構造，価値，文化，行動，期待を表面化させ，先頭に立って変革していくこと（組織開発）が求められる。

実際には理念と実行可能なこととの間のギャップは小さくない。学校のリーダー自身が多様性を尊重しない伝統的な学校システムに社会化されており，無意識のうちに自ら排除的な実践を行っていることもあり得る。そのため，リーダーが自分自身の信念や価値観，姿勢を相対化し，見つめる省察が必要となる。それでもやはり，リーダーシップが発揮されることなしに，差別や排除のない平等で真に民主主義的な学校にすることは不可能であろう。学校のリーダーが，この困難な挑戦に取り組めるようにするにはどのような支援や資源が必要であるのか。それを研究的に明らかにして，政策・予算面での優先順位を付すことが求められている。

研究課題

① 日本において，2000年前後からビジョンと戦略に基づいて組織マネジメントを実践する「経営者」校長のリーダーシップが強調されるようになった理由・背景について簡潔に説明しなさい。

② 「教授的リーダーシップ」「変革的リーダーシップ」「分散的リーダーシップ」とはそれぞれどのようなリーダーシップか，簡潔に説明しなさい。

③ 現代の学校に必要なリーダーシップとは，どのようなリーダーシップであり，その実践にはどのような支援や資源が必要であるのか，自分の考えをまとめなさい。

参考・引用文献

- エンゲストローム＝山住勝広ほか訳（1999）『拡張による学習―活動理論からのアプローチ』新曜社
- 小島弘道編（2007）『時代の転換と学校経営改革―学校のガバナンスとマネジメント』学文社
- 紅林伸幸（2007）「協働の同僚性としての『チーム』―学校臨床社会学から―」『教育学研究』第 74 巻第 2 号，pp. 174-188
- 国立教育政策研究所編集（2014）『教員環境の国際比較（OECD 国際教員指導環境調査（TALIS）2013 年調査結果報告書）』明石書店
- 斎藤喜博（2006）『授業入門（新装版）』国土社
- 志水宏吉（2005）『学力を育てる』岩波新書
- ジェンクス＝橋爪貞雄・高木正太郎訳（1978）『不平等：学業成績を左右するものは何か』黎明書房
- 露口健司（2008）『学校組織のリーダーシップ』大学教育出版
- 中留武昭編著（1988）『学校文化を創る校長のリーダーシップ―学校改善への道―』エイデル研究所
- 鍋島祥郎（2003）『効果のある学校』解放出版社
- 浜田博文編著（2012）『学校を変える新しい力・教師のエンパワメントとリーダーシップ』小学館
- 文部科学省・マネジメント研修カリキュラム等開発会議（2004）「学校組織マネジメント研修―これからの校長・教頭等のために―（モデルカリキュラム）」
- ワーチ＝田島信元・佐藤公也・茂呂雄二・上村佳世子訳（2004）『心の声　媒介された行為への社会文化的アプローチ』福村出版
- Blase, J. & Blase, J. (1998). *Handbook of Instructional Leadership : how really good principals promote teaching and learning*, Thousand Oaks : Corwin Press.
- Coleman, J.S. (1996). *Equality of Educational Opportunity*, US Department of Health, Education and Welfare, Washington : US Government Printing Office.
- Edmonds, R. (1979). Effective Schools for the Urban Poor, *Educational Leadership*, 37(1). pp.15-24.
- Greenleaf, R. K. (1977). Servant leadership : A journey into the nature of legitimate power and greatness, Mahwah, NJ, US : Paulist Press.
- Gronn. P. (2002). Distributed Leadership, in Leithwood, K. & Hallinger, P. et.al. (eds.) *Second International Handbook of Educational Leadership and Administration*, Dorderecht : Kluwer Academic Publishers.
- Hallinger, H. & Heck, R. (1998). Exploring the Principal's contribution to School Effectiveness : 1980-1995, *School Effectiveness and School Improvement*, 9(2). pp.157-191.

- Katsuno, M. (in press). The Introduction of New Public Management into School Leadership in Japan : Implications for Japanese Paternalistic Culture. Liu. P. & Thien, L.M. (eds.). *Educational Leadership and Asian Culture*. New York : Routledge.
- Peng Liu and Lei Mee Thien (the 'Editor').
- Leithwood, K. (1994). Leadership for School Restructuring, *Educational Administration Quarterly*, 30(4). pp.498-518.
- Mortimore, P.(1997). Can Effective Schools Compensate for Society? in Halsey, A. H. et.al. (eds.) *Education : Culture, Economy, Society*, Oxford : Oxford University Press.
- Scheerens, J.(1992). *Effective Schooling : Research, Theory and Practice*, London : Cassell.
- *Spillane, J. P. (2006). Distributed Leadership, San Francisco : Jossey-Bass.*
- Woods, P.(2004). Democratic Leadership : drawing distinctions with distributed leadership, International Journal of Leadership in Education, 7(1). pp.3-26.

12 学校評価と学校改善

福嶋尚子

《目標＆ポイント》 学校評価は主には「学校改善」という目的があるとされているが，何を改善と呼ぶか，どのように改善を目指すかは，政策立案主体，実践取組主体によって異なる。ここでは，現代日本における学校評価政策の展開と制度の特徴とその仕組み，そして学校改善という目的の視点から見た問題点について考察する。
《キーワード》 学校評価システム，自己評価，関係者評価，第三者評価，学校改善，コミュニケーション・ツール，教育条件整備

学校評価は戦後，学校経営学研究の中で理論的に発展し，各自治体や各学校において主に教職員による自主的評価として展開されてきた歴史をもつ（木岡 2003：36-39）。特に戦後，学校評価理論を牽引してきた高野桂一は，校長と教師集団としての「学校」自らが「立体的，構造的な視点」で学校の表層的な問題や内奥の「病理」を発見・診断し，その「治療計画」を立てる学校経営診断論を確立した（高野 1988：13-24）。また，高野は，発見された病理の責任は学校のみが負うべきではなく，「教育行政や地域社会の責任」も追及すべきとしている（高野 1988：24）。しかしながら，1990年代後半以降，そのような学校の自治を重視する学校評価モデルとは異なる形で，学校評価の制度化の動きが展開してきた。

新自由主義あるいはNPM（New Public Management）型教育改革を主導する内閣府対文部科学省という視点から教育改革の展開を分析する研究があるが，このような視点から学校評価制度を分析すると，その立案主体によって目的や仕組みが異なるものを「学校評価」と呼び，その具体化がそれぞれに図られてきたことがわかる。よって以下では，内閣

府と文部科学省という2つの政策立案主体に着目して，どのように日本の国レベルでの学校評価の制度化が進んできたのかをまず整理する（第1節）。そして，現在の学校評価制度の目的・仕組みを紹介した上で（第2節），それらに対して指摘されている問題点とこれからの課題を学校評価研究から論じる（第3節）。

1．学校評価政策の展開

（1）文部省主導による学校評価の制度化へ向けた段階

学校評価そのものを初めて政策の舞台におき，その全国展開を導いたのは，文部省の諮問機関である中央教育審議会（以下，中教審）だった。中教審は1996年7月の「21世紀を展望した我が国の教育の在り方について（第1次答申）」で，変化の激しい社会を生き抜くための「生きる力」を育む教育環境の必要性を訴えた。この答申で，中教審はさらに，（i）生きる力を育む環境としての学校・家庭・地域の連携，及び（ii）児童生徒の多様な個性に応じる特色ある学校づくりを行うための教育課程の弾力化を提言した。この答申に続き，（i）の学校・家庭・地域の連携を推進するために，1998年7月の中教審答申「今後の地方教育行政の在り方について」は，学校教育目標・教育計画の実施状況について校長が教育活動評価を行い，その結果を公表していくことを求めた。これが国レベルの政策文書における学校評価の初めての登場である[1]。

さらに，同じく文部省に設置された教育課程審議会の2000年12月答申「児童生徒の学習と教育課程の実施状況の評価の在り方について」が，（ii）教育課程の弾力化に対応するため，各校の教育課程評価の必要性を提言している。これらを受け，文部科学省（以下，文科省）は2001年1月（「21世紀教育新生プラン」），学校設置基準に学校自己評価システムの確立を明記する方針を明らかにした。こうして，2002年4月に制定・改正された学校設置基準[2]に，各学校に学校評価実施の努力義務

1　1951年発行の文部省『学校評価の基準と手引（試案）』があるが，現代学校評価政策の直接の起点はこの1998年中教審答申と捉えられる。

を課す規定が設置された。以上のように，この頃の学校評価は，教育活動の状況や教育課程の在り方が主要な評価領域として想定され，文科省の主導によりその実施の努力義務に至っている。

（2）内閣府系会議による評価概念の拡張と導入目的の多角化

文科省主導による学校評価実施の努力義務化の裏で，内閣府系会議である教育改革国民会議最終報告（2000年12月）が，学校評価という政策領域に言及した。同報告は，学校評価に関して，第一に初めて外部評価の必要性に言及し，第二に学校選択の材料として評価結果を公開することを提言した。

第一の，評価主体を学校外部へと拡張する外部評価制度を構築すべきという意見には，総合規制改革会議第二次答申（2002年12月），人間力戦略研究会報告書（2003年4月），中教審答申（同10月），中教審・地方教育行政部会まとめ（2005年1月）など，多くの提言が続いた。内閣府系会議の側は，外部の視線を学校内へ導入することにより閉鎖的・硬直的な学校文化の打破や学習者本位の教育への転換を企図し，中教審側は保護者らへの説明責任を履行し，彼らとの連携協力につなげていくコミュニケーション・ツールとしての外部評価の導入を目指した。よって，その導入目的は一致していたわけではなかったが，経済財政諮問会議が「骨太の方針2005」（同6月）で外部評価の実施と公表に関するガイドラインの策定をすべきとの方針を出し，ほぼ同時（同10月）に中教審が答申「新しい時代の義務教育を創造する」において，教育の質を保証し，保護者や地域住民等への説明責任を果たす上で学校評価の充実が必要として，大綱的な学校評価ガイドラインの策定と，自己評価の実施とその結果公表義務化を提起した。これを契機に，同8月，文科省は学校評価システム研究会を設置し，自己・外部評価のガイドラインの策定作業に着手した。

2　小・中学校の学校設置基準はこの2002年の制定により，高等学校のそれは改正により，当該規定が設置された。この規定は，後述する2007年の学校法改正にともなう学校評価義務規定設置により削除された。

第二の，学校選択制度との連動をめぐっては，規制改革・民間開放推進会議の第 2 次答申（2005 年 12 月）がさらに進んで，教員評価，全国学力調査，バウチャー（教育クーポン）制度等の教育政策と学校評価との連動を包括的に提言している。ここでは，他制度とのリンクにより，学校間・教師間の競争を促進するものとして学校評価が位置付けられている。

（3）文部科学省による学校評価制度実現段階

その後，文科省による学校評価制度の細部を構想する取組が進行する中で，内閣府系会議の政策提言が低調となる。

文科省の学校評価システム研究会は，2 回の会議を経て，急ぎ足で「義務教育諸学校における学校評価ガイドライン」を策定した（2006 年 3 月）。さらに，学校評価システム研究会に代わって設置された学校評価の推進に関する調査研究協力者会議（同年 7 月設置。会議は 19 回開催）により，学校評価の評価形態は，「自己評価」（保護者等のアンケート等を参考資料として行う教職員による評価），「学校関係者評価」（保護者・地域住民ら学校関係者により構成された委員会が自己評価の結果についての評価），「第三者評価」（学校と直接関係を有しない専門家等による客観的な評価）とに整理された（「中間とりまとめ」2007 年 3 月）。この評価形態の整理と，学校評価実施努力義務の義務規定への格上げ（学校教育法 2007 年 6 月改正）[3]を踏まえ，文科省は学校教育法施行規則を改正し（2007 年 10 月），各学校に①自己評価実施と結果の公表の義務，②学校関係者評価実施とその結果の公表の努力義務，③評価結果の設置者への報告義務を課した[4]。さらに，文科省はガイドラインを改訂して「学校評価ガイドライン」（2008 年 1 月）を発表し，自己評価及び学校関係者評価の制度構想を示した。

いったん制度化・義務化を先送りされた第三者評価についても，文科省は「学校の第三者評価に関する実践研究」（2006～08 年度），「学校の

3　学校教育法第 42 条の小学校に関する規定に，中・高等学校等は準拠する。

4　学校教育法施行規則第 66，67，68 条の小学校に関する規定に，中・高等学校等は準拠する。

第三者ガイドライン策定に向けた実地検証」（2009年度）等の事業を継続的に展開していた。2009年5月には，文科省に学校の第三者評価のガイドラインの策定等に関する調査研究協力者会議が設置され，同会議は約1年の審議（会議は9回開催）を経て，2010年3月，「学校の第三者評価のガイドラインに盛り込むべき事項等について（報告）」を発表した。しかしながら，前年の夏に歴史的な政権交代があり，民主党政権による予算見直しや「事業仕分け」が行われる中で，自己評価や学校関係者評価とは比較にならないほど膨大な予算がかかる第三者評価の全国展開は難航した。同報告を受けて文科省が2010年7月に策定した「学校評価ガイドライン（平成22年改訂）」では，第三者評価はその実施方法などが記述されたものの，自己評価などのように実施を義務付けることはできなかったのである。

(4) 学校評価制度の定着・形式化段階

法律上で自己評価の実施が義務化され，文科省が「ガイドライン」という法的拘束力を持たない形式[5]で学校評価の枠組みを提示したのち，学校評価制度は多くの自治体で同様に評価の枠組みや共通評価項目が示され，その実践は各学校で実際に進められるようになった。文科省「学校評価等実施状況調査（平成26年度間）結果」によれば，公立学校における学校自己評価の実施率は99.9％に上り，その結果は関係者にほぼすべて公表され，設置者に報告された。法令上努力義務に過ぎない学校関係者評価も，96.0％の公立学校で実施されたが，法的な規定のない第三者評価の実施率は5.6％にとどまっている。学校自己評価が教育活動など学校運営の組織的・継続的改善に「大いに効果があった」が22.2％，「ある程度効果があった」が75.2％，学校関係者評価でも同様に14.1％，79.3％に上り，学校評価の取組は，学校自己評価と学校関

5　ガイドラインは自ら「各学校や設置者における学校評価の取組の参考に資するよう，その目安となる事項を示すものである。したがって，学校評価が必ずこれに沿って実施されなければならないことを示す性質のものではない。」としている（「学校評価ガイドライン〔平成28年改訂〕」：3）。

係者評価に限って言えば，調査上，完全に定着し，大いに成功していると言ってよいだろう。

こうした学校評価の取組は，文科省が教育委員会や大学・民間研究機関に委嘱した調査研究事業で強力に推進されるとともに，毎年度のように全国規模で開催された研究協議会や推進協議会（2010〜2013 年）・「学校評価セミナー」（2014 年）・「学校評価フォーラム」（2015 年）などのイベントにより盛んに交流された。

文科省が 2011 年 8 月に学校運営の改善の在り方等に関する調査研究協力者会議に設置した，学校評価の在り方に関するワーキンググループは，7 回の会議を経て，「地域とともにある学校づくりと実効性の高い学校評価の推進について（報告）」（2012 年 3 月）を提示している。ここでは,特に,自己評価と比較すると低調な学校関係者評価について,「地域とともにある学校づくり」のために学校と保護者・地域住民等のコミュニケーション・ツールとしての重要性を強調し，学校運営改善につなげるためのあるべき評価方法について示された。さらに文科省は,「学校評価ガイドライン〔平成 28 年改訂〕」を策定し，義務教育学校等の小中一貫型の学校における学校評価実施における留意事項をガイドラインに盛り込んだ。

しかしながら，学校評価の全国的な定着と裏腹に，学校評価の取組は形式化しつつある。先述の「学校評価フォーラム」（2015 年 10 月 2 日）で講演をした日永龍彦は,「学校評価指導者養成研修受講者があげた学校評価の課題」として,「学校運営改善と学校評価活動の乖離(かいり)」・「低調な職員の参画意識・当事者意識」・「診断か改善かの目的設定があいまい」・「学校関係者評価の充実・保護者や地域の参加」・「学校評価のパターン化」をあげている[6]。こうした課題は先行研究でもたびたび指摘されているところである。例えば，学校評価研究の第一人者である木岡

6　日永龍彦「学校評価の今日的課題」文部科学省「学校評価フォーラム」講演資料，2015 年 10 月 2 日。
https://www.mext.go.jp/component/a_menu/education/detail/__icsFiles/afieldfile/2015/10/16/1361199_01_1.pdf　2023 年 2 月 11 日最終閲覧。

一明も，評価の形骸化や「評価疲れ」の問題を指摘し続けている（木岡 2003 など）。

このような学校評価政策の流れを見ていると，その定着・拡大状況とは裏腹に，その実践が形式化してしまっていると言わざるを得ない。

2. 文部科学省による学校評価システム

（1）評価システム

文科省と内閣府系会議の綱引きの末に文科省に置かれた有識者会議により，学校評価が具体化された。それは先述の中教審答申「新しい義務教育を創造する」（2005 年 10 月）で提言された，「学校や地方自治体の裁量を拡大し主体性を高めていく」ことを前提に，「教育の質を保証する」ことを目的としていた。そのため，「学校評価ガイドライン〔平成 28 年改訂〕」（以下，2016 年ガイドライン[7]）は，学校評価の必要性として，「学校の裁量が拡大し，自主性・自律性が高まる上で，その教育活動等の成果を検証し，必要な支援・改善を行うことにより，児童生徒がより良い教育活動等を享受できるよう学校運営の改善と発展を目指し，教育の水準の向上と保証を図ることが重要である」をまず挙げている。

こうした教育の質保証のための学校評価の目的として，2016 年ガイドラインは以下の 3 点を挙げている。

①各学校が，自らの教育活動その他の学校運営について，目指すべき目標を設定し，その達成状況や達成に向けた取組の適切さ等について評価することにより，学校として組織的・継続的な改善を図ること。
②各学校が，自己評価及び保護者など学校関係者等による評価の実施とその結果の公表・説明により，適切に説明責任を果たすとともに，保護者，地域住民等から理解と参画を得て，学校・家庭・地域の連携協

7　文部科学省「学校評価ガイドライン〔平成 28 年改訂〕」2016 年 3 月 22 日。https://www.mext.go.jp/component/a_menu/education/detail/__icsFiles/afieldfile/2019/01/30/1323515_021.pdf　2023 年 2 月 22 日最終閲覧。＊以下の学校評価制度の説明は，すべて 2016 年ガイドラインからの引用である。

力による学校づくりを進めること。

③各学校の設置者等が，学校評価の結果に応じて，学校に対する支援や条件整備等の改善措置を講じることにより，一定水準の教育の質を保証し，その向上を図ること。

すなわち，①学校改善，②学校・家庭・地域のコミュニケーション・ツール，③設置者による支援・条件整備という 3 点が学校評価の目的であり，これらを通じて教育の質保証を目指していくものとされている。そのために，2016 年ガイドラインは 3 種類の学校評価の類型を提示している。

特に（1）各学校の教職員が行う自己評価は，「校長のリーダーシップの下で，当該学校の全教職員が参加し，設定した目標や具体的計画等に照らして，その達成状況や達成に向けた取組の適切さ等について評価を行う」もので，法令上実施義務がある。また，「児童生徒や保護者，地域住民を対象とするアンケートによる評価」は，自己評価を行う上での「目標等の設定・達成状況や取組の適切さ等について評価するためのもの」で，学校関係者評価とは異なるものと明確に位置付けられた。

（2）学校関係者評価は，「保護者，学校評議員，地域住民，青少年健全育成関係団体の関係者，接続する学校（小学校に接続する中学校など）の教職員その他の学校関係者などにより構成された委員会等」が「自己評価の結果について評価することを基本として行う評価」である。自己評価と「有機的・一体的に」行うものとされ，法令上は実施の努力義務が課されている。

（3）「学校運営に関する外部の専門家を中心とした評価者」による，「教育活動その他の学校運営の状況について専門的視点から行う」第三者評価は，法令上は学校や設置者が実施を判断するものとされ実施義務などはない。

以上の 3 つの種類の評価形態が組み合わさることで，学校評価全体の効果が上がるとされている。こうした有機的な取組を指して「学校評価システム」と呼んでいる。

（2）学校改善に資する学校評価

学校評価の基本となる自己評価においては，総花的な設定を避け，「重点目標は学校の課題に即した具体的で明確なものとすること」がまず重要とされる。学校の教育目標は多くの場合，普遍的かつ抽象的だが，「学校が，教育活動その他の学校運営について，目標（Plan）—実行（Do）—評価（Check）—改善（Action）というPDCAサイクルに基づき継続的に改善していくため」に，重点目標を設定し，「学校の全教職員がそれを意識して取り組む」ことができるようにする必要があるからである。そして，2016年ガイドラインに示された，「〔評価項目・指標等を検討する際の視点となる例〕」を参照しつつ，重点目標を達成するために必要な評価項目，評価指標を設定する。そうして設定した評価項目・指標に基づいて学校の取組を評価し報告書を作成するが，「その結果の報告書の作成自体が目的化するといった『評価のための評価』となることなく，今後の改善につながる実効性ある取組とする」ことが大事である。

学校関係者評価も，自己評価の結果を評価することを通じて，「自己評価の客観性・透明性を高め」，「学校・家庭・地域が共通理解を持ち，その連携協力により学校運営の改善に当たる」が期待されており，「アンケートへの回答や自己評価結果についての単なる意見聴取などの受動的な評価ではなく，評価者の主体的・能動的な評価活動が重要」とされている。

そして，これらの評価結果を踏まえて評価報告書を設置者に報告するとともに，当該校のホームページなどを通じて公開することとされている。報告を受けた設置者は，「各学校の教育活動その他の学校運営の状況を把握し，その状況や必要性を踏まえて，学校への予算配分や人事配置など学校に対する支援や条件整備等の改善を適切に行う」。

このように，2016年ガイドラインに示された学校評価システムの目的の第一は，学校改善である。そのため，学校評価が形式化してしまい，それ自体が目的となるような事態は以下のように明確に否定され，学校改善に資する学校評価を学校経営に導入することに重点が置かれている。

「学校評価は，あくまでも学校運営の改善による教育水準の向上を図るための手段であり，それ自体が目的ではない。学校評価の実施そのものが自己目的化してしまわないよう，地域の実情も踏まえた実効性のある学校評価を実施していくことが何よりも重要である」

（3）評価内容

2016年ガイドラインはそもそも法的拘束力を持たない指導助言文書[8]であるが，非常に興味深いことに「〔評価項目・指標等を検討する際の視点となる例〕」という見出しからもわかるとおり，評価の内容について説明する部分では，指導助言性が一層強調されている。これは，ガイドラインの力点が評価内容ではなく，学校改善に資する学校評価を導入する評価システムの確立にあることを示している。しかも，以下で見るように，相対的に重みの軽い評価項目においても，内閣府が重視していた成果や満足度の評価項目は退けられ，学校経営にかかわる評価項目が多数となっている。

2016年ガイドラインは，自己評価については2008年の「学校評価ガイドライン」を，第三者評価については2010年の第三者評価に関する報告書を継承し，2つの評価項目例一覧を提示した2010年の「学校評価ガイドライン」をそのまま踏襲している。その内容を領域ごとに分類すると，校内における学校経営活動にかかわる項目は観点数が計58（自己評価），48（第三者評価）で，学校経営から教育活動までを貫く目標の連鎖構造とその継続的改善システムの構築状況や教職員の組織編制が重要視されている。学校自身による施設設備や教材・教具等のインフラ整備の取組状況については自己評価の評価指標として挙げられているが，実際の整備状況には触れていない。次に，保護者・地域へ開かれた学校の取組状況などの校外における学校経営活動が，同様に計44，43と比重が重い。

8　2016年ガイドライン「はじめに」は「本ガイドラインは…（中略）…学校評価の取組の参考に資するよう，その目安となる事項を示すものである」とする。

教育活動に関する評価項目（計 52，47）は，教育方法について詳細に評価観点が設定されている一方で，教育内容・教育目標については，学習指導要領や各教委の定め・方針へ依拠し，児童生徒の学力・体力の状況を踏まえた教育課程や指導の状況の評価を挙げるのみである。2006 年に改正された教育基本法を反映してか，生活指導上の目標が自己評価では 7 つ（第三者評価では 6 つ）にも及んでいる点が教科教育等と比較して突出している。ただし，これもあくまで指導の状況を対象にしているにすぎず，直接的に児童生徒の人格的発達の状況を評価結果には採用していない。教育の成果や満足度に関する指標はともに「(データ等)」という，評価にあたる際の基礎的な資料という位置付けにとどまっており，評価指標には一切なっていない（各々 0）。

また，設置者による学校の経営戦略にかかわる指導・支援や学校に対する制度整備・条件整備の状況の評価は，第三者評価の評価項目としてはあるが，自己評価の評価項目には一切ない。

以上のように，現状では，文科省が重視する学校経営に比重を置く形での評価内容になっていることは明らかである。内閣府が重視した児童生徒の学力や体力，いじめや不登校等の問題行動の状況，保護者や地域住民なども含む満足度は，取組指標ではなく成果指標であるが，これも明確に評価内容から退けられている。「“第一の主人”である連邦政府〔政府・国〕にアウトプットに関する権限を掌握させる」と評される（世取山 2008：196。〔　〕内筆者追加）ように，教育の＜成果＞の評価権限を政府・国が握ることが新自由主義的評価の最たる特徴であると考えるなら，文科省の制度構想の内容は，文科省が内閣府系会議の示す新自由主義的モデルに身を投げ出すのに強く抵抗していることを示している。

しかし同時に，学校評価研究者の高野桂一が示していたような，施設設備や人的・経済的条件を含む教育行政の責任を問うような評価項目は，実施率が著しく低い第三者評価の方にしか示されていない。確かに，2016 年ガイドラインは，教育行政機関に対する評価結果に基づく教育条件整備を求める目的を掲げ，「学校の教育活動等の成果は，学校の取組だけではなく，児童生徒や家庭，地域の状況にも影響されるものである。目標が未達成という事実のみをもって，学校の取組が不十分であると判断できるわけではないことに留意する」と述べている。しかし，その自己評価における評価内容は学校自らの学校経営・教育活動の取組状況に重点をおくものに過ぎず，それゆえに学校は評価を行うのみではなく，それに基づいて問題点を自助努力で修正・改善していくことが求められている。言い換えれば，学校・教職員は現在の施設設備・教職員配置・予算配当，すなわち所与の教育条件を前提としてここに改善努力を積み重ねていくことを求められているのである。

このように，現在の文科省による学校評価の在り方は，教育活動の質を充実させる責任を学校・教職員に課すものとなっており，国や自治体，教育行政機関の教育条件整備や指導・支援の状況は免責されがちなものとなっている。

3．学校評価研究の展開

（1）学校評価の問題点

2002年の小学校・中学校設置基準制定と高等学校設置基準の改正にともない，学校評価実施が努力義務化されたことにより，学校評価に関する論文や著書が数多く発表されるようになった[9]。例えば，実際に取り組まれている学校評価に関しては，木岡一明が，評価手続きの煩雑さ，事務作業の膨大さが学校現場に多忙化をもたらし，学校評価の実施が学校の改善につながらないがゆえの「評価疲れ」という問題点を指摘している（2003：255）。これに対し，教育の「質保証」のため，あるいは教育活動の改善，保護者や地域住民との関係づくりのため学校評価制度をより良くしていこうという立場からは，海外や国内諸自治体における学校評価制度・実践等の比較研究を通じ，いかなる条件によって学校評価が学校改善につながるのかなどが論じられている[10]。

9　論文検索サイトCinii researchで「学校評価」と検索すると，1,740件がヒットするが，そのうち1,498件が2002年以降に発表されたものである。ただし，最後のガイドラインが公開されたのちの2017年～2023年は151件と，学校評価研究が急減していることがわかる（2023年2月20日最終確認）。

このように，学校評価研究の多くは，現代日本での政策や取組に関して論じたものであるが，欧米にて指摘されている新自由主義教育改革の一環として導入された学校評価への批判的な指摘は，日本におけるそれを考える上でも重要である。例えば，世取山洋介（2008）は，アメリカにおいて90年代から進行してきた新自由主義教育改革について，以下のように説明する。アメリカ連邦議会で2001年に成立した「一人の子どもも落ちこぼさない法（No Child Left Behind Law：NCLB法)」は，すべての子どもに対して教育内容基準と到達度基準で構成される学力評価を課し，不利な状況にある子どもたち全員が州の定める習得レベルに達するか，それを超えることを州，そして学校に義務付けるものだった。そして，その結果責任（accountability）を果たせない学校には，子どもの転校，教職員の総入れ替え，学校閉鎖などを含む強権的な「罰」を課すことを州に義務付けている。このように，アメリカの新自由主義教育改革において，連邦政府―州政府は「主人―代理人」関係とされ，「主人である連邦政府の統制に基づいて，代理人である州政府を競争的環境のもとに置」き，さらにその「『主人―代理人』関係の連鎖を，連邦政府から，州政府，学区教育委員会，学校，校長，そして教師に至るまで拡大する」ために，学力評価・学校評価が位置付けられているのである（世取山 2008：194，196)。

同様に，イギリスにおいてほぼ同時期に進行していた新自由主義教育改革の下で導入された教育水準局（Office for Standards in Education：Ofsted）による学校査察（school inspection）を中心とする学校評価システムについて，久保木匡介（2019）は以下のように説明する。義務教育段階の11年間を4つのステージに分け，その各ステージでの履修内

10　福本編2013は，こうした視角の研究の代表といえる。この著書の序章において福本は，4ヵ年にわたる共同研究の使命を「義務教育の質保証を牽引しうる公教育システムの解明」へ近づくことだとし，そのために「日本国内の先導的自治体や，学校評価と学校支援を同時並行的に開発してきた諸外国を先行事例として，それらの学校評価システムの展開過程を分析し，そこから学校評価のシステム開発に向けた促進要因と阻害要因の解明に取り組んだ」としている（福本「序章」：4-5)。

容がナショナル・カリキュラムに定められ，その到達度を図るナショナル・テストの受験が 1988 年教育法にて規定されたことで，国家が教育内容の主たる決定・統制主体となった。学校選択の促進やそのための学力テストの結果公表が進むと，教育の「準市場」化と学校の序列化が進んだ。1992 年に設置された Ofsted は教育の質や児童生徒の到達水準など幅広い項目について監査を行う機関だったが，監査で「失敗 (failing)」の評価を受けた学校は「特別措置（special measures)」が適用され，学校改善のための予算が公布される一方で，40 日以内に「改善計画 (action plan)」を作成し，それの実行状況を 1 年以内に再査察を受ける。これが十分な改善とならないと，大臣が任命する委員会に学校経営を委譲されたり，閉校という強い処罰が課せられたりすることもある。

アメリカの NCLB 法，そしてイギリスの Ofsted には反発も強く，その後の教育改革において軌道修正を余儀なくされている部分もあるが，導入当初の 2 つの政策の共通項を挙げると以下のようになろう。第 1 に，評価という手法が学校の質保証に貢献するものとして重きが置かれている。第 2 に，教育によって目指す学力や到達度といった成果を主人（連邦や大臣・教育水準局）が握り，その達成を代理人（州や学校）に課す。第 3 に，目標水準に達することができなかった学校に対して強い「罰」を課すことができる。

このように，アメリカやイギリスにおいて進んだ学校評価は，日本において文部科学省を中心に具体化されたそれとは微妙に異なることがわかる。第 1 の特徴は日本の学校評価も共有しているが，第 2・第 3 の特徴については，内閣府系列の会議ではそうした政策が熱く要望されたこともあったが，実際に文部科学省が実現した制度ではむしろ慎重に否定されている。

他方で，評価というものが本質的に，望まぬ効果をもたらすことも指摘されてきた。勝野正章（2012：208）は，習熟度別授業や学力調査の結果など賛否のある指標が「ガイドラインとして制度化され，学校評価に取り入れられると，その指摘されている問題は非論争化され，当然実践されなくてはならないもののように受け止められる（naturalization)」懸念をしている。

勝野の懸念は，監査を可能にするためにこそ，監査対象を監査可能な形式に組み替えていく「監査社会」論をモチーフとしている。イギリスの会計学者であるマイケル・パワーは，その著書『監査社会 検証の儀式化』(國分／堀口訳 2003：133) で厳密な意味での会計監査のみならず評価や査察などを含むものとして監査を論じている。そのパワーが強調した現象の一つが，「監査を可能にする価値観や実務が組織行動の核心へと深く浸透していく」現象，すなわちコロナイゼーション（植民地化：colonization）である。つまり，評価対象である労働者が評価に応じることで，評価基準や評価の手続きに含まれる新しい価値観を受け入れ，これが一人ひとりの行動基準や組織行動の指針にも変化をもたらしていくようになる。評価が貫徹されるために，評価可能な形式を整えていくうちに，それが形式面での組み換えにとどまらず，個人や組織の価値観をも組み替え，評価上のパフォーマンスを最大化することにインセンティブを持つ個人・組織が誕生するのである。パワーはNPMによって教師という職にもたらされるコロナイゼーションという現象の目標を明確に以下のように指摘している。つまり，「医者や教師のような比較的自律的な集団のパフォーマンスをより公に説明可能にすることによって，その組織的な権力や自由裁量に挑戦する」ものとして，NPMは評価を導入するのである（國分／堀口訳 2003：133)。

アメリカでは，NCLB法やその後の「頂点への競争」プログラムの導入（2009年）などを経て，実際にコロナイゼーションが観察されている。アメリカの歴史学研究者であるジュリー・Z・ミュラーは，『測りすぎ なぜパフォーマンス評価は失敗するのか』(松本訳 2019) の中で，「人は実績測定で判断されると，測定基準で測られることに注力するよう動機づけされる」と指摘している（174)。そのため，成績が悪い子どもたちの読解や数学のスコアを改善しようとしてより幅広い学校の使命がないがしろにされてしまうことや，テストで高得点を取るためのテクニックの教授に時間が割かれ，あまつさえ点数が低そうな生徒の答案を捨てる不正までが起こってしまっているという。

パワーやミュラーの指摘に見るように，NPM，新自由主義の文脈において評価が利用されるとき，それは「主人」の価値観によって「代理人」の価値観が侵食され，または取って代わられてしまうことは大いにあり得る。日本では，そうした学校評価制度が教育目標や教育活動を変容させる問題は学校評価制度の「“価値内面化機能”」として指摘されてきた。具体的には，「教育行政の要請する外的な価値を学校へ持ち込み，“内面化”させる，すなわち学校に内在していた価値を変容させるもの」として学校評価制度が機能しうるのである（福嶋 2010：123)。

（2）学校評価を自律的なシステムとするために

現在の日本における学校評価制度は，確かに成果項目を注意深く排除し，学力テストや学校選択制度など学校間競争につながるような政策との連動を拒否してきた。しかし，他方で，学校目標を具体的かつ重点的に設定し，それを評価可能な指標に落とし込むという評価手続きの中で，PDCA サイクルの中で重点化された学力観や学校像を掲げ教職員個々の日々の取組に具体化していくことは，一般に求められている。「“価値内面化機能”」を「提示された重点目標や評価項目自体があるべき教育像や学校像を潜在的に示すものとなり，評価者の価値規範として内面化し行動を変革していく機能」として捉えた場合，その目標や評価項目が外在的に設定されれば，これまで述べてきたとおり，学校評価の目標や評価項目とは異なる取組を軽視するような負の方向に働きうる。しかし，それがその学校の教職員から内在的に設定された場合，この機能は学校評価に関わる人々の目標を一致させ，組織的な学校改善行動を引き起こす正の方向に働きうる（福嶋 2021：109)。こうした正の効果は，組織開発の分野では「コレクション効果」とも呼ばれている（中原 2020：79)。

中原淳（2020：26）は「組織で行われたサーベイ（組織調査）を通じて得られた『データ』を，現場のメンバーに自分たちの姿を映し出す『鏡』のように返して（フィードバックして)，それによってチームでの対話を生み出し，自分たちのチームの未来を決めてもらう技術」としてサーベイ・フィードバックを説明している。このようなデータを踏まえた対話を通じて，その組織が抱える問題の真因にアプローチし，実行可能な改善策を見いだすプロセスが，学校評価の最初の段階として位置付けられる必要がある。課題を同定し，目標を具体化し，そのための取組について認識を共有することで，その後の学校評価の PDCA サイクルは教職員の間の対話で磨き上げられた教育像・学校像をさらに強固なものにするよう機能しうるからである（コレクション効果，あるいは“価値内面化機能”の正の効果)。

しかし他方で，自らの学校の課題を当事者らによる丁寧なサーベイ・フィードバックにより定めたとしても，評価項目が取組や達成度の評価になっている限りは，その評価結果が構成員に帰されるという構造は容易に変わらない。学校の抱える問題の真因が，教職員の取組にあるのか，家庭や地域の状況にあるのか，それとも学校の教育条件にあるのかは広く視野を持っておきたい。例えば，学校の財務状況や施設設備の状況，人的配置の状況などの教育条件を学校評価の一領域に置き，学校現場からその状況を評価していく取組があり得る。現に占領期に文部省が実施・普及しようとした学校評価にはこうした教育条件部分も大いに含まれていたし（福嶋 2020)，1980 年代までに高野が大成した学校経営診断論でもそうだった（高野 1989)。

評価結果に基づき，学校改善を目指す学校評価は，自律的に評価の対象を決定し，設置者そのほかの関係機関をもその改善に巻き込んでいくものとなる。

研究課題

① 学校評価の実際の取組について調査し，2016 年ガイドラインと照らし合わせて，その特徴を整理しなさい。

② 学校評価の問題点の一つであるコロナイゼーションをどのように克服するか，マイケル・パワーの監査社会論を踏まえて検討しなさい。

③　学校改善につながる学校評価の条件をまとめなさい。

参考・引用文献

- 青木栄一（2009）「評価制度と教育のNPM型改革」『日本評価研究』9(3)号
- 勝野正章（2012）「学校評価と学校改善」小川正人・勝野『教育行政と学校経営』放送大学大学院文化科学研究科
- 加藤崇英（2010）「学校評価システムにおける参加とその問題性」『学校経営研究』35号
- 木岡一明（2003）『新しい学校評価と組織マネジメント』第一法規
- 久保木匡介（2019）『現代イギリス教育改革と学校評価の研究』花伝社
- 高野桂一（1988）『実践学校経営診断①』ぎょうせい
- 中原淳（2020）『サーベイ・フィードバック入門』PHP研究所
- 福嶋尚子（2010）「“価値内面化機能”の視点から見た地方における学校評価制度の分析」『日本教育行政学会年報』36号
- 福嶋尚子（2010）『占領期日本における学校評価政策に関する研究』風間書房，2020年
- 福嶋尚子（2021）「学校評価とサーベイ・フィードバック」藤原文雄ほか編『スクールビジネスプロジェクト学習』学事出版
- 福本みちよ編（2013）『学校評価システムの展開に関する実証的研究』玉川大学出版部
- 世取山洋介（2008）「アメリカにおける新自由主義教育改革の展開」佐貫浩・世取山編『新自由主義教育改革』大月書店
- 世取山洋介（2009）「新自由主義教育改革，教育三法，そして教育振興基本計画」『日本教育法学会年報』38号
- Jerry, Z. Muller (2018), *The Tyranny of Metrics,* Princeton University Press, 2018＝松本裕訳（2019）『測りすぎ　なぜパフォーマンス評価は失敗するのか？』みすず書房
- Power, M (1997), *The Audit Society：Rituals and Verification,* Oxford：Oxford University Press＝國部克彦・堀口真司訳（2003）『監査社会　検証の儀式化』東洋経済新報社

13 学校の財務マネジメント

福嶋尚子

《目標&ポイント》 カリキュラム・マネジメントの一環としての財務マネジメントの必要性に鑑み，自律的な学校財務実践の在り方がどのように追求されてきたのかについて説明する。教員のみならず管理職や事務職員との連携の下，公費，私費（学校徴収金）にわたる財務マネジメントを展開することにより学校の教育条件整備を図っていく取り組みや，それを保障する制度について紹介する。

《キーワード》 公費，私費（学校徴収金），財務マネジメント，予算，決算，評価，財務委員会，学校事務職員，支出負担行為，学校財務取扱要綱

財務マネジメントの実際の有りよう，すなわち教員や管理職，事務職員の財務マネジメントへの参加の程度は，自治体によりまた学校により大きく異なるが，カリキュラム・マネジメントの一環として，人的・物的なリソースを整備する財務マネジメントの実施は共通に求められている[1]。また，学校教育法37条4号の「校長は，校務をつかさどり，所属職員を監督する」，同14号の「事務職員は，事務をつかさどる」規定に基づき，校長や事務職員が主となって適切に役割分担をして財務マネジメントを進め，教員も参画していくことが必要となる。

ここでは，まず学校運営にかかわる公費（設置者から令達される予算）と私費（保護者が負担する費用）の現状とコロナ禍における変化をいくつかのデータなどからまとめ，次に財務マネジメントをめぐる制度と実践の状況について確認したのち，財務マネジメントの課題を展望する。

1　現行（2017年告示）の小学校学習指導要領（総則編）の解説では，カリキュラム・マネジメントの一側面として，「教育課程の実施に必要な人的又は物的な体制を確保するとともにその改善を図っていくこと」が挙げられている。

なお，財務をめぐって従うべき法令や規則は学校種や設置者により大きく異なるため，ここでは公立小中学校を対象とする。

1．学校運営費における公費と私費の状況

(1) 公費の現状

学校に令達された公費予算は，消耗品や備品の購入費用，施設設備の維持修繕費用等，学校運営のために支出される。多くの場合，公費の予算は事務職員が管理執行するが，教頭などの管理職の場合もある。年度当初に該当年度の予算案を決定し，業者へ見積もりを依頼し，発注，そして物品を受け取る。学校によるが，教員は購入したい物品の希望を出し，購入した物品を配布され使用する，という程度しか財務マネジメントにかかわる機会がないこともあり，そうした機会が少ないほど，財務への意識や知識が薄くなりがちである。自らの勤務校にどの程度の予算が配賦されており，そして自らの担当している教育活動実施のためにどの程度の予算が必要なのかなど，教員自身も意識的に考え，学校管理・教材整備に携わっていく必要がある。

しかしこの公費予算は，ただでさえ「少ない」と言われる。筆者らによる事務職員を対象とした調査票に基づく調査[2]では，「現任校の水道光熱費以外の令達予算総額（年間）」が 100 万円未満が 20 件，100 万円以上 200 万円未満が 103 件，200 万円以上 300 万円未満が 117 件で，これらの合計が 35% を占めている。

また，公費予算の学校間格差も確認されている。永山美子・仲田康一（2017）によれば，それぞれ自治体の異なる同規模の 4 つの小学校・中学校における児童生徒 1 人当たり公費予算を試算すると，1 万 2,046 円（A小），1 万 4,287 円（B小），1 万 5,546 円（C中），1 万 2,259 円（D中）だった。同規模の学校でありながら，小学校では 1 人当たり公費予

2　2017 年 7 月～2019 年 6 月に実施，義務教育段階の学校に勤める学校事務職員が回答，回答数 669 件。光熱水費除く。本調査の結果は「『学校財務評価制度・実践モデルの構築』最終報告書　科学研究費助成研究課題（若手研究B，課題番号 17K13997）2018 年 4 月～2020 年 3 月」でまとめた。

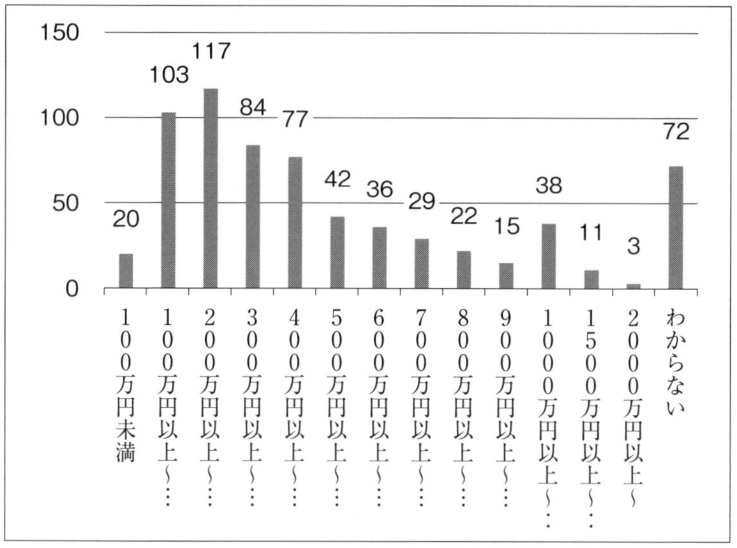

図13－1　現任校の水道光熱費以外の令達予算総額（年間）

（出典：「『学校財務評価制度・実践モデルの構築』最終報告書」（2020）を基に筆者作成）

算額は2千円以上，中学校では3千円以上の差がある。その差額は1人当たり公費予算額の20～25％を占め，決して小さくはない。

加えて，永山らは同じ4つの学校の私費負担（年間平均）についても1人当たりの金額を試算している。すると，7万5,407円（A小），6万6,331円（B小），15万3,741円（C中），14万4,968円（D中）となっている。公費・私費負担を比率で表すと，およそ，A小は1：6，B小は1：5，C中は1：10，D中は1：12となる。小学校では公費の5～6倍の額を保護者が負担することで，中学校では10～12倍の額を保護者が負担することで，何とか「公教育」が成り立っている状態である。

ここまで見てきたとおり，公立学校の公費予算はただでさえ規模が小さい。しかしコロナ禍において公費にも以下のような影響があった。

川崎雅和編（2021）は，コロナ禍で需要が大きく変わり，公費財務執行が変化したことに対する事務職員の悲痛の声をまとめている。コロナ禍の当初は，消毒用アルコールやフェイスガード，パーテーションなどの感染対策のための物品購入費，自宅学習を手助けするための教材の印刷消耗品費，そして本来なら夏休み期間に実施されることになった教育活動のためのエアコンの電気使用料金（換気も併用されたことで例年より使用量が増加）に悩まされた。

文部科学省は2020年，第2次補正予算の一環で学校再開のためのいわゆる「コロナ予算」を1校当たり100～300万で措置するとした。しかし，自治体（教育委員会）の方で非接触型体温計やペーパータオルなどの感染対策物品，GIGAスクール構想のための無線LAN整備やタブレットケースなどを（一括）購入してから各学校に配当となったところもあり，実際に学校に配当された金額は半額程度になっているところもあった。さらに，配当から2カ月程度で執行せねばならず，特に備品の場合は見積もり合わせなどが必要となることから，要望期間は極端に短く，2週間程度であったという。費目に縛られ節間流用ができない，という声もあった。他方で，この機会になかなか購入できなかった備品を購入できたという学校もあった。

このように，思いもよらぬ予算がついても，その執行にかかわるルール次第ではその予算の活用がうまくできないこともあり，また，普段から購入したい物品について見通しをもって考えていた学校では有意義に予算を執行できたということが浮き彫りになった。教職員全体での自律的な財務マネジメント確立を日常的に図っていくことが重要なのである。

（2）私費の現状

私費とは保護者が負担する費用であって，以前は集金袋などにより現金回収し，担任が取りまとめて管理職や事務職員に預ける集金方法が一般的であったが，昨今，給食費や教材費などの定期的な集金の場合は金融機関から引き落としされていることが多い。金融機関の引き落としになると，その納入確認などは事務職員が行うことが多く，そうすると教員の負担は減るが，さまざまな事情で未納となっている保護者への支払いの督促は担任が行ったり事務職員が行ったりしている。この支払の督促事務は誰にとっても精神的・時間的な負担が重いが，教員の働き方改革の流れの中で，教育委員会で一手に徴収を担う「公会計化」（後述）が進められている。それがかなわない場合でも教員ではなく事務職員が担うことが推奨され，徴収や督促そのものは教員としての役割から外れていくことになるだろう。その代わりに教員としては，私費負担をしてもらう物品や教材の見直し・厳選を教科・教職の専門性を背景として進めていくことが主要な役割として求められる。

2022年12月，3年ぶりに文部科学省による「令和3年度子供の学習費調査」の結果が公表された。通常は2年おきに実施される調査であるが，コロナ禍にともない，間が空いたために，「平成30年度調査」はコロナ前の私費の状況，今回の調査はコロナ禍の影響が加わった私費の現状を表すものとして比較することができる。

この3年間において，学校教育にかかわる私費負担は，小学校では1,846円減の0.98倍，中学校では11,887円減の0.93倍と，ともに減少している。しかし，その内訳を見ていくと，各校の財務マネジメントが適切に行われていない可能性が浮き彫りになる。

コロナ禍において減少した私費としては，給食費，修学旅行費や教科外活動費がある。学級閉鎖が相次いだことや欠席の増加により，給食の喫食数が減少した子は多かったはずである。そのことにより，小学校・中学校いずれも学校給食費が5,000円程度の減少で小学校は0.89倍，中学校は0.88倍となっている。自治体によっては給食費無償化政策などが進んでいることも，その一因と言えるかもしれない（**表13－1**）。

同様に，修学旅行は感染拡大状況や政府方針を見極めながら中止や予定変更の措置をとった学校が多く[3]。その結果，修学旅行費は，小学校では1,668円減の0.76倍，中学校ではなんと10,393円減の0.6倍と急激な負担減となっている。多くの学校で積立金の返金が行われたのではないかと考えられる。

3　日本修学旅行協会によれば，2021（令和3年）度において修学旅行を計画どおり実施できた中学校は全国で6.6%に過ぎず，計画を変更して実施することとなったのが76.9%，中止することになったのは15.8%に上ったという（日本修学旅行協会「新型コロナウイルス感染症の影響に関する調査まとめ<速報版>」）。

表 13－1　公立小・中学校の学校関係の費用（平成 30 年度と令和 3 年度の比較）

●公立小学校

		平成 30 年	令和 3 年	増減	増減率
学校教育費		63,102	65,974	2,872	1.05
	入学金等	－	158	－	－
	修学旅行費等	6,951	5,283	△ 1,668	0.76
	学校納付金等	12,235	8,113	△ 4,122	0.66
	図書・学用品・実習材料費等	19,673	24,286	4,613	1.23
	教科外活動費	2,041	2,294	253	1.12
	通学関係費	18,032	20,460	2,428	1.13
	その他	4,170	5,380	1,210	1.29
学校給食費		43,728	39,010	△ 4,718	0.89
総　額		106,830	104,984	△ 1,846	0.98

●公立中学校

		平成 30 年	令和 3 年	増減	増減率
学校教育費		138,961	132,349	△ 6,612	0.95
	入学金等	－	507	－	－
	修学旅行費等	26,217	15,824	△ 10,393	0.60
	学校納付金等	16,758	14,538	△ 2,220	0.87
	図書・学用品・実習材料費等	25,413	32,368	6,955	1.27
	教科外活動費	29,308	24,172	△ 5,136	0.82
	通学関係費	37,666	39,516	1,850	1.05
	その他	3,599	5,424	1,825	1.51
学校給食費		42,945	37,670	△ 5,275	0.88
総　額		181,906	170,019	△ 11,887	0.93

（出典：「子供の学習費調査」（文部科学省，平成 30 年度版・令和 3 年度版）より筆者作成）

活動休止の影響は，中学校の教科外活動費にも見られる。この内訳として主なものは部活動，学校行事，臨海学校・林間学校の費用であるが，これらの活動もコロナ禍においては抑制的にならざるを得なかったことが表れている。

このように，私費負担が減少した項目は，やむにやまれぬ事情によるものや，自治体の無償化政策によるものと考えられる。これに対して，活動が停滞したコロナ禍にもかかわらず3年前に比べて急増したのが，図書・学用品・実習材料費と通学関係費だ。

詳しく数値を見ていくと，図書・学用品・実習材料費は小学校で19,673円から4,613円増の24,286円（1.23倍），中学校で25,413円から6,955円増の32,368円（1.27倍）となっている。この傾向がこれまでと異なるということは，この調査の10年ほど前の2012年（平成24年）の学習費調査の結果と比較するとわかる。小学校では18,211円だったので2019年の時点と比べても7年間で1.08倍の微増，中学校では25,942円だったので0.97倍と逆に微減だった。このことから，7年間ほとんど変わらなかった図書・学用品・実習材料費がたったの3年間で急激に増えたものと言える。この原因は，恐らくはICT関連機器，いわゆるパソコンやタブレットの周辺機器・アプリ類の購入と考えられる。

金額としては小中ともに1,000円強の増額で大きくないが，これまた増加傾向にあるのが「その他」で，小学校は1.29倍，中学校は1.51倍である。「その他」に含まれているものとしては「学校の徽章（きしょう）・バッジ，上ばき，卒業記念写真・アルバムの代金等」が挙げられている。昨今，いわゆる「卒業アルバム」の高額化が進んでおり，人数が少ない学校では特に顕著で，思い出のDVDや文集も付属して2万円などという例も聞く。「その他」の増加傾向は，こうした卒業アルバムの値上げ・負担額の増加を反映しているのかもしれない。

このように，減少した私費はやむにやまれぬ外的要因によるものだったのに対し，増加した私費は学校内における財務マネジメントがかかわるものであることに注目したい。例えば，ICTを活かした授業法への移行や関連機器の購入を家庭に求める際に，どれだけ既存の学用品を見直したのか，新たに必要な物品についても一人一つを家庭で購入するか，学校に公費で備え付けするかの検討が丁寧に行われたのか，1万円や2万円も負担する卒業アルバムの教育的意義はどのように追求されたのかが問われる。学校関係者としては，財務マネジメントを進めることにより，少しでも私費負担を軽減する方向に努力をしていく必要がある。

2. 財務マネジメントをめぐる制度の状況

「コロナ予算」の問題点にも表れているが，公費は金額の多寡だけが問題なのではなく，その自治体がどのような財務マネジメントにかかわる制度を設けているかによって，学校，校長および事務職員の裁量が大きく変わってくる。

第一に，公費による学校配当予算について事前に学校に対するヒアリングの機会があり，学校から教育委員会に対して予算要求が可能であるかについては，筆者らによる先の調査によれば，「限られているが，ある」が 204 件（30%），「ある」が 162 件（24%）で，これらを合わせた「ある」との回答が半数を超えていた（予算要求方式）。こうした自治体では，「学校から予算要求を出してもらい，それを査定・調整したうえで（あるいはそのまま）財政担当課に対する教育委員会事務局からの予算要求内容に反映させる」（本多 2020：220）機会が存在しているのである。しかし，「ない」と答えた 203 件（30%）では学校は公費予算額について現場からの要望を伝えるチャンスが一切なく，学校割・学級割・児童生徒数割などの各学校一律の算定基準により予算が充てがわれることとなる（単位費用方式）。

第二に，予算執行段階において，公費配当予算の節間・細節間流用が学校レベルで可能か否かも学校の裁量に大きくかかわるが，「不可能」との回答件数は 88 件（13%）に上る。流用可能としても細節間流用までが 202 件（30%）と多く，これらだけで 4 割を超える。予算の編成における流用の裁量を確保し，教育委員会による査定が最小化される仕組みは学校裁量予算，フレーム予算，総額裁量予算などと呼ばれるが，こうした学校に予算の使途を委ねる仕組みの導入も，まだ一部の自治体にとどまっている。

第三に，本来首長の権限である，自治体の支出の原因となる購入契約や工事請負契約などが法令や予算に違反していないかを確認する支出負担行為の専決権（本多 2020：226，柳澤 2022 a：112）が校長に付与されているのは，458 件（68.4%）にとどまっている。しかも，この専決権には消耗品・備品・修繕ごとに上限額が決まっていることが多く，これが極端に低い額であれば学校現場の判断で契約できる範囲はとても狭くなってしまう。さらに，こちらも本来は首長の権限である，納品・検査の完了後に，自治体の会計管理者に対して工事や物品購入にかかる費用を支払わせる支出命令権（本多 2020：229，柳澤 2022 a：113）が校長に付与されているのは，支出負担行為よりもさらに少ない 383 件（57.2%）となっている。支出負担行為・支出命令権ともに校長に付与されていなければ，日常的な少額物品購入についても学校で判断ができず，都度教育委員会に「伺い」を立て，教育委員会がすべて執行管理することになる。

第四に，学校財務にかかわる要綱や規程の有無である。学校財務をめぐる要綱や規程とは，公費あるいは／および私費をめぐる学校財務のあるべき手続き，専決・契約・検査・出納・物品や現金管理などの権限を自治体が明確に示すことにより，学校における財務マネジメントの適正化・透明化を進めるものである。筆者の調査では，（私費も同時に扱っているものもあるが）主に公費の取扱いについてまとめている学校財務取扱要綱（公費要綱）と，主に私費の取扱いについてまとめている学校徴収金取扱要綱（私費要綱）の 2 種類の有無について問うた。その結果，「（公費要綱も私費要綱も）どちらもない」としたのは 41 件（8.2%）に過ぎず，公費要綱があるとしたのは 142 件（28.6%），私費要綱があるとしたのは 42 件（8.6%），公費要綱と私費要綱「どちらもある」としたのは 155 件（31.2%）であった。本調査の回答者がある特定の市町村に偏っていることは注意しなくてはならないが，アンケートの回答を見る限り，自治体種や人口規模を問わず，何らかの要綱を備えている自治体が比較的多くなってきている。

第五に，私費会計に対して進んでいる「公会計化」である。私費についてはそもそも校長名義の通帳に集めた徴収金を預け入れ，そこから支出をするというような「私会計」の方式が一般的であったが，会計事故や未納分の補填の問題などから，近年文部科学省は特に給食費について，「地方公共団体の会計に組み入れ」，「徴収・管理を学校ではなく地方公共団体が自らの業務として行う」[4]ことを内容とする「公会計化」を提唱している[5]。「公会計化」が行われることで，まず徴収・督促業務が教育委員会に移され，学校現場の負担軽減となる。また，教育委員会が給食費等を徴収し，徴収した金額を公金の収入として自治体予算に組み入れ，給食の食材料費としての支出を公金の支出として処理することにより，未納分についても自治体が予算を組み補填をするようになることから，教職員や完納している保護者らに未納分補填の負担を負わせることなく，安定的に給食などが提供できることがメリットと言える。公会計化することにより自治体がその自治体において必要な給食費や学用品費の予算の全体像をつかみやすくなることから，公会計化は「学校給食の費用無償化に向けたステップ」（中村 2021：119）ともされる。

このような「公会計化」の進展状況は，2021 年度の給食実施自治体を対象とする文部科学省の調査結果によれば，31.3% で既に「実施」しており，実施を「準備・検討」している 30.9% と合わせると，既に 6 割以上の自治体で公会計化を実施の方向となっている[6]。

このように，公費の現状は，配当予算額の規模が少なく，その執行に関しての学校の裁量も自治体によってはかなり限られている。さらに，公費や私費を扱う財務手続きの指針となる要綱類もまだ作られていない自治体もあり，公会計化も道半ばである。

4　文部科学省「学校給食費に係る公会計化等の推進状況調査」2022 年 12 月 23 日。

5　文部科学省初等中等教育局長通知「学校給食費等の徴収に関する公会計化等の推進について」2019 年 7 月 31 日。

6　前掲文部科学省調査。

3．財務マネジメントの実践の状況と理論

（1）学校財務マネジメントの実践の状況

各校において，財務マネジメントはどの程度行われているのか。先の筆者らによる調査は，財務マネジメントの各段階の実施状況も問うている[7]。この調査は事務職員を対象にしていることから，必ずしもその学校における実践状況とは一致していない可能性もあるが，財務マネジメントの実施状況を考えるうえでは数少ないデータである[8]。

それによれば，公費の予算を作成していない人は669件中53件（7.9%）のみと，ほとんどの事務職員が予算を作成してはいるものの，決算については作成していないというのが86件（12.9%），と予算の未作成よりも多くなっている。さらに，教材評価や活動評価[9]により公費の予算執行の見直しを行っていない人となると，319件（47.2%），369件（55.1%）とかなり多い。半数を超える学校では，公費を執行しただけで振り返りを行っていない状況である。

他方で，私費について予算作成を行っていないのは249件，決算作成を行っていないのは257件と，ともに4割弱に上る。予算や決算を作成していないということは，教材費等の徴収が教員任せになっており，計画性なく必要なものを必要な時に徴収しているのではないかと思わせる。さらに言えば教科や教育活動をまたいで保護者から年間にいくらを徴収しているかを学校として把握していないと見られてもおかしくない。

ただ，私費の予算や決算を作っているところでは，それらを教職員の間で共有する（予算183件（27.4%），決算157件（23.5%））のはもち

7　公費と私費，それぞれの予算，執行，教材評価と活動評価，決算という4段階について財務マネジメントの実践状況を学校事務職員に問うた。詳しくは，福嶋・柳澤（2020）。

8　この他に，全国公立小中学校事務職員研究会（全事研）が会員に行っている調査があるが，結果が会員外には公表されていないため，参照することができていない。

9　教材・教具の費用対効果（授業内有用性）検証や，修学旅行や校外学習の費用面からの振り返りなどの実践を指す。

ろん，それを保護者らにまで発信している件数が予算も決算も133件(19.9%) に上る。かたや予算・決算を作成しておらず，かたや私費負担を1人当たり，年間単位で総合化して教職員で共有したうえ，負担者である保護者に発信している。以上のように，公費と私費をともに総合化して財務マネジメントを展開している学校と，公費は事務職員が担当していても私費の徴収・執行などは個々の教員任せになっており，互いに全容を把握していない学校に二極化してしまっている状況がある。

(2) 財務マネジメントの理論的展開

財務マネジメントの理論は，戦後当初より学校経営学を母体として発展し始め，1980年代には学校事務職員・柳原富雄『教育としての学校事務』(エイデル研究所，1984年) によって1980年代に理論的に昇華されている (福嶋 2017)。

柳原は，「学校財政の指導原理においては，経済効率の原理よりも子どもの発達原理がより重視され，その組織原理においては，権限委譲の原則よりも集団責任の原則がより重視されるべき」とする。そして，具体的には，「校内予算編成の際，子ども・父母・教職員から出された学校運営の全領域の生の要求を集約し，全ての教育関係者(父母，教職員，教育行政当局) に公開していく」ことを第一の具体的在り方として提起する。ここでいう「予算」は公費と私費の双方を含み，「『公費』『私費』の枠を超えて，学校内での“総合予算主義”が確立されるべき」としている。公私費を統一的に扱うことで，「どの部分から無償化を実現していくか」を到達目標としながら私費負担軽減に自覚的に取り組むべきとする。

さらには，「予算要求・編成・執行・統制 (監査および評価) のすべてにわたって中心的な役割を果たす『財務委員会』」には保護者を構成員に加えることにも言及する。すなわち，「学校事務職員が中核となりつつも，教育条件の整備や民主的学校財政運営は，全教職員が集団として責任を負うべきである」とともに，「とりわけ父母は学校への要求主体であるとともに，学校の構成要素 (主体)」であるとされる。よって，教職員とともに父母を組み込む形で，「学校自治」や「教職員と父母の共同化」が展望されている。

このように，柳原は財務マネジメント上の 5 つの重要な視点，すなわち，教育財政に対する自律性，学校経営との牽連性，国民の教育要求集約，公―私費にわたる総合的自律性，各主体の連帯を提示した。この柳原の財務マネジメント論は〈学校財務の自治〉論と呼ぶことができ（福嶋 2017），財務マネジメント論の一つの到達点であったと言える。なぜなら，現在も続く事務職員による財務マネジメントがいずれも柳原の〈学校財務の自治〉論を発展的に継承し具体化したものと見られるからである。以下では 2000 年代以降書籍化されている財務マネジメントの具体例について紹介していく。

例えば，東京都の浅川晃雄は勤務校独自の「教材等の公費・私費取扱い基準」を教職員全員で作り上げ，教材の公費化を推進した（宮前他 2006）。山梨県の鈴木はつみは，生徒や教職員からの教育要求を集め，教育委員会に予算要求を行い，2,857 万円の予算を獲得した（鈴木 2010）。福岡県の高津圭一は，教育委員会に対して予算要求を続けた末に，自治体予算編成時期にヒアリングの機会を得ることができた（高津 2011）。福島県の相田サダ子は，学校経営計画に基づく事務部経営計画を立てた。そして校内に予算委員会の設置を提案し，同委員会において公費―私費にわたる予算・執行・決算のシステム化に取り組み，評価や監査を確立して財務の透明性向上を図った（相田 2014）。同書で新潟県の松野千恵美は，学校評価のプロセスの中で公費と私費の状況をグラフで表すなどの「見える化」に力を入れるとともに，学校経営における重点目標に基づく戦略予算の視点を取り入れて財務の見直しを提起した（松野 2014）。福岡県の柴田正治は学校運営協議会に参加し，学校経営方針とともに協議会委員からの予算に対する理解を得て公費獲得に連帯する土台形成を図った（柴田 2015）。埼玉県の柳澤靖明は，校内研修，学校評価や学校運営協議会などの制度を活用しつつ，教職員・児童生徒・保護者・地域住民などの各主体の学校財務への関心を高め，私費負担軽減に取り組む学校財務実践をまとめている（柳澤 2019；2022b）。

この他にも取り上げられなかった優れた実践報告が書籍や専門誌上に数多くあり，さらに明文化されていない財務実践も全国で展開しているはずだ。これらの蓄積は，柳原の〈学校財務の自治〉論が確かに含まれ，それを具体化するものであり，私費負担軽減と公費保障拡充に向けた財務マネジメントの理論が発展してきていると言える。

ただ一方で，先の調査結果を見るかぎり，形式的に公費私費の予算を編成し，執行し，決算を作成するにとどまっているものも少なくないと見られる。そのマネジメントが事務職員属人的なものにとどまり，標準化が十分ではなく，管理職や教員など他職種とのかかわり，言い換えれば学校経営やカリキュラム・マネジメントとのかかわりが十分ではない可能性がある。公金を扱い，子どもの教育を受ける権利を保障する教職員が展開する財務マネジメントが，形式的なものにとどまってよいはずはない。

4. 財務マネジメントをめぐる制度の今後の課題

家計急変が相次いでいる現代日本において，当面，自治体における就学援助制度や給食費等無償制度の拡充は喫緊の課題となろう。特に，休業時や長期入院・不登校をしている場合の給食費を昼食代として支給すること，就学援助の国基準に新設された「オンライン学習通信費」1万2,000円支給は重要だ。今般のような感染症拡大や円安・物価高の進行の下で家計がひっ迫している家庭の私費負担を軽減するため，就学援助制度の認定基準の改善や手続きの簡素化，支給金額・費目の充実が求められる。

しかしながら，就学援助制度は困窮家庭に対して彼らが負うべき私費負担の一部を自治体が補助するものであって，制度の拡充はすなわち私費負担の固定化・拡大を意味する。また，不認定家庭は当然援助が受けられず，私費負担がそのままにのしかかる。就学援助制度の拡充は万能ではない。ここに財務マネジメント確立の意義がある。財務マネジメントを確立することで，学校の公費保障が進み，あらゆる家庭にとっての私費負担が軽減していくからである。

そうした財務マネジメント確立をめぐって2つの制度論的課題がある。

第一に，国民の教育を受ける権利保障に対応する政府および教育行政の教育条件整備義務に裏打ちされ，学校教育法5条に学校設置者負担主義が規定されている。これに基づき，公立学校における公費保障部分の確定と財源保障のための制度論の構築が必要である。学校設置者負担主義が法定され，地方財政法などの各法令においても自治体が負担すべきで住民（保護者）に負担を転嫁すべきではない費用が規定されているにもかかわらず，各学校への公費令達予算が十分ではないために，また財務マネジメントが確立していないために，保護者への私費負担やPTA・後援会等による寄付に頼った学校運営がなされている現状がある。

有限である財源の問題や，教育活動の公共性・私事性の問題から，あらゆる物品・費用について公費保障することについては議論があるが，それでもなお，国民の教育を受ける権利保障という憲法上の理念を起点とすれば，現在，学校で展開している教育活動の中でも，権利保障につながる，必要性の高い物品・活動費用については公費保障をしていく方向性は共有できるはずだ。ゆえに，権利保障につながりにくい，あるいは子どもの十全な発達を阻害するような教育活動・慣習等を見直しつつ，子どもの権利を視点として具体化された「教育的必要充足の原則」（世取山 2012：478）に沿う形で，私費負担を前提とした公教育そのものを公費で保障していく作業が必要となる。これまで，事務職員を中心になされてきた教材教具の効果検証の取り組みや，コロナ禍での学校行事やICTを活用した授業への見直しは，学校現場におけるそうした取り組みの一環として見ることができる。

具体的には，教育課程上の活動を実施していく上で共通に必要とされた設備，教材・教具は，教育条件基準法として措定されていく必要がある。ただし，その基準を充足するための費用については，政府の責任において公費支出することを義務付ける財政法（すなわち無償法）とセットであることが重要だ。現状の「教材整備指針」は文部科学省の推奨する教材をピンポイントで推奨する形式だが，学校現場において参照を求める反面，法律による財政保障がなされていない。

例えば，GIGA スクール構想によりタブレット・パソコン本体は公費（国費）保障されたが，タッチペン，ヘッドセット，ケース等の周辺機器については財務マネジメントに委ねられた。ここで，個人持ち教材であるからと保護者による私費負担に転嫁することはたやすいが，中には，公費で整備し，子ども一人ひとりに配布した事例もある。ここで公費による教材整備を基本方針とさせるのが，財政保障をセットにした教育条件基準法である。

しかしここで重要なのは，教育条件基準の法定と，財政保障のセットによって，各学校における教材選定の裁量が制約されることは好ましくないということだ。例えば，学校に備え付けられる教材・教具，設備についても，その学校で学習指導要領に沿った教育活動を行うには，必要なもの・数量が異なってくる。既に購入済みのものがあれば，耐用年数により買い替えの時期は学校により異なるし，重視している教育活動・取り組みに対して優先的に公費予算を回していく必要もある。こうした，その学校ごとに教育条件を整えていくのに必要な予算は，年により学校により異なって当然であり，ここに財務マネジメントが機能する余地がある。今は廃止された義務教育費国庫負担法による教材費負担の仕組み，とりわけ初期のものが参考になろう（福嶋 2012）。

第二に，自治体ごとに異なる財務マネジメントにかかわる制度について，文部科学省として，学校現場での裁量を増やす方向での学校運営管理規則や学校財務取扱要綱の条文例を示すべきではないか。先に見たとおり，現状は流用の可否，支出負担行為・支出命令権の校長への付与の認否，公費予算についてのヒアリングの有無については，自治体により大きな差がある。しかし，文部科学省の公式ホームページにおいて教材整備に関して学校から教育委員会に「要求」するという行為を認めていたにもかかわらず[10]，自治体によってはその機会が全くない，という状況が広がっている。さらに，学校財務取扱要綱の制定など，財務マネジメントの手続きを標準化する取り組みも広がりつつあるが，まだまだ当地の事務職員の団体が教育委員会に積極的に働き掛けないと教育委員会が重い腰を上げない，という状況も見聞きする。

特に，私費財務マネジメントの二極化を解消することは，準要保護世帯を含むすべての世帯の私費負担の軽減につながり，大きなインパクトが見込まれる。まずは公費と同水準の厳正な会計手続きを確立した上で，年度間，児童生徒間，学年間，教科間で私費負担の費目や全額を比較できるようにし，広く教職員のみならず保護者や学校運営協議会（地教行法 47 条の 5 。学校の運営及び当該運営への必要な支援に関して協議する機関）などに発信をしていく。これを行うことで，多様な立場から普遍的な私費の見直しを進める土壌ができていく。事務職員や管理職が主導し，あらゆる教員がこれに参画していくことが重要である。このような財務マネジメントの手続きを全国的に標準化していくために，文部科学省による要綱のモデル案提示など積極的かつ専門的な指導助言が求められる。

以上のように，教育を受ける権利保障のために公費予算の水準を引き上げ，手続きの改善を促す教育行政・財政の働きが求められる。

研究課題

① 身近な自治体の財務マネジメントをめぐる制度の状況（流用の可否，ヒアリング・校長の専決権・要綱類の有無など）について調べなさい。

② 財務マネジメントの優れた事例について文献や専門誌などから調べ，その特徴を考察しなさい。

③ 学習指導要領解説からある単元を取り出し，その授業実施に必要な教材について実際の教材カタログを参照し，売値や機能性を比較しなさい。

---

10 「学校教材の整備の進め方の例―学校教材の整備」文部科学省ホームページ https://www.mext.go.jp/a_menu/shotou/kyozai/index.htm 2023 年 2 月 3 日参照。模式図の中で今は学校から教育委員会へは「状況報告」をすることとなっているが，以前は「要求」と書かれていた。

参考・引用文献

- 相田サダ子（2014）「教職員や生徒と共に取り組む学校財務改革」現代学校事務研究会編『学校財務改革を目指した実践事例』学事出版
- 川崎雅和編（2021）『コロナと闘う学校』学事出版
- 柴田正治（2015）「学校財務と事務職員の関わり――校内予算委員会・学校運営協議会を通して」本多正人編『公立学校財務の制度・政策と実務』学事出版
- 鈴木はつみ（2010）『さいごの授業』京戸山荘出版
- 高津圭一（2011）「地域の学校事務職員みんなで『教育費無償をめざす』」制度研編『お金の心配をさせない学校づくり』大月書店
- 中村文夫（2021）『アフター・コロナの学校の条件』岩波書店
- 永山美子・仲田康一（2017）「子どもの学びを守る学校予算と学校事務職員」柏木智子・仲田編『子どもの貧困・不利・困難を越える学校』学事出版
- 福嶋尚子（2012）「教材整備に関する基準の展開と問題点」世取山洋介・福祉国家構想研究会編『公教育の無償性を実現する』大月書店
- 福嶋尚子（2017）「『学校財政の自治』理念の生成―学説史探究の意義」東京大学大学院教育学研究科学校開発政策コース『教育行政学論叢』37 号
- 福嶋尚子（2021）「日本教育事務学会第 8 回大会月間：特別企画『コロナ禍の教育事務』」『学校事務』2021 年 7 月
- 福嶋尚子・柳澤靖明（2020）「学校財務実践の展開状況」『日本教育事務学会年報』第 7 号
- 本多正人「学校の財務管理」勝野正章・村上祐介（2020）『教育行政と学校経営〔新訂〕』一般財団法人放送大学教育振興会
- 松野千恵美（2014）「協働が創造を生む―学校財務への挑戦」現代学校事務研究会編『学校財務改革を目指した実践事例』学事出版
- 宮前貢・浅川晃雄・川崎雅和（2006）『カリキュラム経営を支える学校事務』学事出版
- 栁澤靖明（2019）『学校徴収金は絶対に減らせます。』学事出版
- 栁澤靖明（2022）「学校財務を担当するために必要な知識」栁澤編『学校財務がよくわかる本　学校事務ベーシック 2 』学事出版
- 栁澤靖明（2022）「学校財務マネジメントの確立」藤原文雄ほか編『カリキュラム・学校財務マネジメント』学事出版
- 柳原富雄（1984）『教育としての学校事務』エイデル研究所
- 世取山洋介（2012）「公教育の無償性を実現する新しい法制の骨格」世取山・福祉国家構想研究会編『公教育の無償性を実現する』大月書店

14 教員評価と教師の職能成長

勝野正章

《目標&ポイント》 近年，子どもたちの教育の質と水準を保証するためには教師の質（teacher quality）の向上が重要であるという信念とともに，世界中で教員評価に対する関心が高まっている。本章では，国内外における教員評価の動向と理論について学ぶとともに，教師の職能成長にとって同僚らとの共同的な学びが持つ意味について考える。
《キーワード》 TALIS（Teaching and Learning International Survey），「新しい教員評価」，「成果主義」型教員評価，教員評価の付加価値モデル，「能力開発」型教員評価，目標管理，専門家の学習共同体（professional learning community : PLC））

1．教員評価の国際的動向

近年，多くの国々で教員評価への関心が高まっている。その背景には，国あるいは地域レベルで教育水準を左右するのは，教師集団（teaching force）の質であるという政策決定者たちの信念がある。確かに，教師は子どもたちの学習結果を左右すること，そして，その「教師効果（teacher effect）」には偏差があることについては，研究的にも一定の合意がある。一方で，そもそも教師の質を定義するのは非常に難しく，適切な教員評価モデルについての合意が存在するわけではない。それにもかかわらず，教師の質と教育の成果が単線的に結び付けられ，子どもたちのテストスコアに基づく教員評価が導入される場合がある。例えば，NCLB法（No Child Left Behind Act）施行（2003年）以降のアメリカは，結果に基づくアカウンタビリティと，教育の成果を向上させるための手段としての教員評価への関心が合流を見た事例である。オバマ政権（2009－17年）が採用した「頂点への競争（Race to the Top）」の財政スキームとNCLB法の免除手続きにより，多くの州で標準化されたテストで測定される子どもたちの学力に基づく教員評価が実施された。

OECDが2018年に実施した第3回TALIS（Teaching and Learning International Survey＝国際教員指導環境調査）（OECD 2019）では，これまでの同調査（OECD＝斎藤里美監訳 2012；国立教育政策所編 2014）において，多くの教師は教員評価が自分の教育実践に肯定的な変化をもたらしたと回答していたものの，ほとんど何の影響もなかったと回答した教師も少なくなかったことが報告されている。さらに，最も高い評価を受けた教師が必ずしも最も優秀な教師ではないとの意見も多く聞かれた。

教員評価が教師の実践の改善や職能成長に必ずしもつながっていないとすれば，その原因は何であろうか。まず，そもそも教員評価を教師の職能成長のために実施するという目的が重視されていないのかもしれない。教員評価は，教師が自分の教育実践を省察し，改善が必要な分野を明らかにする機会を提供するため（診断的・形成的評価）だけでなく，定められた基準を満たし，推奨された教育実践に従っているかを確認する（総括的評価）ことを目的としている場合もある。あるいは，教員評価は診断的・形成的目的のために機能していたとしても，職能成長のための研修機会の提供や教師の自主的な学びの奨励・環境整備が不十分だということも考えられる。第3回TALIS（OECD 2019）では，以下のような教員評価制度の一般的な成功条件が挙げられており，教員評価を再検討する際の指標となろう。

- 校長，その他の評価者，そして教師は教員評価プロセスの諸段階（評価材料の準備と提示，面談，フォローアップ）に十分な時間を投入しなくてはならない。
- 評価者は，教育実践に関する知識（pedagogic knowledge）と評価手法の両面において，必要とされる専門性を有している必要があり，教師の側には評価の結果を活用する準備（姿勢）がなくてはならない。
- 教員評価制度は，評価者と教師の双方にとって，（評価結果が）妥当であり，信頼できるものとして経験されなくてはならない。

TALIS にも示されているように，教員評価の制度と実践には国・地域による違いがある。しかし，全般的に教師の職能成長効果が低調である一方で，子どもたちのテスト成績向上に向けた取組を促進する効果は大きいことが指摘されている。学力テストの成績向上が教員評価の明示的目的とされていない場合であっても，教師の意識をそれへと向けさせる効果を持つことは，教育改革の基底的な方向性が教員評価という個別政策の実践を大いに規定している可能性を示唆している。教員評価がどのように実行され，いかなる効果や影響を及ぼしているかを十分に理解し，どのように改善をしていけばよいのかを考察するためには，より広範な政策的文脈に位置付ける必要があると言えよう。

2. 日本の「新しい教員評価」

日本では 1950 年代末から「勤務評定」と呼ばれる教員評価が行われていた。しかし，法令上行われるべきものとされていた「評定の結果に応じた措置」が実際にはほとんど行われていなかったことから，長い間，その「形骸化」が指摘されていた。また，校長による一方的な評定であり，その過程と結果が教師本人に開示されることはまれであったため，研修や職能成長につながらないことも問題点として指摘されていた。

一般に経営学において，被雇用者の勤務成績の評定は採用，配置，昇進，昇格・昇給，訓練・研修とともに人事管理(personnel management)の一部として位置付けられている。しかも，勤務評定の評定は，人事管理の他の要素を適切に実施するための基礎資料を提供する要(かなめ)の地位を与えられている。したがって，勤務評定が「形骸化」しているという指摘は，教育経営・学校経営において人事管理，すなわち教員管理が適切に機能していないことを問題とするものであったと言える。

そうした中で 2000 年前後から，いじめ，不登校，学力低下など，教育諸課題の深刻化や「指導力不足教員」問題が注目を集めたこともあり，教師の資質・能力や業績への関心が高まり，各地の教育委員会が次々と「新しい教員評価」の導入を始めた。まず東京都教育委員会が 2000 年度に「職員の資質能力の向上及び学校組織の活性化を図ること」を目的として，勤務評定に代わる「能力と業績に応じた適正な人事考課」を実施した。翌 01 年度には三重県，香川県，02 年度には大阪府，03 年度には神奈川県，広島県で「新しい教員評価」が始まった。文部科学省が 03 年度から 05 年度までの 3 年間，全国の都道府県・指定都市教育委員会に「教員の評価システムの改善に関する調査研究」を委託したことも，各地での「新しい教員評価」の導入に拍車をかけた。

文部科学省が 47 都道府県と 21 指定都市の教育委員会を対象に 2022 年 4 月 1 日時点での人事評価システムの取組状況について調査した結果によれば，全県市で人事評価システム（新しい教員評価システム）が実施されている。教諭等（校長，副校長，教頭を除く）を対象にした人事評価の結果の活用については，回答数の多い順に次のようであった。勤勉手当（54 県市），昇給・降給（53 県市），人材育成・能力開発・資質向上（48 県市），昇任（41 県市），研修（33 県市），配置転換（25 県市），免職・降任（23 県市）。この結果と比較するため，2015 年度の同調査結果を参照すると，以下のとおりであった。人材育成・能力開発・資質向上（44 県市），研修（30 県市），昇任（27 県市），配置転換（22 県市），昇給・降給（18 県市），勤勉手当（16 県市），免職・降任（10 県市）。この 7 年間で勤勉手当（16→54），昇給・降給（18→53），昇任（27→41），免職・降任（10→23）という給与・処遇，雇用にかかわる人事管理に教員評価を活用する県市が著しく増加したことが見てとれる。

ここからわかるように，「新しい教員評価」は，教師の資質能力向上を目的とする「能力開発」型であると同時に，能力や勤務成績の評価を給与・処遇，雇用に反映させる「成果主義」型でもある。近年になって成果主義的性格が強まったのは，2014 年の地方公務員法改正により，「人事評価」を任用，給与，分限，その他の人事管理の基礎として活用することが明確にされたことが大きな理由である。後述するように，教員評価において「能力開発」型と「成果主義」型を両立することは非常に難しいとされている。教師の職能成長を目的とするならば，被評価者である教師は評価者を信頼し，自分の弱点を進んで開示，共有することが必要になるが，それが降給などのマイナス査定につながるというジレンマを突きつけられるからである。

もともと，2000 年頃から「新しい教員評価」の導入が進んだ背景には，教師の資質能力向上と学校運営の改善・学校組織の活性化の必要性とともに，公務員（給与）制度改革があった。01 年 12 月に閣議決定された「公務員制度改革大綱」は，「行政ニーズが複雑高度化，多様化してきている中で，公務員が国民の期待にこたえ，真に国民本位で良質で効率的な行政サービスを提供する」ために「能力や業績を適正に評価した上で,真に能力本位で適材適所の人事配置を推進するとともに,能力・職責・業績を適切に反映したインセンティブに富んだ給与処遇」が必要であるとした。この提言が以降の公務員（給与）制度改革を方向づけることになり，05 年度の人事院勧告・報告には，職務・職責・勤務実績を反映した給与制度の導入が盛り込まれた。教育公務員である国公立学校教員も新しい給与制度の対象であるため，勤務評定に代わる「新しい教員評価」=能力や業績の適正な評価が必要とされた。

さらに 2000 年前後から加速した教育の市場化，規制緩和が，「新しい教員評価」に与えた影響も小さくはなかった。教師の能力や業績を評価して，その結果に基づく処遇（表彰や成果主義給与の採用）を徹底すれば，教師の仕事に対する意欲や改善努力は高まり，より大きな成果を上げられるはずだという趣旨の提言が，財界や政府の関係委員会から相次いだ。教育の市場化推進派からの提案には，校長や副校長・教頭などの管理職だけでなく，保護者や地域住民も評価者に位置付けて教師を評価するべきだという主張もあった。このような提案は，保護者や地域住民の教師不信，学校不信を根拠としていた。

3.「成果主義」型教員評価

能力や勤務成績の給与等の処遇への反映を図る人事・給与制度改革や，教育の市場化論からの教員評価の提案は，仕事の過程ではなく成果に対する評価に基づいて人事管理を行う成果主義を前提としている。しかし，成果主義の適切さや効果については，企業労働者にとっても，公務労働者にとっても疑問視されることが少なくない（都留・安部・久保

2005，OECD＝平井訳 2005，中村 2006)。

成果主義を教員評価に応用した場合，評価対象となる教師の仕事の特質に由来する困難が生じ得る。1970 年代から 80 年代にかけて米国で実施された成果主義給与であるメリットペイ（merit pay）の大部分が効果を発揮せず，やがて廃止されたのも，それが原因であると言われる。マーネイン（Richard Murnane）とコーエン（David Cohen）によれば，「なぜ X はメリットペイをもらえるのに，私はもらえないのか」「どうすれば私はメリットペイをもらえるのか」という労働者の問いに監督者が満足に答えられないと，メリットペイは信頼を得られずに失敗する。トラックから積み荷の箱を降ろす仕事であれば，監督者は「X はいっぺんに 2 個降ろすが，あなたは 1 個だ。もしあなたがいっぺんに 2 個降ろせば，あなたもメリットペイがもらえる」と答えることができる。しかし，効果的な教育活動は，箱の積み降ろしの例のような明確に定義された技術の一貫した使用で説明されるようなものではない。そのため，校長は教師からの上記のような質問に説得的に答えることができない。要するに，教師を対象とするメリットペイが失敗した根本的原因は，評価者訓練の不十分さなどにではなく，教師の仕事の本質に求められるのである（Murnane & Cohen 1986)。成果主義の問題は，教師の意欲と生産性の向上という期待どおりの効果を上げることができないだけではない。これまでに行われてきた教員評価研究の多くが，教師間の協働的関係を損ない，評価者の権限と責任を過度に強め，評価の官僚制化や統制機能の強化をもたらし，その分自己理解や自己啓発に基礎を置いた教師の職能成長を促進する働きを弱めてしまう「成果主義」型教員評価に対して警告を発している（Odden & Kelly 1997)。

教師の仕事が，明確に定められた知識や技術の定型的適用ではなく，その「成果」の測定も困難であるために成果主義に多くの弊害が生じるのであれば，思い切って，子どもたちのテスト成績という客観的に測定可能なものに限定して，教師を評価してはどうかと提案され，実行に移されることがある。しかし，「教師効果（teacher effect)」の研究において，諸々（もろもろ）の教師変数と子どものテストスコア＝「効果」の間には，一貫した関係が見いだされているわけではない（Stronge, Ward, Tucker & Hindman 2008）。さらに，テストスコアのような単一の測定値を基準として教師の任用継続，解雇，給与のような重要な決定を行う「掛け金額の大きな評価（high stakes assessment）」は，「テストのための授業（teaching to the test）」やカリキュラムの狭隘（きょうあい）化といった好ましからぬ影響のほか，成績の振るわない生徒の排除や種々の不正行為等の「致命的損失（collateral damages）」を生じさせているとの報告がある（Nicholas & Berliner 2007）。

近年，子どもたちのテストスコアによって教師を評価するシンプルなモデルを洗練させたものとして，付加価値分析（value-added analysis）が注目されている。確かに，教員評価の付加価値モデル（VAM：value-added model）には，その考え方において，さらに方法論的にも一定の発展が見られる。まず，子どもの学習に教師が価値を付与しており，その付加価値を可視化できるという考え方は，ある意味で教師のエンパワメントに通ずる。方法論的には，子どもたちの一時点におけるテストスコアを「教師効果」と見なす方法より明らかに優っている。子どもの属性・社会経済的背景，家庭の教育的・言語的背景，学級の雰囲気や他の生徒の特徴，学校の置かれている地域の環境等の変数を統制した上で，学力の「伸び」を測定しようとするものだからである。

しかしそれでもやはり，まだ考慮に入れられていない変数が存在する可能性や変数の測定が不完全である可能性を全面的に排除することは困難であると言わざるを得ない。さらに，VAM は，統計的モデリングの詳細からも，また授業の文脈からも独立した，十分に大きく，かつ安定した「教師効果」が存在するという基本的前提に基づいて設計されているが，この前提自体の正しさが確かめられているわけではない。現実に，使用される統計モデルが違えば，「教師効果」の推定値は異なることが知られているし，教師の教える学級，コースや年度によっても推定値は異なることが報告されている（Newton, Darling-Hammond, Haretel & Thomas 2010）。このことは，例えば英語学習者（English learner）であるか，無料昼食受給者であるか，人種・民族，親の教育程度など，属性面で不利な生徒を多く教えている教師の「教師効果」が過少に推定されている可能性を示唆している。

このような子どもたちの学習に対して影響を及ぼす数多くの影響を同定し分離することの困難さ,「教師効果」に関する基本的前提の不確かさ，そしてテストの内容的妥当性などが未解決の課題として残されているため，現状において最も洗練された統計的コントロールと階層的モデルを採用しているVAMであっても,「教師効果」に関する因果推論には限界があると言える。政策決定者が，このような課題と限界を十分考慮せず，性急にVAMを採用するのであれば，教員評価に対する教師の信頼を得られないだろう。

4.「能力開発」型教員評価

「新しい教員評価」は，成果主義の採用だけでなく,「能力開発」型を謳(うた)っている点で従来の勤務評定とは異なっている。すなわち，教師の資質能力向上という目的を掲げて，教師一人ひとりが職務に関する目標を設定して職務に取り組み，年度末にその成果を自己評価した上で校長等の評価者と面談を行う「目標管理」のサイクルを組み込んでいる。そこでは，評価者にも授業観察を行うなどして，教師の職務遂行状況を具体的に把握し，優れた点と改善点をフィードバックすることが求められている。教員評価を学校運営の改善・学校組織の活性化のために用いるという場合，この目標管理のプロセスにおいて，教師が学校組織の目標や方針を踏まえておのおのの職務遂行及び職能成長の目標を設定することを意味している。そして，その目標達成に向けて，評価者である管理職が授業観察に基づくフィードバックをはじめ，必要な指導助言や介入を行っていくことが想定されている。

このように「新しい教員評価」では，教師による目標設定，自己評価を管理職による評価と組み合わせた目標管理（management by objectives）手法が採用されている。年度当初に自己目標の設定を行い(Plan)，この目標を意識して教育活動を展開し（Do)，その過程で発揮された能力と結果に対する自己評価を行うとともに他者からの客観的評価を受け

(Check)，さらなる改善につなげる（Action）という，PDCAサイクルが実施される。この過程は，それぞれの教師が教育実践を自己との対話，評価者や同僚との対話を通じて省察し，職能成長につながる重要な「発見」が得られる形成的評価の過程であるとされる。また，目標設定では，学校としての目標や担当する校務分掌等の目標との整合性を意識することで，組織メンバーとしての自覚や協働の意識が深まるとされる。

教員評価の結果を処遇に反映させたり，教師の競争を促進することで意欲と能力と業績の向上が図られるとする成果主義は，外的報酬による動機付けの論理であった。一方，目標設定，自己評価を通して自己の教育活動について省察する機会，評価者や同僚との対話という客観的に自己を相対化する機会を通して，教師は職能成長に向けて動機付けられるとする「能力開発」型教員評価は，内発的動機付けの論理に基づいている。主体的な目標設定を保障されることで職務に対する意欲や組織への参画意識が深まり，目標達成時により強い達成感が得られることは，動機付けに関する目標設定理論（goal-setting theory）の示すところでもある（Lawler, Mohrman & Ledford 1997）。

これまでの調査研究結果からは，「新しい教員評価」における目標管理が有意義であると感じている校長（評価者）が極めて多いことが明らかになっている（高谷 2008；諏訪 2015；Katsuno 2016）。具体的には，目標管理は自身の学校経営方針や計画に対する教職員の理解を促進する上で有効であり，教師の意見や思いを把握することにも役立っているとの認識である。すなわち，大部分の校長は，教員評価を教師との新たなコミュニケーションの手段ないし機会を提供するものであり，それによって学校組織の一体感の醸成や経営方針の共通理解ないし共有化に寄与していると考えている。それに比べると，教師の資質能力の向上に対して教員評価が直接的な効果を発揮していると考える校長は多くない。

その一方で，教師自身の教員評価に対する有効性の認識は全般的に低調である。アンケート調査で教員評価が自身の職務意欲や職能成長に役立っているとする教師が半数を超えることはあまりない。また，校長が特に効果があると考えているコミュニケーションや共通理解の促進効果についても，教師はそれほど肯定的ではなく，明らかに認識のずれが見られる。教員評価が教師の資質能力や意欲の向上という第一義的な目的に照らして十分に機能していないのであれば，その原因を分析して，制度や方法の改善策を講じなくてはならないだろう。

さらに，コミュニケーションや共通理解の促進効果に関する校長と教師の間の認識ギャップの存在は，もう一つの目的である学校運営の改善・学校組織の活性化についても，それが真正な相互理解や理念の共有に基づいているというよりは，トップダウン的に進められている可能性を示唆している。特に管理職が学力向上などの数値目標の達成を強引に推進する場合など，むしろ教員評価が教師との軋轢(あつれき)を強めかねない(Katsuno 2016)。

5. 教師の協働的な学びと学校改善

TALIS 2018 は，フィンランドでは国家的な教員評価制度が存在せず，地方自治体が何らかの教師に対するアセスメントを行う場合でも，その目的は判定のためではなく，教師のエンパワメントであることを紹介している（OECD 2019)。フィンランドの教育制度における一定の水準や質は，高度な教師教育と専門職としてのアカウンタビリティ(説明責任・結果責任）によって保障されているため，教員評価を用いた外部コントロールの必要がないと考えられている。教師のアセスメントは，このような信頼を基礎にして，個々の教師というよりは，学校改善のニーズを明らかにするために実施されている。

近年，単に外部からのアカウンタビリティの要求に受動的に応えるのではない，教師の職能成長と自主的かつ持続的な学校改善を一体的に促進する「専門家の学習共同体（professional learning community：以下PLC)」に注目が集まっている。「専門家の学習共同体」は論者により異なる意味で用いられるが，ストールとルイスの定義は，「継続的，省察的，協働的，包摂的（inclusive)，学習志向的，成長促進的なやり方で互いに実践を共有し，批判的に問い合う教師集団」(Stoll & Louis 2007)である。変化の激しい社会において，児童・生徒の学習の質を保証し，学校を改善するには，個々の教師の能力と努力だけでは限界がある。学校改善には，教師の協同的な学習と協働が鍵であると考えられるようになっているのである。

日本では，教育学者の佐藤学によって，学校を「学びの共同体」にするために教師集団の同僚性を育む必要性が提起されている。佐藤による同僚性の定義は「授業を創造し専門家として成長しあう教師どうしの連帯」（佐藤 2006）である。また，教育行政・学校経営研究者の浦野東洋一は，同僚性を「声をかける・かけられる，相談する・相談される，教える・教えられる，助ける・助けられる，励ます・励まされる，褒める・褒められる，癒す・癒されるという職場の人間関係」（浦野 2003）と定義している。

学習は単に新たな知識や技能を獲得することではなく，部分的ではあれ，これまでの学びの破棄（unlearning）を意味する。この過程には心理的な混乱や不安が伴う。PLC や同僚性が教師の認知・学習への効果を持ち得るには，教師が互いを承認し信頼していなければならない。同僚，共同体の一員として「認められる」ことは，実践や組織の変化にともなう不安や葛藤を乗り越える力になる。同僚性も PLC も授業の創造・質的向上を目的とする教師の学習と，信頼や配慮（ケア）を基盤とする関係性が二本柱になっている。

PLC や同僚性とは実際にどのようなものか，いかなる効果を持つのか，また，それらはいかなる経路をたどって生成・発展するのだろうか。

マクローリン（McLaughlin）とタルバート（Talbert）による米国の高校を対象にした研究では，教師の関係性として「弱い共同体」と「強い伝統的共同体」と「強い革新的共同体」が見いだされた（McLaughlin & Talbert 2001）。「弱い共同体」とは，「ルースカップリング（疎結合）」という特徴が顕在化している組織であり，教師は個々に仕事を進めてはいるが，組織として生徒の学習に責任を負い，教育実践の質が高められている状況ではない。「強い伝統的共同体」は，教科ごとには強い連帯を示すが，教科間の交流に乏しい。また，教科内部の連帯は時に同調圧力として働き，授業の創造的変化を阻害する保守性を帯びる。それらに対して，「強い革新的共同体」（PLC）では，教師たちが自分の仕事について頻繁に語り合い，互いの教室を分けへだてなく行き来し，互いの仕事についてコメントすることが当然と見なされ，生徒の学習の質を高めるための協働作業が教科の壁を越えて行われていた。

このようなPLCには，次のような効果があるとされている。まず教師にとっての心理的効果である。PLCに属する教師は，個人的・集団的な自己効力感，モチベーション，職業的満足感が促進され，逆にストレス，バーンアウトは抑制される。また，児童・生徒の学習に対する共同の責任感が向上するとも言われている。次に，教師の知識・技能の向上，指導・授業実践の改善に対する効果である。さらに，PLCの効果は，教師個人・集団にとどまるものではなく，児童・生徒にも及ぶとされている。すなわち，学校・教職員集団への信頼，学習へのモチベーション，生徒と教師の関係に良い影響を与え，実際に児童・生徒の学力や学びの質にも効果が認められるとされている。

PLCの創出・発展，継続性，促進要因と阻害要因に注目した研究にも一定の蓄積がある。PLCは自然発生的に生じ，発展，継続するものではないとする点において，これまでの研究は意見の一致を見ている。生成・発展を促進あるいは阻害する要因として，校内のリーダーシップ，組織内で生じる葛藤への対処の在り方，信頼，適切な支援を求めることのできる第三者の存在，PLC間ネットワークなどが注目されている。

世界的な学校改革の動向を見ると，学校改善の鍵としてPLCに注目が集まっている一方で，成果主義的な外部からのアカウンタビリティ要求が強まっている。それは「教育水準の向上」を目的とするが，教育の質に対してだけでなく，労働の長時間過密化，自己効力感の低下，専門的自律性の制限，関係性の悪化など，教師に対する望ましくない影響をもたらし得る。教師の自主的・協働的な学校改善を旨とするPLCは，成果主義的な説明責任の強調と両立し得るか，どうすれば成果主義的評価・テスト体制の下でも発展させられるかが重大な問題である。

教員評価の課題に立ち返ると，最初に明確にしなければならないのは，「何のために評価するか」（目的）であろう。日本を含む，多くの国で行われている教員評価は，成果に対する責任（アカウンタビリティ）の追及と教師の職能成長という 2 つの目的を併せ持っている。しかし，教師の職能成長に対する支援と，教育成果に対する教師の責任（それを「教師効果」と呼ぼうとも）の明確化を教員評価によって同時に追求することは，「破綻が目に見えている結婚（dysfunctional marriage）」（Popham 1988）と言われるほど，困難を極める。教員評価の目的を教師の職能成長にするならば，成果主義的要素は慎重に避けられる必要がある。

日本の「新しい教員評価」が，教師の資質能力向上を目的として掲げながら，その効果を実感している教師が少ない現状に鑑みるならば，教師の成長を目的とする教員評価の方法と手段は，特に重要な研究課題である。授業観察の他にも，授業の文脈に関する詳細な情報を提供し，かつ教師の個人的・協働的省察を促すことで継続的な職能成長を可能にする方法と手段の研究が求められる。

例えば，米国のいくつかの州・地域では，ポートフォリオ・ベース[1]の教員評価を実施している。授業観察では，教師が何をしたかは客観的に把握可能だが，その意図は観察者が推測するしかない。その点，ポートフォリオに含まれる教師の日誌や記録などの自己報告を教員評価のツールとして用いることで，評価者（成長の援助者）は教師の思考や感情に接近することができる。教師の専門的判断が教師自身の行動と子どもたちの学習の形で現れる結果だけでなく，その専門的判断自体を吟味できる（Darling-Hammond & Snyder 2000）。教員評価の方法としてのポートフォリオは，教師自身の省察を促進するだけでなく，評価者に他の評価情報の解釈に役立つ実践の文脈に関する詳細な情報を提供することで職能成長支援に貢献し得る。

1　ポートフォリオは，もともと書類を運ぶカバンなどの道具を意味するが，教育（学習）評価においては，児童・生徒による学びの過程と成果を示す諸々の作品（work）を収集したものを指し，その総合的な分析により，ペーパーテストだけでは不可能な，学習の真正な評価が可能になると考えられている。教員評価でも，米国などでは，教師の教育実践にかかわるさまざまな資料を基に総合的，自己・共同省察的に評価することが試みられている。

また，人格的な結びつきの下で経験者が経験の浅い者を支援的に導くメンタリング（mentoring）や学びあいの要素を備えた「同僚による評価（peer review）」の意義や課題も検討に値する（Goldstein 2009）。米国では，新任教師と困難を抱えている教師への支援として，同僚教師によるメンタリングと評価が効果を上げている例が報告されている。日本で，近年，教師の大規模な世代交替を背景として導入が進んでいるOJT（on the job training）についても，教員評価との関係から研究を深める必要があろう。

研究課題

① 日本で「新しい教員評価」の導入が進められてきた背景について，述べなさい。

② 成果主義を教員評価に適用することの教師の仕事の特性に由来する困難とは何か，述べなさい。

③ 今後，教員評価はどうあるべきか。本章で示されている再検討の視点を参考にしながら，自分の考えを述べなさい。

参考・引用文献

- 浦野東洋一（2003）『開かれた学校づくり』同時代社
- OECD＝平井文三訳（2005）『世界の公務員の成果主義給与』明石書店
- OECD＝斎藤里美監訳，木下江美・布川あゆみ・本田伊克・山本宏樹訳（2012）『OECD教員白書　効果的な教育実践と学習環境をつくる〈第1回OECD国際教員指導環境調査（TALIS）報告書〉』明石書店
- 国立教育政策所編（2014）『教員環境の国際比較－OECD国際教員指導環境調査（TALIS）2013年調査結果報告書』明石書店
- 佐藤学（2006）『学校の挑戦―学びの共同体を創る』小学館
- 諏訪英広（2015）「教員評価における目標管理の効果及びその影響要因に関する検討―学校段階間比較の視点から―」，『日本教育経営学会紀要』57号，pp. 94-109.
- 高谷哲也（2008）「教員評価の実態と今日的問題の特質―大阪市内の小中学校校

長インタビュー調査の結果から―」，日本教師教育学会編『日本教師教育学会年報』第17号，学事出版，pp. 105-114.

- 都留康・阿部正浩・久保克行（2005）『日本企業の人事改革　人事データによる成果主義の検証』東洋経済新報社
- 中村圭介（2006）『成果主義の真実』東洋経済新報社文部科学省（2022）「人事評価システムの取組状況（令和4年4月1日現在）」
- Darling-Hammond, L., & Snyder, J. (2000). Authentic assessment of teaching in context. *Teaching and Teacher Education*, 16(5-6), pp. 523-545.
- Goldstein, J. (2009). Designing transparent teacher evaluation : The role of oversight panels for professional accountability. *Teachers College Record*, 111(4), pp. 893-933.
- Katsuno, M. (2016). *Teacher evaluation policies and practices in Japan : How performativity works in schools*. Oxon ; New York : Routledge.
- Lawler, E., Mohrman, S. & Ledford, G. (1997) *Creating High Performance Organizations : Practices and Results of Employee Involvement and Total Quality Management in Fortune 1000 Companies*, San-Francisco : Jossey-Bass
- McLaughlin, M. W. & Talbert, J. E. (2001) *Professional communities and the work of high school teaching*, Chicago : University of Chicago Press.
- Murnane, R. & Cohen, D. (1986) Merit pay and the evaluation problem : Why Most Merit Pay Plans Fail and a Few Survive, *Harvard Educational Review*, 56(1). pp. 1-18.
- Newton, X. A., Darling-Hammond, L., Haretel, E., & Thomas, E. (2010). Value-added modeling of teacher effectiveness : An exploration of stability across models and contexts. *Education Policy Analysis Archives*, 18(23).
- Nicholas, S. L., & Berliner, D. C. (2007). *Collateral Damage : How high-stakes testing corrupts America's schools*. Cambridge, Mass. : Harvard Education Press.
- Odden, A. & Kelly. C. (1997) *Paying Teachers for What They Know and Do : New Smarter Compensation Strategies to Improve Schools*, California : Corwin Press.
- OECD (2019) *TALIS 2018 Results (Volume 2); Teachers and School Leaders as Valued Professionals*, Paris : OECD Publishing.
- Popham, W. J. (1988). The dysfunctional marriage of formative and summative evaluation. *Journal of Personnel Evaluation in Education*, 1, pp. 269-273.
- Stoll L. & Louis, K.S. (eds.) (2007) *Professional Learning Communities : Divergence, Depth and Dilemmas*, Maidenhead : Open University Press.
- Stronge, J. H., Ward, T. J., Tucker, P. D., & Hindman, J. L. (2008). What is the relationship between teacher quality and student achievement? An exploratory study. *Journal of Personnel Evaluation in Education*, 20(3-4), pp. 165-184.

15 学校のガバナンス改革

勝野正章

《目標&ポイント》 日本では21世紀に入った頃から，「公教育の機能不全」を批判する教育の市場化論が本格的に唱えられるようになり，並行してNPM型学校ガバナンスの導入も見られた。その一方で，従来の公教育システムの官僚制に対する批判は共有しつつ，市場化による不平等や格差の拡大を懸念する立場からは，市民的・地域的な共同性に基づく，ソーシャル・ガバナンス論が提示されている。本章では，以上のような近年における学校ガバナンス改革について学習し，その意義や功罪について考察する。
《キーワード》 教育の市場化論，NPM型学校ガバナンス，ソーシャル・ガバナンス，学校評議員，学校運営協議会（コミュニティ・スクール），民主性と専門性

1. 教育の市場化論（官僚制批判）

日本では，PISAやIEA（国際教育到達度評価学会）が実施しているTIMSS（Trends in International Mathematics and Science Study：算数・数学と理科の学習到達度の国際調査）の結果が学力低下を示していると受けとめられた2003年頃から，「ゆとり教育」から学力重視への教育政策の転換が見られるようになった。経済界や政府からは，産業のフロントランナーとして世界をリードする国であるために，人材（人的資源）の国際競争力を強化しなければならないという主張や提言が頻繁に発せられるようになった（日本経済団体連合会 2005，経済財政諮問会議 2006ほか）。当時，このままではグローバリゼーションの現実に対応できず，BRICs（ブラジル，ロシア，インド，中国）など，世界市場において急激な成長を遂げている新興国の狭間（はざま）で日本の国際的地位が低下しかねないという危機感が広まっていた。

このような主張や提言においては，学力低下問題への対応をはじめ，現代の社会変化，技術革新を背景に多様化，高度化する学校教育への期待と要求に対し，現行の教育システムでは対応できないのではないかという否定的な見方が強かった。例えば，「教育再生」を政治の最重要課題に掲げた第 1 次安倍内閣（2006 年 9 月〜2007 年 9 月）の下で設置された教育再生会議は，「公教育の機能不全」を強く訴えた（第 1 次報告，2007 年 1 月）。この「公教育の機能不全」を改革する方法として，2000 年代に入る頃から本格的に論じられるようになったのが，学校選択制，株式会社・NPO 法人による学校運営の解禁，学校設置要件の緩和などの教育の市場化政策である。

米国で，教育の市場化論の立場から公教育制度改革を唱えた代表的な論者として，ジョン・チャブ（John Chubb）とテリー・モー（Terry Moe）がいる。チャブとモー（Chubb & Moe 1990）は，民主主義（政治）による教育システムの管理は公平ではないと主張した。なぜなら，民主主義とは公的権力を求めて争い合うゲームに他ならないが，公教育をめぐる権力争いゲームでは当事者である保護者，子どもが排除されているからであるとする。多数決民主主義とは，結局のところ，勝者の選好に敗者を強制的に従わせる仕組みであるから，公教育が当事者である保護者や子どもが求める教育を提供することはない。公教育システムにおいて，保護者や子どもは，社会が押しつけるものを甘受しなくてはならない存在に貶（おとし）められていると批判したのである。

一方，教育システムが市場のように機能すれば，保護者と子どもは中心的役割を果たすことができると，チャブとモーは主張した。保護者，子どもは気に入らない学校であれば見限り，自分にとってより有益と思える学校を選択することができるので，学校は保護者，子どものニーズを満たそうとするインセンティブ，応答性（responsiveness）を持つからである。その結果，保護者，子どもから選ばれない学校は自然淘汰（とうた）されていき，学校教育全体の質が向上されることになるという。

チャブとモーは，公教育システムに内在する官僚制と形式化の問題も指摘した。教育の実行は，現場でしか得られない（例えば，子どもの個性に関する）具体的知識に依存している。保護者や子どものニーズを知らなければ満足される教育を提供することはできないが，官僚制のトップに位置する者にはこれができない。さらに，教育の本質からして，その進捗状況や達成度の測定は容易ではない。チャブとモーによれば，官僚制は差異を有する人間を同じようにしか扱えない。それに対して，学校は本来，個々の子どもの差異に応じた対応を行う能力を有するが，官僚制によって，その能力の発揮が阻害されている。しかし，権力が分権化される市場では，学校は官僚制の軛（くびき）から解放され，個別的な対応を可能にする自律性を享受することができるという。

チャブとモーは，公立学校の場合，目標は法律や規則で決められるので学校独自の目標を持つことはないとも主張した。また，教師の身分保障制度や教員組合を批判して，「組合が主張する教師の自律性は，自律性ではなく，形式化（formalization），官僚制化（学校レベルの特に校長の裁量・権限，イノベーションの否定）である」と述べた。これに対して，教育システムを市場に近づけるということは，校長が教職員を任用し，解雇できる裁量を持ち，真のチーム（教師集団）を組織できることを意味する。校長が裁量を与えられれば，真に力のある部下（“right-thinking” teachers）を信用し，その専門的判断に任せることができるからである。これが真の専門職化につながるとした。

「人事決定が官僚化される程度は，学校が置かれている制度環境に依存する。民主的統制の制度の下では，公立学校の人事はきわめて官僚制化する傾向にある。それに対して，市場的諸力が重要な私的部門では，人事決定はより非形式的で非官僚化する傾向がある。」（Chubb & Moe 1990）

このように，チャブとモーは民主的統制と官僚制の下に置かれた公立学校と，市場的環境の下で学校の目標や教師人事などの規則から免れた（アメリカの）私立学校を比較し，後者の方が子どもや保護者の求める質の高い教育を提供していると断定し，公立学校も市場的環境（選択と競争，官僚統制や諸規則からの自由）で運営されるべきであると主張したのである。

興味深いことに，チャブとモーは，公立学校でも子どもや保護者が望む教育についての価値・利害対立がなく，落ち着いた環境にある場合には，形式化と官僚制を免れて私立学校のようになれると述べていた。しかし，その一方において，チャブとモーが論じていなかったのは，私立学校が，教育をめぐる選好や価値が分裂しており，低学力や非行などさまざまな問題のある環境に置かれたときには何が起こるのか，ということである。私立学校は，恵まれた環境の方を好み，可能であればそうした地域に移動するだろう。その方が自校のミッションを明確化し，容易に独自の教育実践を行うことができるからである。しかし，その結果として，個別的な教育要求に応える学校が数多くできることになる。確かに，全体として見れば，さまざまにある価値に応えられるかもしれないが，価値の融和は生まれない。教育をめぐる選好や価値は個別化し，分裂したままである。

公立学校には社会の中に存在するさまざまな価値対立のうち，争いに発展し得るような深刻なものを相互理解の涵養を通じて，解消まではいかないにせよ，融和するという公共性を負うという役割を有している。この役割によって，学校は民主主義社会の実現に貢献することができる。チャブとモーの主張では，学校はそうした役割を期待されていないように思える。民主主義社会における教育は，子どもたちの政治，経済，社会的諸制度への参加を準備するものでなくてはならない。そのためには家族の選好や価値に応じて差異化された教育ではなく，共通の教育的経験が必要である。さらに，教育の効果は個人にのみ帰属するものではない。教育の中心的目的の一つは，若者を成人の役割と責任に向けて準備する共通経験の提供を通じて，社会の凝集性と安定性を向上させることであると考えられる。個人が教育を受けて，有能な，あるいは善き市民となることは，社会全体の幸福増進に貢献する。

このように教育の結果が本人だけでなく，その人が属する社会の他の人々にとっても有益であるということを指して，教育の外部効果（externality）と呼ぶことがある。教育の市場化論者も，この教育の外部性を否定してはいない。例えば，子どもの学校教育に係る費用の一定額を証票として家庭に配布・保障した上で，私立学校など高額な学費がかかる場合には不足分を家庭が負担するバウチャー制度を提案して，1980年代以降の諸外国における教育の市場化政策に大きな影響を与えたミルトン・フリードマンも，民主主義が機能するために最低限の読み書き能力と知識，そして共通の価値が必要であることを認め，この外部効果の存在を根拠として公費による義務教育の提供を支持していたことは，もっと注目されてよいだろう（フリードマン＝村井訳 2008)。

2. NPM型学校ガバナンス

2000年代に入り，教育の市場化論が唱えられるのと並行して，NPM型学校ガバナンス改革が進展した。NPM（New Public Management：新しい公共経営）とは，公的部門に属する組織において，経営者（manager）の人事や予算に関する権限を強化しつつ，組織に対して業績や結果（アウトプット）の形で定義された目標の達成を強く求める改革を指す。NPMは，最初から一貫性のある思想や理論であったというより，1980年代半ばに米国で始まった「現場発の行政改革」の考え方や手法が事後的・総称的にそう呼ばれるようになったものである（オズボーン&ケプラー＝野村監訳 2005)。

NPMとは，端的に言うならば，民間企業における経営理論・手法の導入による行政部門の効率化・活性化を目指す改革である。「大きな政府」と行政管理の非効率性，その結果としての財政赤字・累積債務拡大に対する批判が高まり，公共サービスに対するニーズの多様化・複雑化に応答する必要性が意識されるようになったことで始まったNPMでは，以下のような新しい試みが実施される。

・業績や成果による統制（経営資源の使用に関する裁量拡大，意志決定部門と実施部門の分離と契約関係の導入）
・市場メカニズムの活用（民営化，エイジェンシー，内部市場などの契約型システム）
・「顧客主義」の徹底
・ヒエラルキーの簡素化

大住（2001）によれば，従来の公共管理（Public Administration）は，政治と行政の二元論に基づき，「戦略」の不在を特徴としていた。それに対し，NPM では「戦略計画」に基づき，目標管理と業績や結果の評価を管理手法（control technologies）として活用した行政運営が実施される。

NPM では，しばしば業務セクションの経営者に対する人事や予算に関する権限委譲（分権化）も行われるが，同時にその拡大された権限を駆使して，業務目標の達成が強く求められるため，その管理手法はルース／タイト（loose & tight）と呼ばれる。また，経営者の管理権限（right to manage）が強められ，業務セクション内部の統合が重視される。経営者の力量として，組織構成員を目標達成のための人的資源として効果的に活用することが求められる。最初は米国やアングロサクソン系諸国で始まった NPM は，同様の課題解決が迫られていた他の国でも，行政改革の手法として採用された。日本も例外ではなく，静岡県の「業務棚卸システム」（1995 年～），三重県の「事務事業評価システム」（1996 年～），中央省庁の政策評価システムなどを NPM 型行政改革の例として挙げることができる（高見 2010）。

このような NPM を適用した学校経営を NPM 型学校ガバナンスと呼ぶことができる。佐古秀一は，2000 年以降の学校組織・経営改革の特徴として，「垂直的統合の強化」と「計画化と目標管理の進展」の 2 点を挙げている（佐古 2005）。「垂直的統合の強化」とは，校長の権限と経営機能の強化，主幹職設置などに見られる学校組織の階層化を意味する。もう一つの「計画化と目標管理の進展」とは，校長による学校経営ビジョンの構築，学校評価システムの活用を意味している。いずれもルースカップリング（疎結合）と表現されることのある学校組織が持つ「不確実性」の縮減を図るものであり，「教師レベルでの一定の裁量性を基盤として成立する組織」（佐古 2005）とは異なる組織と経営の在り方を実現しようとするものである。

従来，学校経営においては職員会議等の協議機会が数多く存在した。しかし，言わば慣例として行われていた，合議体的な意志決定は，校長の意志決定を拘束しており，機動的な学校経営の妨げになっているとの批判を浴びるようになり，2000年に学校教育法施行規則に職員会議の規定が設けられ，校長の諮問会議とされた。同時に，校長をはじめ副校長・教頭，主幹教諭，主任等で構成される学校経営チーム（企画委員会等）による意志決定が奨励された。

その結果，実際に学校経営の意志決定の在り方は変化しているのか。職員会議の議題決定方法や協議の実質性に関する質問紙調査の結果を経年比較した油布・紅林・川村・長谷川（2010）によれば，職員会議の「議題の決定にあたって管理職が中心となって事前に協議する」が小学校では40.9%（1995年）から58.4%（2009年）に，中学校で60.6%（1995年）から81.8%（2009年）に増加した。「原案以外に一般教諭からの発議もある」も，小学校では67.9%（1995年）から50.0%（2009年）へと減少したが，中学校では69.7%（1995年）から68.2%（2009年）へと，あまり変化がなかった。

以上の結果から，学校経営における意志決定の占有化傾向が一定程度見られる。中学校では，管理職以外の教師からの発議がほとんど減っていなかったが，この点について，油布・紅林・川村・長谷川（2010）は，教師が「基礎学力の形成」や「受験学力」の向上を学校「組織の一員としての活動」として意識するようになっていることを併せて考えるべきではないかと考察している。すなわち，「基礎学力の形成」や「受験学力」にかかわる学校組織目標を従順に推進する立場からの教師の発言が増えているのではないかということである。

油布・紅林・川村・長谷川（2010）の考察は，NPM型学校ガバナンスにより，教師の仕事に対する動機付け構造が変化していることを示唆するものである。NPMの理論的根拠を提供している公共選択理論（public choice theory）では，公立学校などの公的機関で働く教師も，民間企業の労働者と同様，最終的には公共性や利他心や専門職倫理ではなく，自己利益によって行動していると考える。この自己利益追求型のインセンティブ構造を利用者の選択に基づく組織行動決定へと転換することが，NPM型ガバナンス改革の最重要課題とされる。しかし，学校の組織と文化，教育活動の内在的な特徴（⇒第 10 章）に対する理解を欠いた NPM 型学校ガバナンスを強引に進めれば，教育活動の停滞をもたらしかねない。さらに本質的な教育の質と水準の向上によってではなく，上辺を取り繕った「ウインドー・ドレッシング」で業績と成果の要求に応える学校や教師が現れる可能性がある（佐古 2005）。

NPM 型学校ガバナンスは，「顧客主義」や「組織への忠誠」などの新しいインセンティブ構造を学校組織と学校文化に根付かせ，業績と成果の達成を個人の行動規範として身体化させることを目的とする。「専門職支配」や「官僚主義」の弊害を打破し，教育の受け手である子どもと保護者の権利を保障しようとしている点には，意義がある。しかし，教育の専門性と民主主義を軽視，否定する傾向は大きな問題であろう。なぜならば，教育の目標をテストで測定される学力の向上に限定する傾向に拍車がかかり，結果的に，一部の児童・生徒をより有利な立場に置き，他をより不利な立場に置くような結果を招き得るからである。

3．学校のソーシャル・ガバナンス

米国やアングロサクソン系諸国では，1990 年代以降，競争による格差拡大や効率性追求の弊害が認識されるようになり，福祉国家主義と市場万能主義の両方から距離を置く「第三の道」が模索されはじめた。

イギリスのトニー・ブレア首相（Tony Blair，在 1997－2007）が 1998 年にフェビアン協会から出版したパンフレット『第三の道：新世紀に向けての新しい政治（The Third Way: new politics for the new century）』には，次のような一節がある。「内側で結びついたコミュニティはより健康なコミュニティである。もし私たちが一緒にサッカーをしたり，PTA を運営したり，コーラスを歌ったり，絵を描いたりすれば，互いに害を及ぼしあおうとはしないだろう。このような相互に結びついたコミュニティでは犯罪率が低く，教育的成果も高く，弱者に対してもよりよいケアが行われている。」

この強い健康なコミュニティの主張は，義務を能動的に果たし，相互に信頼しあい，規範を共有する個人から成るコミュニティにおいては教育達成，雇用，健康などの点で個人と集団の双方にとって好ましい状態が作り出されるという社会関係資本論（social capital theory）からの影響を受けたものである。近年，都市問題，社会保障，教育，開発などの政策分野や社会科学において盛んに用いられるようになった社会関係資本という概念は，政策決定者や研究者によってさまざまな意味で用いられているが，地域における信頼関係や規範の共有を重視するコミュニタリアン的政策に大きな理論的根拠を与えているものとして，アメリカの政治学者ロバート・パットナム（Robert Putnam）の研究がある。

パットナムの『哲学する民主主義』（2001）は，イタリアの分権改革において最も成功した地方政府は市民のネットワークが濃密に形成されていた地域であったことを明らかにした。現代アメリカ社会を分析した『孤独なボーリング』（2006）では，子どもの教育に関心を持ち，宿題をみたり，学校外での子どもの行動に注意を払っている親，子どもの学校と頻繁に連絡を取り合い，行事などに積極的に参加する親の子どもは怠けたり，非行に走ったりすることが少なく，学業成績面でも優れていることを示した。このような親子関係や親の姿勢は「家庭内」社会関係資本や「家庭学校間」社会関係資本とでも言うべきものであり，子どもの学校と将来における成功への投資として機能するという。

日本でも，金子郁容は「当事者たちが形成するコミュニティによって自主的に問題の解決をはかるという『第三の道』としてのコミュニティ・ソリューション」を唱え，多くの者が学校に関心を抱き，自発的に協力しあうことで「いい学校」が作られるとした（金子 2008）。この「コミュニティ・ソリューション」は，財政学者の神野直彦が，活性化された非政府・非営利セクターを基盤とする「新しい社会統合」（神野・澤井編 2003）の形として期待を寄せる「ソーシャル・ガバナンス」の理念とも一部重なる。一般に統治機構・組織を指す静態的な概念である「ガバメント（government）」に対し，「ガバナンス（governance）」は，統治過程・行為を意味する動態的な概念である。近年は特に，公的部門，私的部門，ボランタリー部門間の境界が曖昧になり，「多様なステークホルダーが有機的で開放的なネットワークを形成し活動することによる公共的な問題解決」(小松 2004)を意味するものとしても用いられている。学校で言えば，保護者，地域社会にNPO等も加わり，学校経営と学校教育活動が行われることを学校の「ソーシャル・ガバナンス」と呼ぶことができる。

学校の教育活動に保護者・地域住民が協力する学校支援活動，そして学校評議員制度に始まり，学校運営協議会（コミュニティ・スクール）制度によって拡充された保護者・地域住民の学校経営参加や，学校支援地域本部事業は，学校のソーシャル・ガバナンスの具体的実践と考えることができる。

学校評議員制度は，1998年の中央教育審議会答申「今後の地方教育行政の在り方について」による提言を受けて，2000年4月に開始された。学校評議員は「校長の求めに応じ，学校運営に関し意見を述べること」ができ，「教育に関する理解及び識見を有する」者を校長が推薦し，学校の設置者が委嘱する(学校教育法施行規則49条)。設置は任意だが，現在ではほぼすべての国公立学校に学校評議員が置かれている。

制度上，学校評議員制度が校長から意見を求められる受動的仕組みであるのに対し，2004年9月から始まった学校運営協議会制度により，保護者や地域住民が法律に明記された権限と責任を持って学校経営に能動的に参画できるようになった（地方教育行政の組織及び運営に関する法律47条の5）。学校運営協議会制度の導入は，2000年12月の教育改革国民会議報告が，多様な教育機会の提供や新しい試みを促進するための施策として，「地域独自のニーズに基づき，地域が運営に参画する新しいタイプの公立学校（コミュニティ・スクール)」の設置を提言したことが発端となった。

学校運営協議会の委員は，地域住民，保護者のほか，必要と認める者を教育委員会が任命する。学校評議員とは異なり，当該学校の教職員が委員となることも可能である。学校運営協議会の権限は，校長が策定した教育課程編成，その他学校運営に関する基本的方針を承認するほか，学校運営に関する事項について教育委員会や校長に意見を述べることができる。さらに，職員の任用に関する事項についても，任命権者である

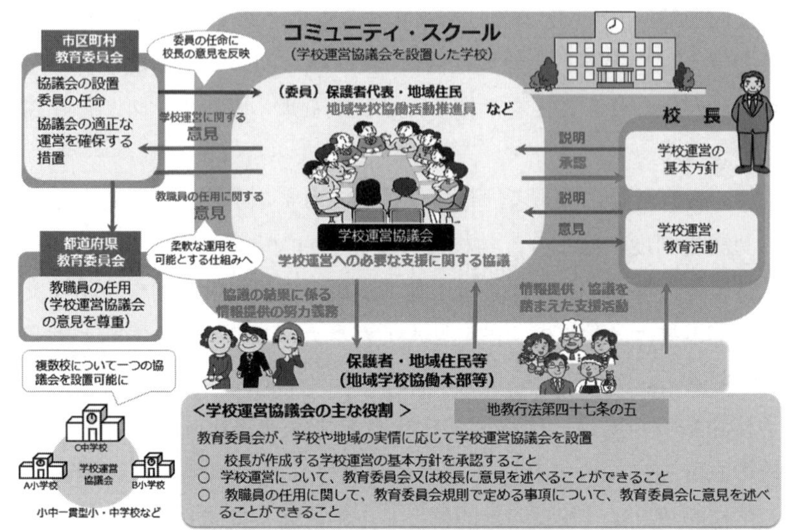

図 15-1　コミュニティ・スクール（学校運営協議会制度）の仕組み

（出典：文部科学省「学校と地域で作る学びの未来」
https://manabi-mirai.mext.go.jp/torikumi/chiiki-gakko/cs.html）

教育委員会に意見を述べることができ，任命権者はその意見を尊重しなければならない。

2017 年 4 月には，地方教育行政の組織及び運営に関する法律が改正され，教育委員会に学校運営協議会設置が努力義務として課されるとともに，学校運営協議会が従来の「学校の運営」に加えて，「必要な支援」に関しても協議する機関に位置付けられた。同時に，2008 年度から「学校と地域との連携体制の構築を図り，地域全体で学校教育を支援する体制づくりを推進」することを目的に設置が開始された「学校支援地域本部」が，学校と地域の双方向的な支援を一層強化するために「地域学校協働活動本部」へと転換された。「地域学校協働活動」とは，「地域の高齢者，成人，学生，保護者，PTA，NPO，民間企業，団体・機関等の幅広い地域住民等の参画を得て，地域全体で子供たちの学びや成長を支えるとともに，『学校を核とした地域づくり』を目指して，地域と学校が相互にパートナーとして連携・協働して行う様々な活動」を意味すると説明されている。

4. 学校ガバナンスの課題

保護者や地域住民による学校経営参加について，大桃敏行は「学校教育のプロとしての教師の専門的知識技術に基づく判断と，個々の親や住民の私事化した要求とが齟齬を来す事態」が生じる可能性を指摘していた（大桃 2000）。学校のソーシャル・ガバナンスは，保護者や地域住民の意志を反映しやすくする意味で民主主義的ではあるが，専門性と民主性の間で起こり得る葛藤をどう調整するかという問題を顕在化させる。

保護者や住民が自分勝手な要求を学校に対して銘々に突き付けてきたならば，学校経営に混乱を生じさせるだろう。学校運営協議会（コミュニティ・スクール）の設置と廃止を決定する権限は教育委員会に与えられており，委員の任命も教育委員会によって行われる。この仕組みは保護者や地域住民による個別的要求によって学経運営に支障を来す危険性に対する安全弁としての意味を持つ。しかし，教師の専門性による民主性の相対化メカニズムは，制度的に組み込まれていない。そこで大桃は，教師を学校運営協議会委員とするか，または教育専門的事項に関する諮問委員会を学校運営協議会の下に設置して，教師をその委員とするなど，運営面での対応が必要になると述べていた。

学校評議員や学校運営協議会（コミュニティ・スクール）が制度化された背景には，「専門的意志」（教職員）や「行政意志」（教育委員会，文部科学省）が「私的意志」に優越しているために生じる弊害が批判されるようになったことがあった。この批判は，教育の市場化論の立場から，官僚制批判を展開したチャブとモーにも共通していた。批判の対象となる「専門職支配」や「官僚主義」をどのように抑制するかという観点から，専門性と民主性の調整問題について考察したのが黒崎勲である。

黒崎は，専門性と民主性の間の「抑制と均衡メカニズム」として，保護者と児童・生徒が公立学校を選択できる制度を提案した。それは市場主義的な学校選択論とは異なり，学校の教職員，教育行政当局，保護者，市民など「関係者の力と働きを再結合する場として学校を再構築すること」（黒崎 2000）を目指すものであった。

学校のソーシャル・ガバナンスによって顕在化し得る専門性と民主性をいかに調整するかという問題は，市民的公共性を信頼して，「専門的意志」の抑制に重きを置く観点と，保護者や地域住民の「私事化」された要求に対する懸念を出発点とする観点の両方から検討される必要がある。

大桃敏行は，保護者や地域住民の意見や要求が多様であることにも注意を促している（大桃 2000)。すなわち，意見対立は学校・教職員と保護者や地域住民の間だけでなく，保護者や地域住民同士の間でも生じるのである。さらに，保護者や地域住民の意見がまとまってはいないのに，一部の意見が「総意」であるかのように学校に押し付けられる可能性も考えられる。

保護者や地域住民による学校経営への参加が，分断や一部の者の排除を引き起こし得ることについて，末冨芳は学校の「クラブ財化」という概念を用いて分析している（末冨 2005)。学校の「クラブ財化」とは，学校の管理・運営コスト（財，時間，労力）を保護者や地域住民が全体として多く負担するようになる一方で，そのうちの一部の者だけが排他的に学校教育のメリットを享受していることを指す。学校の「クラブ財化」が生じる背景の一つとして，学校選択制や「特色」ある学校づくりがある。参加に積極的な保護者や地域住民の意見は，学校の「特色」に反映されやすいが，活動的ではない（声を届けることができない）保護者や地域住民は負担を担うだけで，自分たちの望む教育が行われる可能性は低い。

しかも，学校参加に消極的な保護者は，自らの意志で不参加を選択した者たちばかりではない。家事や仕事のために余分な時間がないとか，学校に参加する自信がないために参加「できない」保護者がいる。そのような保護者は，参加に消極的であるからといって，学校に無関心であるとか，期待を持っていないのではない。しかも，参加「できない」保護者は，不参加を主体的に選択した保護者と比べて，子どもの教育に投資できる資源（勉強をみる時間や塾などに通わせるお金）が少ない可能性が高い。そのため，子どもの教育を学校に頼らざるを得ず，学校経営に意見や声を反映できないことの損失はより大きいと言える。

また，保護者や地域住民が形式的には平等に参加しているように見えても，ジェンダーや社会的地位に由来する発言力・影響力の不平等があり得る。仲田康一が事例研究を行った学校運営協議会では，地域住民委員よりも保護者委員が，また男性委員よりも女性委員が無言でいることが多く，協議や決定への貢献度に関する自己効力感も概して低かった（仲田 2010）。

同様の傾向は，外国の学校経営参加の場面についても報告されている。その一因として指摘されているのは，議題に即して行われる議事進行中の発言の仕方など，会議の作法への慣れや自信の差である。男性や地域住民の委員は，職業生活等を通じて，このような作法に習熟する機会が多く，学校経営に関する公式的な協議会でも自信を持って発言することができる。さらに，仲田によれば，保護者委員にとって，町内会長など地域の有力者である地域住民の委員にあえて異議を唱えるのは難しいという，地域政治的要因も働いている。保護者委員のほとんどが女性であるのに対し，地域住民の委員は男性が多く，概して年齢的にも高めであるという事情も加わる。つまり，ジェンダー的要素や家父長制的要素が，保護者や地域住民による学校経営参加の実質的平等を妨げ得るのである。

仲田が事例研究を行った学校運営協議会では，一部の委員が率先して，子育ての姿勢や能力に「問題あり」とされる保護者や，学校に「非協力的」な保護者を念頭において，家庭教育の領域にまで踏み込んだ「親教育」プログラムが実施された（仲田 2011）。「問題ある」親に育てられた子どもが教室で勝手気ままにふるまって学級崩壊の引き金になったり，「きちんとした」家庭の子どもたちが迷惑を被っているという声が委員からあがり，「賛同」が得られたのである。

このような家庭教育の在り方や保護者の学校への協力姿勢が，自分の子どもの成績や学校での行動に影響を及ぼすだけでなく，他の児童・生徒の教育にも影響を及ぼしているという意見は支持を得やすい。しかし，一部の保護者を問題視するような対応が，当の「問題ある」親が参加していない学校運営協議会で「総意」によるものであるかのように決定されるのは危険である。「問題のある親」の側に考慮されるべき理由や事情があったとしても，その声は聴き取られないまま，一方的に「問題のある親」の責任が問われてしまう。

すべての保護者や地域住民に対して，意見表明と意志決定への実質的参加が平等に保障されていなければ，参加型学校経営は，一部の者に利益をもたらし，他の者を阻害する，非民主主義的な仕組みとなる可能性がある。学校評議員や学校運営協議会（コミュニティ・スクール）では，誰が保護者や地域住民の代表にふさわしいのか，どのようにして評議員や委員を選ぶべきかという問題もある。現在の制度では，校長の推薦や教育委員会による任命で評議員や委員が選任されているため，評議員や委員自身が，できる限り他の保護者や地域住民の声を聴き，学校に届ける役割を意識することが必要であろう。

研究課題

① 教育の市場化論は，教育システムをなぜ，どのように改革すべきだと主張しているかを説明しなさい。また，その改革提案に対する自分の考えを述べなさい。

② NPM 型学校ガバナンスとはどのようなものか，説明しなさい。また，NPM 型学校ガバナンスの功罪について，自分の考えを述べなさい。

③ 学校のソーシャル・ガバナンスにおいて顕在化され得る，専門性と民主性の葛藤とはどのようなものか，説明しなさい。また，その葛藤はどのように解決されるべきであるか，自分の考えを述べなさい。

参考・引用文献

● 大住荘四郎（2001）『パブリック・マネジメント：戦略行政への理論と実践』日本評論社

- 大桃敏行（2000）「地方分権の推進と公教育概念の変容」『教育学研究』第67巻第3号，pp. 291-301.
- オズボーン・ケプラー＝野村隆監訳・高地高司訳（2005）『行政革命』日本能率協会マネジメントセンター
- 金子郁容（2008）『日本で一番「いい学校」　地域連携のイノベーション』岩波書店
- 黒崎勲（2000）『教育の政治経済学　市場原理と教育改革』東京都立大学出版会
- 黒崎勲（2004）『新しいタイプの公立学校　コミュニティ・スクール立案過程と選択による学校改革』同時代社
- 経済財政諮問会議（2006）『グーバル戦略』
- 小松茂久（2004）「教育ネットワーク支援のための教育行政システムの構築」『日本教育行政学会年報』30，pp. 2-16.
- 佐古秀一（2005）「学校の組織とマネジメント改革の動向と課題」『日本教育行政学会年報』No. 31
- 神野直彦・澤井安勇編（2003）『ソーシャル・ガバナンス―新しい分権・市民社会の構図』東洋経済
- 末冨芳（2005）「クラブ財化する公立学校とメンバーシップ問題―分権的教育改革における受動的メンバーの位置付け―」『日本教育行政学会年報』31, pp. 133-150.
- 高見茂（2010）「NPM（New Public Management）の導入と行財政改革の新展開―政府の役割の再考，業績マネジメントの導入，そして予算・財政マネジメント改革へ―」『日本教育行政学会年報』36，pp. 72-88.
- 仲田康一（2010）「学校運営協議会における『無言委員』の存在―学校参加と学校をめぐるミクロ社会関係」『日本教育経営学会紀要』52，pp. 96-110
- 仲田康一（2011）「学校運営協議会における保護者啓発の論理と帰結」『教育学研究』第78巻第4号，pp. 450-462.
- 日本経済団体連合会（2005）『これからの教育の方向性に関する提言』
- フリードマン，ミルトン＝村井章子訳（2008）「教育における政府の役割」村井章子訳『資本主義と自由』日経BP
- 油布佐和子・紅林伸幸・川村光・長谷川哲也（2010）「教職の変容―『第三の教育改革』を経て」『早稲田大学大学院教職研究科紀要』2，pp. 51-82.
- Chubb, J. E. & Moe, T. M. (1990) *Politics, Markets and America's School*, Washington : Brookings Institute Press.

索 引

●配列は五十音順

●さ　行

●た　行

●な　行・は　行

分担執筆者紹介

福嶋　尚子（ふくしま・しょうこ）

・執筆章→5・8・12・13

1981年　東京都生まれ
2005年　新潟大学教育人間科学部卒業
2015年　東京大学大学院教育学研究科博士課程単位取得満期退学
2016年　博士号取得（教育学・東京大学）
現在　千葉工業大学准教授
専攻　教育行政学・教育法学
主な著書　『だれが校則を決めるのか　民主主義と学校』（分担執筆）岩波書店，2022年
『教師論〔第2版〕』（分担執筆）学文社，2022年
『＃教師のバトンとはなんだったのか』（分担執筆）岩波書店，2021年
『教育の法制度と経営』（分担執筆）学文社，2020年
『占領期日本における学校評価政策に関する研究』（単著）風間書房，2020年
『隠れ教育費　公立小中学校にかかるお金を徹底検証』（共著）太郎次郎社エディタス，2019年
『公教育の無償性を実現する　学校財政法の再構築』（分担執筆）大月書店，2012年

編著者紹介

村上　祐介（むらかみ・ゆうすけ）

・執筆章→1・2・3・4・6・7

1976 年　愛媛県生まれ
1999 年　東京大学教育学部教育行政学コース卒業
2004 年　東京大学大学院教育学研究科博士課程単位取得満期退学
2009 年　博士（教育学）の学位取得（東京大学）
現在　東京大学大学院教育学研究科教授
専攻　教育行政学
主な著書　『教育行政の政治学―教育委員会制度の改革と実態に関する実証的研究―』（単著）木鐸社，2011年
『教育政策・行政の考え方』（共著）有斐閣，2020年
『改訂版　教育の行政・政治・経営』（分担執筆）放送大学教育振興会，2023年
『教育委員会改革５つのポイント』（編著）学事出版，2014年

勝野　正章（かつの・まさあき）

・執筆章→ 9・10・11・14・15

1965 年　長野県生まれ
1988 年　東京大学教育学部教育行政学コース卒業
1996 年　東京大学大学院教育学研究科博士課程単位取得満期退学
2013 年　University of Waikato 博士課程修了（PhD）
現在　東京大学大学院教育学研究科教授
専攻　学校経営学・教育行政学

主な著書　*International Handbook on Education Development in Asia-Pacific*（分担執筆）Springer，2023年
Educational Leadership and Asian Culture：Culturally Sensitive Leadership Practice（分担執筆）Routledge，2023年
『問いからはじめ教育学（改訂版）』（共著）有斐閣，2022年

放送大学大学院教材　8921059-1-2411（ラジオ）

改訂新版　教育行政と学校経営

発　行　2024年3月20日　第1刷
編著者　村上祐介・勝野正章
発行所　一般財団法人　放送大学教育振興会
〒105-0001　東京都港区虎ノ門1-14-1　郵政福祉琴平ビル
電話　03（3502）2750

市販用は放送大学大学院教材と同じ内容です。定価はカバーに表示してあります。
落丁本・乱丁本はお取り替えいたします。

Printed in Japan　ISBN978-4-595-14202-4　C1337